“十三五”国家重点图书出版物出版规划项目
改革开放四十年中国职工状况丛书

中国职工状况调查个案

1978－2018

本书编辑组◎编

中国工人出版社

图书在版编目（CIP）数据

中国职工状况调查个案：1978—2018 / 本书编辑组编.
—北京：中国工人出版社，2018.12
ISBN 978-7-5008-7102-6

Ⅰ.①中… Ⅱ.①本… Ⅲ.①职工构成—研究报告—中国—1978—2018
Ⅳ.①D412.7

中国版本图书馆CIP数据核字（2018）第289838号

中国职工状况调查个案（1978—2018）

出 版 人	王娇萍
责任编辑	赵晨羽
责任校对	孙湎伟
责任印制	栾征宇
出版发行	中国工人出版社
地　　址	北京市东城区鼓楼外大街45号　邮编：100120
网　　址	http://www.wp-china.com
电　　话	（010）62005043（总编室）（010）62005039（出版物流部） （010）82075935（工会与劳动关系分社）
发行热线	（010）62004002　62033018　62046264　（010）82081553（传真）
经　　销	各地书店
印　　刷	三河市东方印刷有限公司
开　　本	710毫米×1000毫米　1/16
印　　张	15.75
字　　数	270千字
版　　次	2018年12月第1版　2018年12月第1次印刷
定　　价	45.00元

目录

CONTENTS

第一次中国职工状况调查个案

（1982 年）

对八百名职工书面调查结果的几点分析

陈进玉

今年3月5日至4月15日，中央书记处研究室曾派出一个调查组，对上海、南京、常州、无锡、苏州、扬州等几个有代表性的工业城市的工人阶级状况进行了调查。在调查的过程中，除了分别召开工人、工程技术人员、管理人员和领导干部的座谈会，和个别工人谈话、访问工人家庭等外，还直接向职工群众作了书面调查。现将这次书面调查的做法、内容和调查结果，作一点介绍，并谈一点个人的看法和体会，供同志们参考。

一、书面调查的做法

这次书面调查的对象是：上海无线电十八厂三车间237人，南京大同被单厂五车间98人，南京电影机械厂的一个车间96人，常州灯芯绒厂印染车间105人，扬州柴油机厂大件车间200人，扬州漆器厂镶嵌车间69人，共六家单位805人。这六家单位分布在四个地区，有大城市上海、南京，有中等城市常州，有小城市扬州（30万城市人口）。上海是老工业基地，常州是新兴工业基地。这六个企业有两个是纺织行业，两个是机械制造行业，一个是新兴的电子行业，一个是传统的工艺品制造行业。为了使调查更具有代表性，参加调查的人员事先说好，不要东抽一个，西抽一个，临时凑在一起，而是选择一个车间，让当天参加生产的全部工人都来参加。所以被调查的有老工人，有中年工人，有青年工人，还有少量的脱产干部，其中35岁以下的青年工人约占被调查人总数的三分之二。在苏州市，因时间关系，我们委托苏州市委研究室对苏纶棉纺厂的658名职工进行了书面调查，这个厂的调查的特点是按老年、中年、青年三个年龄区作了分类统计。总的来看，这个厂的调查结果与我们直接作调查的六个厂的结果大体相符。所以，我们在下面分析中，还要涉及这个厂的一些调查情况。

这次书面调查的主要内容是职工当前的思想状况，共分四个方面的内容：第一张调查表，是列出党的十一届三中全会以来中央提出和实行的十三项方针政策，在每一项政策后面设计了五种答案，即“赞成”“不赞成”“不关心”“不知道”“其他”，职工同意哪一种答案就在下面用笔打一个勾，不留自己的姓名和笔迹。第二张调查表，是关于职工对工作、劳动的目的性的看法和自己的最高理想是什么，在这两个问题下面也设计了若干种层次不同的答案，职工只要选择自己满意的一个答案，在下面打一个勾就行了。第三张调查表，是着重了解职工当前的情绪和要求是什么，提了三个问题，即“你认为当前的主要弊病是什么?”“你最感烦恼的事是什么?”“你最高兴的事是什么?”下面也都设计了若干种答案。第四张调查表，是关于职工每周业余活动的内容和所花的时间。

为了消除职工的思想顾虑，做到如实、准确填写，每次我们调查组的同志都直接到调查现场。先由调查组的同志负责向工人说明来意，强调指出这是抽样调查，不是检查了解某单位的工作，并且是无记名的书面调查，要求每个同志独立思考，如实填写，以便把自己真实的想法和看法反映出来。然后由调查组同志详细讲解每一张调查表的内容及填写的要求。

据我们在调查现场观察，参加调查的职工对这种调查方式很感兴趣，情绪活跃，既严肃又认真。每一个同志就像学生考试一样，经过认真思索，不清楚的地方，再三问明白后才动笔，填完表后，又亲自交上来。所以，这六次调查95%以上的调查表都是合格的，可以列入统计，填写不合格，不能列入统计的不到5%。

这次我们调查组直接到现场调查，许多工人对我们很信任，也很愿意向我们反映他们的意见和要求。事先有的同志担心，工人填写时，是否干部事先做了工作，或工人们仍有顾虑，只挑好的填呢？事后我们从侧面了解到这两种可能性都不存在，许多工人直截了当地说：“你们来调查，我们很欢迎，我们有好多心里话要向上反映。现在你们直接来调查，我们非常珍惜这个机会。”的确很多工人把参加这次书面调查看成他们行使自己民主权利的一次机会。工人对这次调查工作很支持，还可以从许多同志填写完调查表仍不愿离去，主动和我们谈起调查表中涉及的许多情况这些现象中得到证明。

回到北京后，我们将 805 名职工的书面调查结果与其他十一个调查组的调查结果，都是按事先印好的统一的调查表开展工作的，相比较，得到的印象是大体相符，再和座谈会、个别谈话、家庭访问等调查方式中得到的材料相验证，在许多问题上也是吻合的。例如，这 805 名职工在回答“你的最高理想是什么”这个问题时，回答是为“实现共产主义而奋斗”的，六个厂的比例都在 10% 上下摆动，共计 104 人，占被调查职工总数的 13%。填写这个最高理想答案的，一般来说确实是阶级觉悟较高的工人。这 13% 的比例，和企业领导干部分析职工队伍思想状况时，认为当前真正有理想、有觉悟、工作好的先进分子，占 10% 左右的估计，是吻合的。或者更准确一点说，书面调查中得到的 13% 的比例，是对企业领导干部分析结论的一种佐证。

总之，无论从这次书面调查的现场观察，还是从书面调查的结果分析，我认为书面调查所得到的一些数据，都是在一定程度上真实地反映了工人的实际思想的，是可以作为在对工人阶级思想状况作定量分析时的一种参考依据的。

二、党的三中全会以来的重大方针、政策已经得到了大多数职工的拥护和支持

我们列举了党的十一届三中全会以来提出和实行的 13 项重大方针政策，然后又分为赞成、不赞成、不关心、不知道、其他（不表态）五种态度，让职工填写。这张调查表的意图，是了解工人群众当前对政治、对国家大事关心的程度如何，特别是对党的三中全会以来的重大方针政策究竟是如何认识的。这 13 项重大方针政策，其中许多已在党的六中全会所通过的《关于建国以来党的若干历史问题的决议》中加以阐述和肯定。所以通过这张调查表，同时还想测一下当前职工对《决议》这个马克思主义的历史文献，到底了解和接受到什么程度。

对这张调查表中 13 项方针政策明确表示赞成或不赞成的人数占被调查人员总数的比例如下：

调 查 项 目	赞成	不赞成
实行全党工作重点转移	89%	○
平反刘少奇同志的冤案	91%	○
落实知识分子政策	83%	0.37%
农村推行各种形式的责任制	62%	1.24%
企业实行经济责任制	80%	1.37%
实行对外开放政策	81%	1.11%
给已改造为劳动者的原地、富分子改定成分	72%	1.99%
改正错划右派案件	79%	0.2574
取消“四大”	69%	11.05%
公开审判林彪，江青反革命集团	92%	0.99%
实行民主选举干部	92%	0.37%
打击经济领域里的犯罪活动	95%	○
精简机构　轮训干部	86%	○

上面调查统计数字表明了什么呢？

第一，大多数职工对党的三中全会以来的方针政策，是拥护的，赞成的。“实行全党工作重点转移”“平反刘少奇同志的冤案”和“公开审判林彪，江青反革命集团”这三项持赞成态度的人数，分别占到89%、91%和92%，持不赞成态度的前两项没有，第三项不到百分之一。这表明对“文化大革命”及其有关的一些重大问题的看法，绝大多数职工的思想认识已经统一到党的《决议》上来了。从沿途的各种座谈会上，我们也了解到对新中国成立以来若干历史问题的讨论。

第二，持“赞成”态度里，比例最高的一项是“打击经济领域里的犯罪活动”，占95%。赞成“精简机构，轮训干部”的占86%，没有一人反对。这个比例稍低于前者，主要是这项活动，当时公开宣传不多，并且是在中央一级领导机关进行，地方的领导机关尚未开始，所以不关心、不了解或不好表态的占14%，而没有一人反对。由此可见，今年上半年中央作出的这两项决策是深得民心的。在调查会上许多职工对这两项决策，也是坚决拥护、拍手称快。有些同志就是担心搞不彻底，半途而废。

第三，在这 13 项中持“赞成”态度比例最低的有两项，一项是“农村推行各种形式的责任制”，占 62%；另一项是“取消‘四大’”，占 69%。这两项赞成的人为什么少呢？这要作出具体分析。

先讲农村生产责任制。在 805 人中，“不赞成”的为 10 人，占 1.24%；“不关心”的为 99 人，“不知道”的为 131 人，“其他”即“不表态”的 62 人，三者相加为 292 人，占 36.3%。所以，从统计数字来看，真正明确表示反对的人只占 1% 左右，而 36.3% 的是不关心、不知道或不表态。这里的原因，一方面是有一些职工的家属在农村，分了责任田后，由于家中缺少劳动力，职工本人要请假回家种地。特别是那些农村基层领导不力，生产责任制不够健全的地方，家在农村的职工思想情绪受到较大影响。他们到工厂里一讲，周围的同志也受一些影响。另一方面，也是更重要的原因，是近几年来不少工厂放松了对职工进行切实生动的农村政策教育。有些企业对中央下达的关于农村生产责任制，给已改造为劳动者的原地、富分子改定成分等文件，往往没有认真地组织职工学习、讨论。这样，不少职工不了解农村的全局和变化，有些同志往往从自己的亲戚朋友那里听到一星半点消息，看农村的形势不够好，议论消极面比较多。当然，随着党在农村的各项政策的逐步生效，或者见效越来越明显，随着推行责任制过程中一些工作上的缺点的改正，随着农村人民生活的逐步改善和社会风气的进一步好转，这些事实会通过各种渠道反映到城市、反映到职工队伍中去，使得至今对党在农村的经济政策抱有某些疑虑的职工改变自己的看法，这是没有疑问的。但是，当前对职工加强农村经济政策的教育也很重要。有些工厂针对一部分职工认为农村推行各种形式的生产责任制是走回头路，不是搞社会主义等不正确认识，组织工人到农村亲自作调查，收获很大。这些职工亲眼看到农村的大好形势，看到农民兄弟的日子一天比一天富起来，他们也受到很大的鼓舞。他们回到工厂一宣传，促进了大家的认识和提高了大家的信心，相信党的三中全会以来方针政策的正确，对于工人群体更加紧密地团结在党中央周围一心搞四化，起了重要的作用。

对“取消四大”，明确表示不赞成的共有 89 人，占 11.05%（在这 13 项公开表示“不赞成”的人数中是最多的一项）；持“不关心”“不知道”和“其他”态度的分别为 50 人、46 人和 72 人。这三项合计为 168 人，占

19.85%。为什么有近30%的职工不能明确拥护取消“四大”呢？原因有二：一是少数人把“大鸣、大放、大字报、大辩论”等同于社会主义民主，误认为取消“四大”就是取消民主，因而不赞成，这种人为数不多。二是认为“四大”本不是什么好东西，但当前党风不正，某些干部特殊化严重，群众看在眼里，气在心头，觉得没有个形式让群众说说话，提提意见不得了，这种人较多。所以，在这项调查表上，有的职工在旁边写上“取消‘四大’后，干部什么也不怕了，等于工人只管干活，不肯说话。不让贴大字报，工人有意见咋提呢?”可见一部分群众要求保留“四大”，实质上是要求有一种能够方便他们运用的民主形式。群众的这种民主要求应当引起我们的高度重视。如果我们在取消“四大”之后，不努力创造和提供更多、更好的民主形式，就有可能使企业中干群之间的矛盾由于不能通过民主的形式及时得到合理的解决而进一步激化。

就取消“四大”这个问题，苏州苏纶棉纺厂对不同年龄区的工人作了调查统计。共调查563人，其中25岁以下的177人，26—35岁的179人，36—49岁的137人，50岁以上的70人。赞成：取消“四大”的共345人，占被调查人总数的61.2%（这个数低于上述六个厂的平均数）；明确表示“不赞成”“取消四大”的共32人，占5.68%（这个比例也低于其他六个厂）。从年龄的分类统计来看，25岁以下的工人赞成取消“四大”的比例最低，占51.4%；但“不知道”的比例最高，占21.46%。因为这部分青年工人没有亲自参加过“四大”活动，对“四大”是什么并不了解。公开表示“不赞成”取消“四大”的比例只有3.38%。低于26—35岁和36—49岁的工人。26—35岁和36—49岁的工人，赞成取消“四大”的比例分别为63.7%和64.2%，但明确表示“不赞成”的比例都高于25岁以下的青年工人（3.38%）和50多岁以上的老年工人(1.42%)，分别为7.82%和8.02%。这是因为26岁至35岁和36岁至49岁这两部分工人，都亲身参加过“文化大革命”，所谓“大鸣、大放、大字报、大辩论”这种“左”的错误对他们的影响较深。总之，一部分青年工人和一部分中年工人对“四大”仍有留恋，这种情况亟须引发我们注意。我们从宪法上取消了“四大”是完全正确的，但如何继续做好思想工作，消除“四大”的毒瘤影响，并且进一步为广大职工提供便于运用的民主形式，仍然是一个迫切需要解决的重要问题。

第四，党的三中全会以来，我们党在政治上、经济上都实行了一些重大的改革，对于这些改革，从书面调查的结果来看，广大职工也是拥护的。例如“实行对外开放”“企业实行经济责任制”“实行民主选举干部”，持“赞成”态度的分别为 81% 和 92%，而明确表示“不赞成”的，只占 1% 左右。人们常说，现在是“两头热”，即中央和基层群众对改革很热心，往往中间有点“阻塞”，上述的调查结果至少可以表示绝大部分工人群众确实是从内心拥护中央关于经济、政治体制改革的一系列重大措施的。

三、亟须加强工人阶级的远大理想和人生观的教育

对自己的工作或劳动的目的是怎么认识的？作为鼓舞自己工作或劳动的最高理想是什么？这两个问题从一个侧面反映出职工对马克思主义的了解和接受的程度。就是说，我们出这张调查表的意图，是从一个侧面了解一下当前工人阶级内部各部分人的阶级觉悟程度如何。这张调查表的统计结果如下（为了简明起见，小数点后四舍五入）：

职工参加劳动的目的和对理想的认识

项目	你工作和劳动的目的是什么？										你的最高理想是什么？											
答案	为建设社会主义强国	为国富民强	为把本厂办好，改善福利	为个人有所成就	为生存的需要	为建立幸福的小家庭	为了赚钱	为吃好、穿好、玩好	不知道	其他	为实现共产主义	为实现四化	使祖国强大	使本厂有名气	当个好工人、好干部	自己有个好职业	自己有名有利、生活舒适	好好干活多赚钱	有一个幸福的小家庭	找一个漂亮的爱人	不知道	其他
比例	21%	23%	13%	3%	19%	6%	5%	3%	1%	1%	13%	15%	16%	1%	8%	15%	4%	8%	9%	1%	1%	2%

上述调查结果表明了什么呢?

第一，工作和劳动目的性正确或基本正确的职工占44%，具有工人阶级的远大理想的职工（把“为实现共产主义”“为实现四化”“使祖国强大”三项合计）也占44%。由此可见，有将近半数的职工，今天仍然具有工人阶级应有的革命热情，目光远大，关心祖国的命运和人类的前途。由此可见，有的同志认为目前工人中普遍存在政治热情下降或所谓“信仰危机”的估计是不符合事实的。特别值得指出的是，在遭受十年动乱之后，资产阶级思想在工人阶级内部传播相当厉害的情况下，仍有21%的职工明确回答自己的工作和劳动的目的是“建设社会主义强国”，有13%的职工明确回答自己的最高理想是“为实现共产主义”，这个数字相当了不起。在这805名职工中，究竟共产党员占多大比例我们没有来得及作出统计，也来不及对共产党员的劳动目的和最高理想作专题的书面调查，因而无法测算在上述21%和13%的比例中，共产党员的回答究竟占多少。但是有一点可以肯定，作出这种回答的工人，其中大部分人对社会主义，共产主义有坚定的信仰，他们是我们开展职工思想政治教育的骨干力量。只要我们抓紧对工人阶级进行共产主义思想的灌输，这占13%左右的先进分子的队伍就会迅速扩大。

第二，占36%的职工缺乏正确的劳动目的，即把“为个人有所成就”“为生存的需要”“为建立幸福的小家庭”“为了赚钱”“为吃好，穿好，玩好”作为劳动目的；有37%的职工缺乏工人阶级的远大理想，即把“自己有个好职业”“自己有名有利、生活舒适”“好好干活多赚钱”“有一个幸福的小家庭”“找一个漂亮的爱人”作为自己的最高理想。由此可见，目前有三分之一以上的工人在思想认识上受旧思想、旧习气的影响较深。这里特别值得注意的是，竟有19%的职工把“为生存的需要”当作自己的劳动目的。劳动的目的就是自己能活命，这当然是思想觉悟低的表现，为什么还会有这么多的人选择这个答案呢？是不是工人对这个题目的内容发生了误解呢？后来我们专门找了一些工人座谈，原来现在确有一部分工人存在雇佣劳动的观点，他们认为干活就是为了拿钱，而没有钱就不能养家糊口，所以劳动的目的就是自己和自己的家庭成员能够生存下去。这种情况的出现，表明在这一部分工人中十分缺乏起码的人生观教育。还有15%的工人把“自己有个好职业”当作最高理想。这个情况也值得注意。这种情况大都发生在青年工人的身上，不少青年不安心本职工作，特别是那些劳动条件较差或非技术性的工种上的青年工人，感到今后无前途，所以当他们看到周围有的人由于走后门而调换到一个好工种的时候，既愤怒又羡慕。这种挑工种、挑职业的思想的实质，是与当前流行的图舒适、求实惠的小资产阶级思想相关联的。所以有些单位开展“三热爱”的教育，并且把大“三热爱”即热爱党、热爱祖国、热爱社会主义，落实到小“三热爱”即热爱本厂、热爱本工种、热爱自己的产品上去，这种教育是很有针对性的，很必要的。

第三，当前共产主义思想教育要以青年工人为主要对象。据苏纶棉纺厂的调查来看，缺乏明确的劳动目的和远大理想的，在不同的年龄区里，35 岁以下的青工占的比例较大，例如，在这个厂 563 名被调查的职工中，有 127 人填劳动的目的是“为生存的需要”，其中 35 岁以下的 101 人，占 127 人的 80%；有 45 人填劳动的目的是“为建立幸福的小家庭”，其中 35 岁以下的 38 人，占 45 人的 84%；有 42 人填劳动的目的是“为了赚钱”，其中 35 岁以下的 24 人，占 42 人的 57%；有 30 人填劳动的目的是“为吃好，穿好、玩好”，其中 35 岁以下的 2 人，占 73%。在回答“你的最高理想是什么?”一栏里，填“好好干活多赚钱”“有一个幸福的小家庭”“自己有名有利、生活舒适”“找一个漂亮的爱人”这四项的共 160 人，其中 35 岁以下的为 124 人，占 160 人的 78%。苏纶棉纺厂的这个调查是符合该厂青年工人的思想实际的，并且有一定的代表性。造成目前青年工人缺乏正确的劳动目的和远大理想的主要原因，是在他们进入工人阶级队伍以后，我们没有或基本上没有对他们施以系统的工人阶级先进思想的灌输。对于这种灌输工作的重要性和迫切性，通过上述定量的分析，我们可以获得较为深刻的认识。这种正面教育的工作已经成为一件迫在眉睫的事。中央书记处决定召开全国职工思想政治工作会议的决定，是非常必要和及时的。

四、值得注意的工人当前的情绪和要求

书面调查之三，我们共出三道题：“你认为当前的主要弊病是什么?”“你最感烦恼的事是什么?”“你最高兴的事是什么?”通过对这三道题的回答，以便从中了解当前职工的思想动向，即在政治生活、经济生活、文化生活和其他社会生活方面，广大职工当前最关心的是什么？要求最迫切的是什么？这项调查的结果表明了以下几点：

第一，绝大多数职工认为当前的主要弊病，不是社会主义制度不优越，也

不是党和国家现行的重大方针政策不合适，而是某些干部的作风、能力不适应。在填写“你认为当前的主要弊病是什么”这一栏时，填“制度不优越”的有14人，填“政策不合适”的有24人，两者相加不到被调查人总数的5%；而填“干部特殊化”的有310人，填“社会风气不正”的有250人，两者相加560人，占被调查人总数的70%。还有，尽管我们事先对调查表的每一项内容作了详细的解释，并且要求大家只选择其中一个自己最满意的答案来填（这个规定后来感到有不合理之处），结果还有约15%的职工，仍然在“干部特殊化”和“社会风气不正”这两项下面都打了勾。我们在统计时，为了统一起见只好把这一部分统计表归入不合格，不列入统计的范围。所以实际上认为“干部特殊化”和“社会风气不正”是当前妨碍四化建设的主要弊病的人在80%以上。占80%以上的职工有这种情绪和呼声，可见转变社会风气，整顿党风和干部队伍确实已成为我们刻不容缓的任务。

第二，“物价上涨”“住房紧张”“党风不正”“不求人办不成事”已成为职工倍感烦恼的四件事。在“你最感烦恼的事是什么?”这一栏下，填“物价上涨”的人最多，有286人，不仅有老年工人，中年工人，也有青工和徒工。后来通过座谈会、个别谈话和家庭访问，我们了解到，叫嚷物价上涨的人虽然多，但自党的三中全会以来，由于职工就业人数的增多，再加上几次调级和恢复奖金制度，大部分职工和1979年以前相比，仍感到手头的钱多了。扣除物价上涨这个因素以外，许多职工家庭的实际生活水平有所改善。这次我们所到的六个城市，都是就业问题解决得较好的地区，职工家庭里的摆设相当不错，许多职工本人及其家属脸上的气色也不错（说明营养不错），不少家庭有了十二英寸的电视机。这些都反映了职工实际生活水平的提高。我们还了解到一些工厂在进行经济形势教育以后，通过算细账，使得对“物价上涨”问题火气甚大的职工，气也消了，劳动干劲也鼓起来了。所以“物价上涨”问题，今后除了继续采取稳定物价的基本政策，严厉禁止变相涨价等合乎广大职工心理和利益的措施以外，关键还要大力抓好政策教育和经济形势教育。因为党的三中全会以来，大部分职工的生活有改善，这是铁的事实。群众是通情达理的，只要我们抓好这项教育，就能收到应有的效果。

现在比较难办的是住房紧张的问题。这个问题，大中小城市都存在，越是大城市这个矛盾越尖锐。我们召开的各部分工人座谈会几乎每次会议都有人反映住房问题。其他几个调查组到工人家庭访问时，有的职工流着眼泪诉说住房紧张给他们生活带来的忧愁和苦恼。而当我们来到那些已经搬进近几年来新建的职工住宅时，看到的又是另一番景象，这些职工和家属满脸笑容，全家有说不出的开心。他们一开口就说，社会主义制度的优越性在自己身上体现出来了，今后要加倍努力劳动和工作。这次根据鞍钢、一汽等 11 个大型骨干企业的调查，人均居住面积在 3 平方米以下、三代同堂、婚后无房或等房结婚的职工约占 30%。按这个比例推算，全国约有三千万的城市职工存在住房困难。尽管近几年来，国家已尽了最大的努力，花了巨额资金兴建职工住宅，但仍然远远不能满足客观的需要。所以，职工住宅问题到底如何解决，我们建议有关部门应继续抓紧研究。从这次书面调查和其他方式的调查中，我们还了解到当前职工住宅紧张，以及由此而产生的许多矛盾，实际上已成为当前影响职工生产积极性和政治积极性的一个重要因素，也是企业产生这样或那样不安定因素的根源之一。有的同志说，目前职工住房紧张问题，看起来是个生活问题，实际上已成为政治问题。这话有一定的道理。有少数职工由于他们的住房困难长期得不到解决，又看不到近期内有解决的希望，因而对我们的社会主义制度产生看法或丧失信心。而一些持不同政见者，也抓住房子问题大做文章，离间职工与党的关系。例如，长春第一汽车制造厂有一个地下刊物，他们的第一期第一篇文章就是——《中国人缺乏体面的房子》，以此来借题发挥，与我们争夺群众，所以职工住房的兴建和分配问题，应当提到各级党委的重要议事日程上来，认真研究解决，

第三，在填“你最高兴的事是什么?”这一栏中，填“身体健康”的人数最多，共 143 人，占被调查人总数的 18%；而填“入团入党当先进”的人数很少，只有 19 人，占被调查人总数的 2%。这种状况和我国五十年代那种人人争当先进，艰苦创业，奋发向上的精神状态相比，却有很大的不同。从中可以看出经过十年动乱的折腾，不少职工的政治上进心有所减退，学先进、争当先进的气氛淡薄，开始追求一种宁静、舒适、安逸的小家庭生活，追求身体健康当然不能斥之为“活命哲学”，但作为有觉悟的工人阶级一员，应该“先天下之忧而忧，后天下之乐而乐”，不能满足、沉溺于小市民式的家庭生活，不能仅仅满足于一己、一家的健康与欢乐。对自己健康的关心已被不少职工提到很高的位置上来，而对争当先进等政治进步的要求则比较淡薄。这种状况还可以从职

工平时阅读报刊的内容得到一些说明。据苏州化工厂对该厂1505人，1980年到1982年个人自费订阅报刊的种类和份数进行统计分析，《大众医学》杂志和《卫生生活报》其订数之多，都是属于名列前茅的报刊之一。相反，政治理论性的报刊自费订阅的几乎没有。从座谈会和个别谈话中，我们也了解到近几年来，职工队伍中小市民的生活方式、生活习惯、生活习气有所滋长。因此，当前加强工人阶级的革命理想教育很有必要。

把“学习与旅游”当作最高兴的事的，共有113人，占被调查人总数的14%，这一项的人数比例也是比较高的。经了解，填写这一栏的大部分是未婚的青年工人，他们把旅游当作最高兴的事。沿途我们看到苏州、无锡等风景秀丽的城市，有一股不大不小的“旅游热”，并且游人大都是从上海、常州或其他城市来的二十多岁的青年工人，其中也有一部分退休老工人。职工中旅游的人增多，这反映了随着经济、文化水平的提高，职工的生活方式已经有所变化。如何通过旅游活动，宣传祖国的锦绣河山和灿烂的民族文化遗产，使青年职工受到生动活泼的爱国主义教育，很值得研究。

五、电视和报刊已成为职工思想教育的很重要的手段

职工下班以后都忙些什么呢？回到家里都干些什么呢？星期天是怎么度过的呢？通过对职工业余生活的内容和所花的时间的调查，可以看到各部分职工的生活方式和精神面貌。因为业余生活是整个社会生活的一部分，不同年龄、不同经历的人们，政治、文化素养不同的人们，他们对业余生活内容的安排和时间的分配，往往是有差异的。

我们这次出的第四张表，共列了13项活动内容，现在看来，远远没有反映职工特别是青年职工的业余生活的全部内容。在林彪“四人帮”横行时期，职工的业余生活是相当枯燥的，小说、报纸、杂志充满着“左”的政治说教，没有人喜欢读；打牌下棋、钓鱼养花等健康有益的活动被当作资产阶级的生活方式而加以批判、禁止；电影电视的节目也非常单调、乏味。那时职工的业余生活主要是开会、政治学习，连文化学习也谈不上。粉碎“四人帮”以后特别是党的十一届三中全会以来，情况已有了很大的变化。虽然家务劳动仍是80%左右职工的沉重负担，每天要花去一至三小时，甚至五小时的宝贵时间，业余政治学习和文化技术学习也占相当的比重，但总的来看，是比十年内乱时期丰富

多了。例如，这次调查，业余从事各种文化体育活动的人数占被调查人总数的比例是：从事“体育活动”的占23%，“钓鱼养花”的占7%，“打牌下棋”的占7.5%，“看小说”的占42%，“看电视电影”的占76%，“读报纸”的占65%。值得注意的是，看电影电视所参加的人数和所花的时间在职工业余生活中，占第一位；读报纸、刊物占第二位；看文艺作品包括小说等占第三位。这反映了职工经济条件有了改善，大部分职工家庭有了电视机（在常州、无锡，苏州、上海等城市电视机的普及率在80%左右），有经济余力自费订阅一些报纸杂志，也反映了职工文化水平的提高。从座谈会和个别谈话中，我们了解到，报纸上或电视、广播里有什么重要新闻或影片，第二天就成为许多职工议论的话题。不少职工下班时都相互打听今天晚上有没有什么好的电视节目。不少职工反映，读一篇好的小说，看一部好的影片，不仅有美的享受，而且是上了一堂政治课，在脑子中留下的印象很深。例如，电视及时转播了中国女排夺魁的比赛实况，在职工群众中引起十分强烈的反响。有的同志说这是近几年来一次收效十分显著的群众性爱国主义教育。

但是，不好的作品或不好的影片、电视节目，它所带来的不良影响也很大、很迅速。例如，电视上播出了“加里森敢死队”这部译制片，有些青年人看了马上就学着去干坏事，有的同志甚至指责这部影片是“教唆犯”。总之，目前报纸、刊物、电影、电视，它对工人群众的思想和情绪影响之广泛和深刻，确实比我们在北京时预料的作用要大得多。由此我们联想到，当前办好报纸、刊物、电影、电视是多么的重要。我们不是要努力加强和改进职工思想政治工作的内容、形式和方法吗？那么，就应该下更大的本钱，下更大的功夫，作更大的努力，把报纸、刊物、电影、电视办好，这件事应当提到职工共产主义思想教育的相当重要的位置上来。我们不能把办好这四件事只看作简单的业余文化生活的丰富问题，还应该看作随着社会历史环境的变化，随着受教育对象的变化，随着职工经济条件的改善和文化水平的提高，而必然带来的党的思想教育工作方式、手段的一种改进。

谈到职工的业余文化生活，必须充分注意到目前35岁以下的青工已成为我国工人阶级的主体这样一个基本的事实。据苏州团市委调查，八十年代的青工，其文化生活较之五十年代或六十年代的青工有了很大的变化。五六十年代，青工打着团旗到公园里，坐在草坪上玩传花击鼓、丢手绢的游戏，参加者感到很有趣味，对广大青工有吸引力。但今天不少青工对此感到索然无味。五六十年代，青工自编自演文艺节目，那时文艺骨干多，舍得花业余时间，青年也爱看，夏天乘凉，大街小巷会传出二胡、笛子的乐声。但今天的青工，不少人对群众文艺会演不感兴趣。工厂俱乐部搞的一些游艺活动，如“钓鱼”“点炮鞭”“瞎子敲锣”等，都是六十年代工厂俱乐部的传统节目，刚恢复时青年较有兴趣，但一段时间后就失去对青工的吸引力。去年夏季，该市青年宫举办乘凉晚会，每逢当晚有精彩电视节目，参加晚会的青工就锐减。据苏州电视机厂团委对该厂 205 名青工业余生活的兴趣爱好进行测验，结果这些青工喜爱的业余文化体育活动的项目有 57 项。苏州是对外开放的风景区，是旅游城市。据该市团委 1981 年 9 月调查，青年工人的业余兴趣爱好，目前集中表现为三个“热”，即旅游热、摄影热和集邮热。并且随着国际交往的增多，各国青年之间的兴趣爱好互相渗透，互相影响将越来越大。例如，“飞盘”“魔方”等刚在西方风靡的时间不长，但目前在该市已经普及。苏州市青年工人的上述状况，我们在沿途看到的其他几个城市之中，情况也大体类似。总之，目前青年工人的业余文化生活，内容日趋广泛，要求也越来越高。上面我们曾经提出目前职工业余生活特别是业余文化生活是丰富一些了，这是与十年动乱期间的状况相比较而言，但是如果同青年工人的客观要求相比，那就差得很远了，今后，国内的旅游事业会有较大的发展，但由于受到交通、住宿、时间假期少等条件的限制，不可能会有很大的发展。跳集体舞，只要组织引导得好，这是青年人十分喜爱而有益的活动，但由于受到场地等条件的限制，也不可能一下子铺得很大。所以，相对来说，花钱比较少，收效比较快，比较切实可行的办法，还是集中力量办好报纸、刊物、电影和电视。因为这四种宣传工具，读者、观众人数所受的限制较小，每个人又乐意挤出时间来当读者、当观众，自觉自愿地来接受我们的“灌输”，我们何乐而不为呢?!

六、书面调查的做法要在实践中不断地加以完善

广大职工群众的喜怒哀乐，他们的情况和要求，是我们党决定政策和策略的重要依据之一，也是检验我们党的政策是否正确的重要尺度之一。长期以来，我们党了解职工群众的情绪、愿望和要求，了解他们的喜怒哀乐，主要是采取面对面的谈话、座谈会等调查方式（这种方式无疑是主要的，因其可靠程度较

高），很少使用无记名的书面调查的方式。事实上，随着职工文化水平的普遍提高，书面调查这种调查方式已经为群众所喜闻乐见。但是，由于我们进行这种调查的实践经验还不多，今后需要在实践中加以完善或改进。

从我们这次对八百多名职工的书面调查工作来看，无论在确定调查对象和调查项目上，部有值得改进的地方。例如，一开始没有注意到年龄的区别，事实上老年工人、中年工人、青年工人，他们的喜怒哀乐各有相同和不同之处。如果我们不注意划分不同年龄区来进行分类调查，往往就不能准确地反映各部分工人的特殊要求。有些问题提的是好的，但设计的几种答案，或者内容上相互有交叉，或者有遗漏，这样职工填写起来不免感到为难。例如，“你的最高理想是什么?”设计的答案中有“为实现共产主义”“为实现四化”“使祖国强大”等，但这三者之间，内容上有交叉，特别是后两者意思差别不大，这样职工填写时就感到不方便。又如，“你最感烦恼的事是什么?”只准职工填一个答案，许多职工对此规定不满意。所以我们考虑，是否可以索性只出题，让职工群众按照他们自己的看法来填写，也许可以更真实、更全面地反映职工的思想和情绪。可以说，书面调查的成功或失败，很大程度上取决于调查的题目出的恰当不恰当。题目要确定得恰当，最好在调查前先出一些题试测，然后和被测对象一起研究，如何把题出得更恰当。

书面调查搞得好，把定性分析和定量分析结合起来，有助于我们党及时地了解各部分职工心里在想些什么，想干些什么。可喜的是，书面调查的这种方式，已经受到了人们的注意和重视。例如，这次中央机关精简，在选拔中青年干部时，不少单位搞了这种调查。又如一些单位，在贯彻执行或讨论决定某些重大决策问题时，事先也用书面调查这种方式，让大家把心里话无所顾忌地表达出来，达到集思广益的目的。为了做好书面调查，及时了解各部分职工的思想状况，今后，最好有一定的机构，例如，各级工会来从事这项工作，并定期进行这种调查。调查对象的范围既要有相对固定的企业、车间、班组，如同统计局的家庭调查一样有相对固定的居民户，同时也要根据客观需要随时选择新的调查对象。我们相信，随着实践的发展，书面调查这种力式、方法，一定会日益完善起来，在四化建设中充分发挥其应有的作用。

1982 年 6 月 29 日

第二次中国职工状况调查个案

（1986年）

没有党的好政策，我这个困难户怎能有今天

（李风保，男，39 岁，河北某厂干部）

我 1972 年结婚，那时挣 27 元钱，妻子没工作。1978 年挣 40 元，一家三口，生活全靠我一人的工资维持，还要从中挤点给老人。说件小事，那时连买白菜都要等着别人买剩下了，商店扒堆处理时才去买。几个月才能吃顿饺子，馅里没肉，只能买张炸油饼切切顶肉调味，孩子问饺子里有肉吗？只好哄他说里头的香东西就是肉。那时工资是半月开一次，去了停电，休班，有时连一张大票都拿不回家。厂里照顾我，逢年过节都给补助，每年也不用写申请了，成了吃困难补助的“法定”户，穿得更不用说了，大部分是布衣。住房既窄又矮，又破。

城市经济体制改革以来，我厂连续三年利润翻番，我的工资涨到了五级 70 元，加上各种补贴，月收入 100 元，再加上奖金，每月平均收入 160 元左右。1979 年，我爱人自谋生路，帮存车处看车子，每月又收入 40 多元。至此，连续几年吃补助的家庭终于结束了这段难熬的日子。后来，我爱人又搞了多种经营，卖冰块、饲养和孵化鹌鹑，在本地和天津进行销售，受益不少。仅去年与人合伙去一次昌黎三个月，我爱人就分得了 1500 元。

收入的增加，给家庭生活的改善创造了良好的条件。现在吃饺子不算改善生活，我妻子每回从市场回来，菜篮子里装的不是肉就是鱼。细菜、鱼、肉、蛋穿插着顿顿有。每顿饭有凉的有热的，有炒的有炖的。过去只求温饱，现在讲究营养，讲究菜的色、香、味。主食吃细粮，偶尔吃顿粗粮那是吃个新鲜。我家的菜刀不锈了，因为总切肉，涂了一层“肪锈油”。过去高粱米饭吃一大饭盒，外加一小饭盒咸菜。现在饭吃不多，肚子里油水多了。

穿的方面，身上里外三新，有了新面料的化纤服装，还有一人一件的呢子衣服，冬天穿上了皮毛防寒服，夏天以皮凉鞋代替了塑料凉鞋。

用的方面，家里有了电视机、录音机、收音机、洗衣机、“凤凰”车子、缝

纫机，今年还准备买电冰箱。日子越过越好，大头在后头呢！我一下投资了3000元，已经破土动工兴建四间新房。原来想找人打套家具，最近重新合计了一下，干脆花上千儿八百的，买一套高档的组合家具。另外，录音机得换了，正托人给买立体声双喇叭的。

我现在的生活日新月异，真是三伏天喝汽水——浑身痛快。我这一切都是党给的，没有党，我这个困难户怎能有今天！我是改革的受益者，我富了不算完，要为国家和集体多做贡献，因为只有国家富了，个人才能更富。

党的十一届三中全会以来的政策好

（翁丽玉，女，51岁，四川某厂子弟小学教师）

我认为改革以来的政治经济形势很好，到2000年工农业年总产值能够翻两番，人民生活能达到小康水平。对建设具有中国特色的社会主义现代化强国很有信心。

一、党的十一届三中全会以来，我家的生活条件已翻了一番多。“文化大革命”前，我的工资40多元，全家五口人，人均收入不到30元。为了节约开支，白天工休时间还得给孩子们做鞋，晚上给大人小孩做衣服。平日吃的也简单，只是星期天吃点肉。现在不同了，我的工资108元，孩子们都就业了，全家收入400多元，人均收入80多元。大人小孩的衣服和鞋都是买着穿。吃得更好了，每天都有肉，有时还有鱼，再炒几个菜，甚至比过去节日吃的还好。还买了电视机、录音机、洗衣机，银行存了几百元，还在厂里入股1200元。所以我们家的生活翻了不止一番。今后政策还会更完善，工农业生产还会发展，所以我对“翻两番”很有信心。

有人说物价上涨了，从生产数字上能翻两番，人民生活改善不了多少。我不这样看，虽然物价上涨了，东西贵了些，但工资收入的增长超过了物价上涨。我在党的三中全会以前，收入支出平平的，还有点紧张，现在吃的好了，穿的好了，添置了几大件，还有结余，这就是证明。何况中央也抓了物价问题，一年来比较稳定，最近蔬菜还有所下降。

二、从农民的生活改善也证明中央改革政策的正确性。就拿我们厂门前的农民来说，过去是种粮的农民还缺粮吃，拿几斤油来向工人换粮吃，一斤菜籽油换三斤半粮票。现在农民不仅有粮吃，生活也有很大改善。厂门前摆的是各种蔬菜和猪肉，熟鸡和小吃也有了。农民收入多了，有的花几千元甚至上万元来盖新房，他们的生活与党的三中全会以前相比，岂止翻一番。

我认为党的三中全会以来，整个人民生活都提高了，这就是贯彻中央政策的结果。我的信心就是建立在中央政策的威力上。不比不知道，越比就越有信心。青年人不善于对比，往往看不清问题。中央的政策越来越完善，会进一步调动人民的积极性，中央制定的奋斗目标一定能达到。

乡镇企业对国营企业的冲击

（翁镇华，浙江莱食品厂生产经营科科长）

自 1985 年四季度开始，糖果销售市场出现二十年未遇的全国性转疲。上海、北京、广州和江浙等地的大中型糖果食品厂在旺季时纷纷减产、转产。但与此同时，一些乡镇办的糖果小厂却逆流而上。他们生产的糖果，打入大中型城市的各个角落，覆整面越来越大，大有小鱼吃掉大鱼的架势。这些乡办小厂投资不多，设备简陋，工艺还停留在六十年代手工操作的水平上。但为什么他们质次价高的产品能如此覆盖城乡市场呢？我看原因有以下三个方面。

一、假冒产品

为了应付销售市场，他们在产品装潢无自行设计能力的条件下，通过模仿，套版大厂的名牌产品或刚应市的畅销产品的包装。这些产品充塞市场后，许多消费者大呼上当，而造成对这类产品的不信任。这种鱼目混珠现象的出现，吃亏的往往是一些大中型企业。虽然目前糖果市场萧条，有消费者标准、结构变化等种种原因，但与乡镇企业价高质次产品造成的市场“倒灶”也有一定关系。

二、“灵活”经营

大胆灵活，无所顾忌的推销手段，是他们与大厂竞争的最主要的方法。比如，乡镇企业一般每吨糖果推销费有20—30元，这就刺激了采购员的胃口。有的采购员在订货时第一句就问：“有无回扣”？有的为得到推销费不肯进购优质产品，唯恐乡镇企业的产品被淘汰而断了财路。这样，我们的产品销售就要受到很大的影响。再如，他们公开进行“有奖销售”。在1985年春季柳州会议和秋季郑州会议上，福建、广东、黄岩等省和地区的乡镇企业，都以画册以及打火机、双狮表，甚至录音机等作为推销产品的实物奖，招揽各地顾客。1986年春季，随着党风的整顿，大家对石家庄“全易会”拭目以待。但在会场中心燕春饭店门口，二三里路长的摊位上，仍然可以看到用手表、打火机等吸引来客的现象。大家看到这种向商业部召开的“全易会”示威的行径，无不摇头兴叹。

三、在聘用对象上与我们竞争

他们聘用的人员一般是两种，一是原商业单位退休的业务干部。在高额工资刺激下，他们凭借老关系，与国营公司、厂家争夺市场，二是挑选年轻貌美的女性充当推销员。在交易会上经常可以看到戴戒指、耳环，打扮入时的女郎出入各代表住地洽谈业务。

这种小鱼吃大鱼的现象，至少说明三点：一是现行政策给乡镇企业提供的条件太优越了。乡镇企业1986年前大多不征税，实现利润除缴上级部门外，其余均可自行分配，根本不愁提不出现金，也没有“两个月奖金”的限制。他们职工的奖金，工资高出同行大厂好几倍。年底分红更是大叠大叠钞票往袋里塞，特别是供销人员往往是首富者，他们用钱去打开产品的销路，不受财政部门的限制，这种现象国家难道不应该研究吗？二是大中型企业本身在经营上搞得不活，在乡镇企业面前失去竞争力。首先，国家对大中型企业的各种限制比较多，特别是在财政上控制得很严。有些经营手段乡镇企业可以使用，而我们则不行。其次，一些大厂由于有“名牌”铁饭碗，同时又受当地商业部门“包销”的待遇，逐渐滋长了“官工”作风，脱离了市场，失去了基础客户。三是有的大厂热衷于搞大生产，没有洞察市场形势，适应不了瞬息变化的新形势，给了小而灵活的乡镇企业以可乘之机。现在一些大中型企业开始从这一冲击中醒悟，也开始对市场经济形势作分析，不过在经营手段上很难像乡镇企业那样做到无所顾忌，因为这不符合社会主义企业应有的经营原则。

综上所述，我希望国家能限制乡镇企业用这些手段来争夺市场，防止他们挖大中型企业的墙脚。乡镇企业用金钱、物资作“强心剂”维持生产，只会给消费者带来坏处，同时也会侵蚀一些意志薄弱者的心灵，影响社会风气的根本好转。

建筑业实行承包后出现的新情况

（夏全兴，男，53岁，江苏某建筑工程公司瓦工）

建筑业实行改革后，打破了大锅饭现象，施工队变为承包队后，施工进度加快，经济效益提高，职工的经济收入大大增加。这是由于承包后生产好坏直接和个人利益挂钩，工人的干劲比以前足，加班加点奋力抢工期，机械设备利用率也较高，材料周转快，队组精打细算，节约材料。1985年我的奖金收入就有500多元，这些奖金收入主要靠加班加点、工期奖、材料节约奖、周转材料利用率高、租赁费省等方面来的。要超定额是很难的，目前大家普遍达不到。

承包以后也带来了一些不利因素。如只顾速度，不顾安全，出现了只要钱不要命的现象。特别是在脚手架方面，按规定需要搭的，为了省一些租赁费就不搭或尽量少搭，这就带来了不安全因素。

同时，建筑业的队伍状况不够稳定。现在的青年都怕当建筑工人，已经进来的也想尽办法调离。如果在青年工人中调查一下，10人中至少有6人想走，这些青年工人在工作中没有主人翁的积极性，对技术不肯学习、钻研。他们怕学好了技术，单位领导不肯放，认为没有技术的倒有可能调离。另外，社会上的个体户轻轻松松赚大钱，也给他们不愿当建筑工人带来了一定的影响。

现在建筑行业普遍招不到城市青年，原因当然是多方面的，但我认为首要原因还是建筑行业的工作条件差，劳动强度大，劳保福利待遇低。其次是社会地位低，被人看不起，青年工人寻对象难。我们单位近30岁的男青年没有对象的相当多。建筑工人社会地位低，一是受世俗观念影响，二是社会上对建筑工人不理解，广播、报纸对建筑工人宣传得不够。现在在建筑队伍中，农民工是唱主角，但农民工相当不稳定，他们到我们工区里来做活，主要是来学技术，把我们工区当作“培训班”，学到技术就要“飞”，“飞”到油水足的地方去赚大钱。在农村建筑站包一天活就要12元，一年至少4000多元。而在我们工区，做一年只有2000元左右。因此，我们留不住他们，被留住的都是些没有技术的人，技术骨干都被建筑站招去了。这样我们的建筑质量和工人的技术水平怎么会提高呢?

改革中要继续发扬优良传统

（孙崇华，男，39岁，南京某厂车间党支部书记）

党的十一届三中全会以来，我国对外开放的大门逐步被打开，推动了生产的发展，前几年改革的势头是好的，但也有夭折的可能，这主要是由于现在有些人在改革中遇到了困难，就想退，这是不行的。改革要有魄力，要付出代价。如这次工资改革，应该贯彻按劳分配的原则，按照贡献大小，拉开差距。但这次工资改革按工龄一刀切，实际上是大锅饭，而且是一次更大的大锅饭，它把过去2%拔尖和3%晋级的工资都拉平了。也许中央领导同志考虑到物价调整和社会安定的问题，但它不能调动职工的积极性。

改革不能照搬外国的模式，不能把我们中华民族的优良传统和我们党的优良传统丢掉。如艰苦奋斗、勤俭建国、思想政治工作、群众路线、党的领导等。我对改革充满信心，认为改革是否定之否定，改是为了进，而不是为了退。

引进是需要的，但要适合我国的国情，引进要为四化建设服务。什么时候我们把独立自主、自力更生的精神丢掉了，就等于丢掉了我们的民族精神。一味地追求近期内赶上世界的先进水平，就会犯政治上的急躁病。我认为我们应该大力宣传我们的大庆精神和葛洲坝精神。因为它能够振奋起我们的民族精神，激励起人们的革命斗志。

一位经理的苦衷和意见

（牟建东，男，52 岁，新疆某公司经理）

现在干部中矛盾比较多。年轻的拼命奔文凭，甚至不干实际工作，中年人有文凭的闹待遇，没有文凭的没有提拔的希望，认为干了白搭，也不愿干，五十年代参加工作的老同志都已五十多岁了，是业务骨干，因政策对提拔干部有年龄规定，自认为已没有发展前途，等着被淘汰。群众中流传着这样一个顺口溜：“十七八待业在家，二十七八争考电大，三十七八等着提拔，四十七八干了白搭，五十七八等着回家。”各层次的干部积极性没调动起来，都不同程度地在那里混、泡，这样下去，四化怎么实现，企业怎能发达？出现这种情况，除去个人因素外，政策不能说没问题。我认为，选国家接班人有个年龄规定是必要的，但在企业里则不宜在年龄上搞一刀切，评技术职称也有矛盾。前几年就是按文凭、年限评，只要 1954 年以前毕业的大学生，无论他的实际水平和贡献如何，都能评上高级工程师。因此，有的连个业务组长都干不了，却当上了高级工程师，有的虽从五十年代就搞施工，并已担任领导职务，只因没文凭，只能评助理工程师，工作上却要领导工程师。

关于在职职工的学习问题，现在要求学习的人很多，单位不让去，说你不支持智力投资。让他去，他们的岗位没人干。如果补新人，他们学习回来怎么办？有人要求报考上海音乐学院，我干脆答复，建筑公司没有培养音乐家的义务，如果非要去，就停薪留职，自掏学费。企业培训什么样的人，要根据实际需要定，不能只掏钱给职工买文凭。

在分配问题上，经济手段与传统观念有矛盾。按经济手段搞，就应按劳分配，多劳多得，按传统观念讲，要照顾老工人。一照顾老工人，就不能完全按劳分配，这样下去青年工人有意见。目前，班组实行计件工资制，按定额计酬，按工人工资等级分配，这本身就是矛盾。老工人体力差，干得少，但等级高，工资高，青年工人体力强，干得多，但等级低，工资少。这就造成了新老工人之间的矛盾。要解决这一矛盾，最好实行计件工资加工龄补贴，计件工资体现按劳分配，工龄补贴照顾老工人，青年工人也有个盼头。这次工资改革，看起来工人每人涨了半级，但奖金和超额工资相对减少了，所以工人老喊拿不到钱。这纯粹是工资等级在作怪。工资制度应该是基本工资少一些，奖金和超额工资多一些，工资可以浮动，工人因多得了奖金也高兴。在工人中最好恢复评定技师的工作，使老工人有个盼头。这对稳定工人队伍，调动工人学技术的积极性也有好处。

现在是企业办社会，包袱太大。目前，我们公司共有退离休职工 12130 人，平均三个半职工养活一个退、离休职工。去年光离、退休费用就达 140 多万元，有近 5000 名学生的职工子弟学校，每年要支付 100 多万元的费用，还要包四五百名子弟就业，有 200 张床位的职工医院，每年需补贴几十万元，居委会、托儿所等各项费用，都得企业负担。1985 年我们的营业外开支高达 255 万元，占企业利润的 27%。这在很大程度上影响了企业的竞争和自我发展能力，影响了职工生活的改善，这些包袱不背不行，背了，我这个经理也真不好办！

高级技工后继无人

（应荣康，男，55 岁，辽宁某公司工人技师）

应荣康是辽宁某公司的工人技师，这个公司的群众视他为瑰宝。我们专访了这位工人技师。他给我们的印象很朴实，说出了许多心底的话。

他 17 岁进上海郑云记机械厂当学徒。1955 年 1 月作为技术骨干，支援到某公司工具厂。他当时 25 岁，六级工，工资 96 元。他技术全面，调来后很快就发挥了技术骨干作用。1979 年调工资时，晋升为七级工。同年，公司评定他为工人技师。他有丰富的操作技术经验，并有相当的技术理论知识，对于有些产品还能进行设计。他曾是公司考核工人技师的成员之一。目前，他操作的机床是全公司唯一的一台从意大利进口的立铣磨床，加工的零部件，都是一些奇形怪状多曲面形，难度很高的零部件。领导和职工都称他是“老关键”。他曾经多次被评为厂先进生产者，下面是他谈的心里话：

改革是非搞不可的，改革才能使企业搞活，才能提高经济效益，才能使国家强大，人民富裕，路是对的，方向是对的，但是改革中也会出现一些问题。

一、青年工人不安心生产第一线，潜在的危机是高级技工后继无人

目前一线青年工人技术素质较差，不能接好班。我们车间 400 多人，50 岁以上的老工人就有 100 多人。这些老工人大部分都在一线岗位上顶着干，由于“文凭热”，进厂的年轻技校生认为体力劳动地位低，一进厂就专心高考复习，不学本岗位技术，在车间两年，取得考大专的资格，就都“飞”了，毕业后可以当干部。考不上大专，又走不了的，也不好好学习技术，在我这台精密机床关键工序上，我先后培养了七八个徒工，都“飞”走了。有考学走的，有上二线去的，也有到奖金高的单位去的。现在还带着一个按班顶替的徒工，他大专没考上，心不安稳，还想继续考学。

年轻人重视知识很好，但单纯追求文凭，不安心本职工作是不对的。不过在现实生活中又有一定道理。因为有了文凭，待遇就高了，地位就变了。在工资调整中，干部和职员工资不封顶，工人就封顶。青年工人不安心生产第一线，关键工种培养接班人就更难了。据我所知，公司还有几个关键工种，至今没有培养出接班人，仍然是 50 多岁的老工人在岗位上顶着干。我们这茬老的技术工人都即将退休，目前又无高级中青年技工接替，这势必成为生产、技术发展的一个障碍，我深感这是企业潜在的一个危机。

二、工人技师不该是个虚名

我是个老工人技师，由于工作岗位离不开，一直坚持在生产第一线。1985 年理顺工资时，我们坚守在工人岗位的技师和老工人一样工资封顶，都是 125 元。有些过去比我工资低的，由于提为干部，哪怕只当了工段长的，工资都可以涨到 139 元。就是不提干部，在二线当了职员的技师，工资不封顶，也可以

拿到139元。七八级的技术工人离开一线到二线当职员，也同样不受工资封顶的限制，这是不合理的。这次理顺工资仍然是吃“大锅饭”，没有体现出社会主义按劳分配的原则。

在住房分配上，工人技师也没有优待。我1947年参加工作，家中4口人，双职工，两个孩子，女儿27岁，儿子24岁，居住在一间15平方米的房子里。如果在住房分配上，技师和工程师享受大体同等待遇，按我的条件，居住套房早就可以解决了。现在，工人技师和工人画等号。青年工人见到这种现实，也感到当工人没奔头。

三、工厂需要我，青年工人需要我

近几年，社会上到处以高工资，优厚待遇聘用技术人员和有技术的老工人。我们厂有个老工人，50多岁，共产党员，他技术全面，是八级磨工。家中六口人，双职工，四个孩子，住在一间房里，他办病退后，在外单位一家工厂工作，每月净拿补差费150元，加上退休金和退休补助费比没退休前的工资高一倍多。他干了两年，攒了3000元，就可以买一间商品房。外单位有几家想以高工资聘用我，我都一一谢绝了。一个厂的一位工程师找到我说：“你到我们这儿来当个技术指导，每月给你400元的工资。”我对他讲，你每月给800元我也不能去。如果从个人利益考虑，我有技术，出去挣大钱没问题，每月有500多元，一年6000多元，用工资的一半买一间商品房还大有宽裕。住房不但可以解决，孩子还可以接班。但是，我没有这样做。我明白，我在公司里关键岗位上工作，我不干，别人干不了，就直接影响公司生产任务的完成。从思想上讲，我是爱厂的，生产上需要我，岗位离不开我，青年工人需要我，我想把自己的工作搞好，尽快把技术传给年轻人。

高级技工后继无人是个严重问题，我希望国家领导尽快采取有效对策。我认为：第一，尊重知识，尊重人才，应该包括尊重经验丰富，怀有绝招绝技的高级技工。国家要把培养高级技工列入人才开发的规划之中，切实加以实施。并对高级技工的先进典型进行宣扬和表彰。第二，恢复评定工人技师职称，实行对高级技工的鼓励政策，评定技师要凭真才实学和绝招绝技，不要搞“一刀切”和论资排辈。第三，国家和企业要为高级技工的培养和成长创造条件。

新时期的思想政治工作只能加强不能削弱

（王维钧，男，37 岁，中共党员，云南某矿小学教师）

前段时期，由于忽视思想政治工作，造成了以下几方面的混乱：

第一，政治上的混乱。由于过多地强调经济手段，大会小会都讲钱，讲奖金谁拿得多，使一些职工群众丧失了对崇高目标的追求，认为有钱就有一切。如我矿胜利坑去年有几个月最高奖金拿到 300 多元，这就使一些人把它看作最高目标，为多拿奖金，拼体力、拼设备，甚至不惜损人利己。奖金稍往下跌，工作就讨价还价，什么理想、信念完全抛在脑后，正如有人说的“理想理想，有钱就想，前途前途，有钱就图”。

第二，思想上的混乱。这几年宣传上的片面性造成了人们思想上的混乱，马列主义是否能坚持下去，社会主义到底还搞不搞，在这些问题没有得到明确的、有理有据的回答时，反而大讲资本主义国家的物质生活如何好，老用自己的短处去比资本主义国家的长处，加之一些党员的模范作用起得太差，就使人们的思想更为混乱。我认为，尽管经济是推动社会生产力发展的杠杆，排斥它必然要受到经济规律的惩罚，但忽视了人的思想教育，同样会受到社会发展规律的惩罚。因为任何社会的进步，经济的发展，生产力的提高都得靠人去做。“正确的行动来源于正确的思想。”就拿战争年代来讲，没有崇高理想的支配，没有视死如归的精神，是绝对打不了胜仗的。革命先烈不怕流血牺牲，那是由于他们在精神上是强者，这是用任何金钱、物质都买不到的。我觉得在我们社会主义条件下，认真研究一下物质和意识的关系问题，对我们加强思想建设是极为重要的。试想，如果一位老师为了使学生成才，过于辛苦而累病了，组织上不去关心他，看望他，而仅是拿几个钱作为劳动报酬，形成了一定条件下的雇佣关系。这样，作为人之师长，他是会很寒心的。同时，这种雇佣观念随着时间的推移，也会由老师身上慢慢转嫁到学生身上的。

第三，行动上的混乱。共产党为民谋利，不是一个空洞的口号，它体现在

第三，行动上的混乱。共产党为民谋利，不是一个空洞的口号，它体现在执政党的各个具体部门，具体人员身上。现在歪风邪气，不正之风不容易刹住，跟我们各级组织，执法部门在一些问题的处理上执法不严、处理不当有很大关系。如我矿保卫部门的一些人可以根据亲疏关系，不分青红皂白随意抓人打人，税收部门执法犯法，中饱私囊，一些领导在选拔干部时重才不重德，使干群关系紧张，大家不愿惹是非，遇事绕道走。我认为这次整党不太成功，整党中一些党风不纯、违法乱纪的人和事没有得到认真处理，真正需要解决的问题没有得到很好解决。

忽视思想政治工作，使我们已尝到了很大的苦头。现在中央再次重申和强调抓精神文明建设，我认为是非常必要和及时的。虽然我不是从事政治工作的，但我认为要加强思想政治工作，首先要提高政工干部的政治、经济待遇，使他们真正做到热心、安心、专心，这是加强和完善新时期政治工作的前提之一。同时，搞政治工作的同志也要做到自尊、自重，打消做政治工作低人一等的念头，争取工作的主动性，要别人相信你，首先就得自己相信自己。总结起来可以用三句话来概括，即工作靠自己做，地位靠自己挣，威信靠自己树。

第三次中国职工状况调查个案

（1992年）

关于大庆工人阶级队伍状况的调查报告

大庆石油管理局工会

一、改革开放以来职工队伍的发展变化

党的十一届三中全会以来，随着改革开放形势的迅速发展，我局职工队伍在思想观念、文化技术素质、内部结构、政治地位、经济生活等方面，发生了深刻变化。

（一）思想观念的变化

这方面变化表现十分明显，主要反映在以下五个比较重大的问题上。

1. 对坚持党的领导的认识和态度。我局职工普遍认为，中国共产党是伟大、光荣、正确的党。党的领导地位不是自封的，而是在长期革命战争和社会主义革命和建设的实践中形成的。我国 14 年改革开放取得的巨大成就，再次证明我们党的领导是坚强有力的。广大职工通过联系新中国成立前后、改革开放前后的变化，从实践和理论的结合上，进一步懂得了“没有共产党就没有新中国”“没有党的正确领导就没有中国改革开放的今天”“加快改革开放必须坚持党的领导”的道理，从而更加热爱中国共产党、更加坚信党的领导。采油四厂一名老工人说：“有共产党的领导，才有我们工人当家做主的权利，才有老百姓的好日子过。到啥时候都不能忘掉党的恩情，不能丢掉党的领导。”广大职工对党的信任已经由过去仅凭朴素的阶级感情，转为更加理性和务实的态度。现在他们判断党的领导是否正确，主要先看制定和执行的路线、方针和政策是否符合工人阶级的根本利益；判断党组织机体是否健康，主要先看自己身边的党员尤其是党员领导干部是否勤政廉洁。这种认识转变，更有利于建立工人阶级先锋队与本阶级群众之间的正常关系。由于我局各级党组织重视加强党的建设，有力地发挥了党组织的政治核心和战斗堡垒作用，使党组织的凝聚力和战斗力不断增强。这几年来，积极要求入党的人呈上升趋势。目前，全局有 33129 名

职工写了入党申请书。从千人问卷调查的结果看，在650名非党群众中，有30%的人有入党的愿望。

但是，在调查中，我们也发现部分职工对党的领导存在认识上的模糊和思想上的担心。一是认为党内腐败现象比较严重。这是座谈中大家议论最多的一个话题。采油四厂一名工人说“现在当官的有不少不是想在职位上为人民服务，而是想捞点好处，忘掉了全心全意为人民服务的宗旨。大庆的干部还好些，听说外面的更厉害，这样下去，党早晚要出大问题”。二是由于身边有个别党员表现较差，甚至有严重违法乱纪行为，损害了党在群众心中的形象。在千人问卷调查中，在填写“您对身边党员的评价”时，有7.4%的人回答“还不如群众好”。在填写“您是否有加入党组织的愿望”时，有7.7%的人回答：“以前有过愿望，但现在没有了”。三是担心党组织的威信下降。在座谈中，许多人认为，“党组织过去在企业一把抓，现在变成一无钱二无权，说话也不算数了。这样长期发展下去，企业党组织的威信势必要下降。”

2. 对坚持社会主义道路的认识和态度。我局大多数职工认为，走社会主义道路是我国唯一正确的选择，这是已经被我国40年革命和建设实践所证明了的。建设有中国特色的社会主义，是以邓小平同志为代表的当代中国共产党人的伟大创举，是对马克思主义科学社会主义定义和实践的重大发展和贡献。他们说苏联和中国都搞社会主义，又都实行改革开放，为什么中国取得成功，苏联走向失败，导致解体，一个重要原因就是中国没有照抄照搬马列的本本和外国的经验，而是走自己的路，制定实施了一整套适合中国国情的方针和政策，建设有中国特色的社会主义。可以说，广大职工对于坚持社会主义道路，已经不再是那种在单一计划经济条件下形成的扭曲的理解，而是逐步使自己的理解趋于完整和深化。他们希望坚持的是有利于发展生产力、有利于增强国力、有利于提高人民群众的生活水平的社会主义，即邓小平同志倡导的、党的十一届三中全会以来坚持的具有中国特色的社会主义。在千人问卷调查中，有72%的人对中国实现社会主义四个现代化充满信心。

但是东欧形势的剧变和苏联的解体，对职工的心理产生了很大的冲击，有相当数量的职工对走社会主义道路产生疑虑和担心，尤其对一些重大理论和实践问题认识不清。一是既然社会主义坚持公有制，为什么允许发展私营经济，私营经济迅猛发展，会不会削弱和动摇国有经济的实力；二是国家大力提倡发展市场经济，势必要冲击计划经济，国家调控系统机能会不会失灵，出现经济秩序混乱；三是社会主义按劳分配原则是否能够真正得到贯彻实行，为什么多劳不能多得，不劳不能不得，甚至不劳也能多得，造成严重社会分配不公；四是提倡走人民共同富裕的道路，又允许一部分人先富起来，但真正富起来的不是产业工人，照此发展下去会不会造成贫富不均两极分化，能不能形成一个中产阶级；五是社会主义社会消灭了剥削阶级，为什么现在又允许雇工，剥削现象出现了，新的剥削阶层能不能再次产生；六是社会主义国家强调主权和领土完整，但现在为什么成片出卖国土，能不能有第二个香港、澳门出现。同时，也有极少数人认为，苏联解体的主要原因是社会主义根本行不通。他们说，“不要管坚持什么主义、什么道路，只要能把国民经济搞上去，老百姓都能过上富裕生活，怎么整都无所谓”。

3. 对改革开放的认识和态度。通过调查我们感到，我局广大职工赞成改革开放，拥护和支持中央关于加快改革开放的重大方针、政策，对我国十多年来改革开放取得巨大成果给予了充分的肯定。对邓小平同志南方谈话及加快改革开放的步伐寄予希望和理解。他们认为，实行改革开放是适应生产力和世界科技迅猛发展的需要，是强国之路，给我国经济带来长足发展，给老百姓带来了经济实惠。虽然也存在许多问题，但利远远大于弊。“不改革就没有出路”已成为大家的共识。千人问卷调查结果，对十几年改革开放总的评价，认为好的和比较好的占93%。这表明，我国的改革开放具有坚实的群众基础。广大职工联系自己的衣、食、住、行和个人家庭的变化，高兴地说：“改革开放不仅使国家繁荣昌盛，而且使人民真正过上了幸福生活。十几年职工工资翻了几番，家庭生活好了几倍。过去大庆人穿的几乎是清一色的道道服，吃的多半是粗粮，住的是干打垒和砖平房；现在人们穿的服装是五颜六色，吃的几乎都是细粮，住的多数是楼房。谁说改革开放不好，不是昧着良心就是缺心眼儿。”现在盼望改革、拥护改革和支持改革，是我局广大职工的共同心声。

通过调查，我们也发现虽然广大职工增强了对改革的承受能力和参与意识，但是还有部分职工对加快改革开放步伐存在一些模糊认识。一是一些老工人、女职工和伤残病职工担心继续深化改革，会更深地触及自己的切身利益，产生工作没保障，生活水平下降怎么办的疑虑。二是极少数职工认为“现在改革已经差不多了，再加大改革力度，扩大对外开放，弄不好再发生 89 年那样的动乱，遭殃的首先是我们老百姓”。三是个别职工认为对外开放带来许多资本主义腐朽没落的东西。认为“现在社会秩序混乱，商品假货随处可见，各种犯罪行为，如吸毒、卖淫、嫖娼、赌博等丑恶现象死灰复燃，所有这些都是改革开放带来的恶果”。甚至怀疑有些改革开放措施是在改变社会主义性质，在搞资本主义，比如在我国开办中外合资企业和独资企业、承包等，“是在走有中国特色的资本主义”。

4. 对工人阶级历史使命感和主人翁责任感的认识和态度。我局绝大多数职工认为，工人阶级在我国的政治经济生活中仍处于领导地位，担负着领导其他阶级建设有中国特色的社会主义，实现四个现代化的历史使命。要完成这个使命，必须具有强烈的主人翁责任感。但在调查中发现，尽管我局一些职工认为在大庆，职工仍然是企业的主人，但也不如从前了，特别是在一些租赁、承包单位，根本看不出工人的主人翁地位，一切都是“老板”说了算。有的工人说：“不提主人不生气，越提主人越来气。谁是主人，是‘老板’，是当官的。”在他们看来，现在讲全心全意依靠工人阶级只是一句空话。从千人问卷调查结果看，在填写“您认为改革开放以来职工在企业单位的主人翁地位有什么变化”时，认为有很大提高和有所提高的占48%，认为没有变化的占29%，认为有所下降和大大下降的占23%。

5. 对价值观念和道德观念的认识和态度。从调查中看到，改革开放十多年来，我局部分职工的价值观念和道德观念也发生了很大的变化，并趋于多样化和个性化。这里既有积极的，也有消极的。一是由务虚型转向务实型。价值趋向倾斜于经济实惠，“一切向前看”变成了“一切向钱看”，千方百计多捞实惠，绞尽脑汁想多挣钱。过去一向被人瞧不起的商贩、个体户，现在成了人们追求的目标，崇拜的偶像。拜金主义很有市场。二是人们思想由封闭型转变为开放型。由过去谨小慎微、胆小怕事的保守思想变为无所顾忌、畅所欲言。行为上由过去的畏首畏尾、缩头缩尾转变为大胆开创、大胆实践。三是对企业所有制的看法发生了根本转变。过去是国营，集体，最后才是个体，甚至招工非国营不去，找对象非国营不娶。现在顺序要颠倒过来，人们很少考虑企业所有制性质，只要能多挣钱，干啥都愿意。在千人问卷调查中，29%的人认为有较高收入是重新选择职业首先考虑的因素。四是由过去只满足吃饱穿暖的小农意识转变为追求生活高水平、高档次、高消费，不仅物质生活上要吃好穿好，而且精神生活也要追求丰富多彩，充实饱满。随之带来的是吃喝风、攀比风、送礼风、讲排场、讲阔气、挥霍浪费，红白喜事大操大办。五是人与人之间的关系现在有的变成了庸俗的“金钱”关系，甚至“同志”这个称呼也变成了先生、小姐、老板等。六是传统的道德观念面临着严重的挑战，甚至遭到很大冲击，在社会生活、婚姻关系、伦理道德方面出现了变化，真善美、假丑恶的标准下降。过去被人们认为丑的东西，现在有的人不一定认为是丑的，或者不那么丑。过去认为走后门是一种耻辱，现在有人认为这种人有能耐、能办事。七是注重追求自我价值，渴望有一番成功的事业。在座谈中，油田安装公司有一名职工说：“我每到一个新单位，总以为是个最能发挥自己聪明才智的地方，可过后我又发现自己错了，我换了许多工作环境，但都没找到自己合适的去处，我不明白自己价值到底体现在什么地方。”

（二）文化技术素质的变化

改革开放以来，随着油田生产建设的发展，我局职工队伍的文化技术素质有了很大程度的提高。特别是一大批各类大、中专毕业生和技校生走向工作岗位，给职工队伍注入了生机和活力，改变了职工队伍的文化结构。我局职工文化程度，1991 年与 1985 年相比，大专以上由 24716 人增加到 38976 人，增长了 1.6 倍；中专由 26942 人增加到 35816 人，增长了 1.3 倍，技校由 16205 人增加到 65926 人，增长了 4 倍。由于广大职工积极参加各类技术学习和培训，坚持走岗位自学成才道路，技术素质也明显提高。全局职工平均技术等级由 1980 年的 3.4 级提高到现在的 5.3 级。取得各种技术职称的由 1986 年的 16996 人增加到现在的 54649 人，增长了 3.2 倍。其中取得中级职称的由 1986 年的 2703 人，增加到现在的 10172 人，增长了 3.8 倍；高级职称的由 1986 年的 27 人，增加到现在的 1678 人，增长了 62 倍；工人技师由 1986 年的 96 人，增加到现在的 825 人，增长了 8.5 倍。

面对改革开放的新形势，我局大多数职工感到有一种危机感和紧迫感，越来越意识到，企业引入竞争机制，“铁饭碗”端不成了，个人收入的多少不是取决于国家和企业安排，而主要取决于自身的竞争能力，如果再不加深学习文化技术，提高自身素质，就有被淘汰的危险，因而，学习的积极性日益高涨。过去部分青工得靠领导“逼着学”，现在自己“主动学”；过去组织文化技术培训，担心学员名额不满，现在办班就超员。据千人问卷调查统计，有 32% 的人对学习文化技术的积极性很高；有47%的人对学习文化有积极性。采油四厂杏一联合站职工，坚持读书自学12年不间断，先后有38名青工考取各类成人大、中专学校，向外单位输送241名技术骨干，其中有15人走上科级以上领导岗位。采油工艺研究所潘时景同志，是1972年从大兴安岭来大庆的上海知青，原来只有初中文化，长期以来，他努力工作，刻苦学习，先后补学了初、高中基础课，并取得了大专学历。他结合工作实际，努力钻研油田地质、采油工艺、油层物理等有关业务知识，猛攻薄油层采油技术难关。他和同志们一起，经过反复试验攻关，终于在研制成功深井压裂管柱和二次密封喷砂器的基础上，取得了限流法压裂的成功。这项技术获得国家发明一等奖。他被破格晋升为高级工程师，并荣获全国“五一劳动奖章”。在调查中我们也发现，还有一定数量的职工对学文化技术不感兴趣或兴趣不大。他们认为“工人就是干活，学不学无所谓，有没有文化技术照样干活挣钱”；甚至有的还说“文盲照样挣大钱，学习没有必要，既耽误时间又浪费精力”。个别生产一线工人，当了几年采油工不会倒流程，不懂得操作规程，井站有事就找班长，班长不会就找队长。

随着油田现代化建设的迅速发展，许多新技术、新工艺得到迅速推广。目前我局职工队伍现有的文化技术水平和管理者素质及许多方面与发展生产，提高经济效益还存在着不相适应的一面。一是从总体上看，我局职工队伍文化技术素质虽然有较大提高，但在一些高技术方面还缺少熟练工人。就文化素质来讲，有的文凭与实际文化水平不符；就技术素质而言，技术级别、技术职称与实际技术水平、业务能力不符。二是促进职工文化科学技术素质的一些好的思想观念，有的还没有牢固地树立起来。主要是“科技是第一生产力”的思想，“尊重知识、尊重人才”的思想，“一切竞争取决于人才的竞争”的思想，等等，在一些职工特别是管理人员的头脑中没有真正树立起来，或者说不那么牢固。这对今后提高职工队伍的整体素质是一个必须克服的思想障碍。三是部分管理者缺乏现代化企业应有的管理知识和管理经验。个别管理人员缺乏深入群众、调查研究、综合分析、解决问题的扎实作风和工作能力，官僚主义、形式主义还有市场、机关人浮于事，工作效率不高等现象也依然存在。

根据我局实际情况，加强职工教育，提高职工队伍文化技术素质，应采取以下几种途径：（1）建立职工教育体系，通过各类职工培训学校，如职工大学、职工中专、培训中心等，对职工进行正规化教育。（2）举办各种培训班，分期分批地脱产培训，从理论和实践上不断提高职工的水平。（3）定期组织各类技术人员和管理人员出国考察、进修，学习国外的先进技术和科学管理，不断更新知识。（4）联合办学，与院校挂钩，选送一批技术业务骨干深造，培养高水平的专门人才。（5）广泛开展岗位练兵活动，努力提高职工的实际操作技能。通过举办生产技术运动会和各种技术业务比赛，为职工施展本领，发挥创造才能，提供用武之地，使更多的职工成为技术状元、技术能手。（6）建立激励机制，把培训、考核、使用和待遇相结合的运行机制逐步推广开来，为不断提高培训效益，保护职工学文化学技术的积极性创造条件。

（三）职工队伍内部结构的变化

大庆石油管理局属于特大型企业。全局现有职工 260981 名，其中，管理人员 25172 名，占全局职工总数的 9.6%；科技人员 45117 名，占全局职工总数的 17.3%；工人 141056 名，占职工总数的 54%。

从所有制结构来看，我局有全民和集体两种所有制形式。属于全民所有制（含全民合同制）职工 233911 名，占全局职工总数的 89.6%；集体所有制职工 27070 名，占全局职工总数的 10.4%。从目前我局内部两种所有制劳动关系的特点来看，全民所有制职工仍然是企业职工的主体。其特点是队伍集中，生产任务单一，虽然便于组织管理和生产指挥，但职工对企业有很强的依赖性，习惯于行政的管理方式，效益观念、竞争意识比较淡薄。集体所有制职工在企业内部处于附属地位，即依赖主体行业，同时也服务于主体行业。近年来，随着企业改革的深入，我局集体所有制单位已逐步转向了第三产业的开发，形成了独立核算、自负盈亏的新的管理模式，进一步确立了职工个人与国家、企业的利益关系。

从企业内部产业结构来看，1978 年以前，可分为直接生产、辅助生产和后勤服务三个层次，职工都是以原油生产为中心的主体行业的组成部分。改革开放以来，企业内部出现了替代产业，即开发多种经营的第三产业队伍。目前，我局职工分布比例为：直接生产人员占 25%；辅助生产人员占 28%；后勤服务人员占 38%；第三产业人员占 9%。特别是第三产业的兴起和迅速发展，给职工队伍带来了一些新的变化。一方面，广大职工从第三产业的发展看到了深化改革给企业带来的希望，消除了一些人对采油生产能力逐年递减，今后劳动力去向问题的担心，并且使职工感到有了选择职业、尽其所长、施展才能的条件和机会。另一方面，对主体行业也产生了新的冲击。有些职工为了多挣钱、挣大钱，不惜放弃自己的技术专业，不顾岗位的需要，而想方设法调往第三产业部门，影响了主体行业职工队伍的稳定。

从职工队伍内部组成结构来看，目前我局职工队伍内部组成可分为生产性工人、服务性工人、专业技术人员和经营管理者。近年来，随着科学技术的发展和职工队伍知识化水平的提高，职工队伍内部组成结构也随之发生了较大的变化。原属于体力劳动者的生产性工人和服务性工人，由于劳动方式和工作性质的明显差异，现已引起了分化和流动。生产性工人的工作已由体力型向技术型转变；服务性工人的劳动已逐步社会化，从工作性质上已步入了技术层和管理层的边缘；专业技术人员在实现科学技术向实际生产力转化，在参与生产经营管理等方面，都已占据了主导地位；经营管理者处于企业领导决策层，科学意识、民主意识在他们身上体现得更加突出，各部分人员之间的差别在缩小。

从职工队伍年龄结构来看，我局职工队伍日趋年轻化。全局职工的平均年龄为35.8岁。与七十年代末相比，下降了2.1岁。目前，全局职工中，35岁以下的职工151793人，占职工总数的58.1%；36岁至50岁的职工86259人，占职工总数的33.1%；51岁以上的职工22929人，占职工总数的8.8%。从老、中、青职工各自的特点上看，由于成员的年龄不一样，受教育和社会环境的熏陶不一样，不同年龄层次职工的思想气质都有其相应阶段的个性反映。五十年代和六十年代初参加工作的老职工，他们受到的教育和社会经历多，尤其是参加过六十年代石油会战的老职工，他们对党怀有深厚的感情，对走社会主义道路信念坚定。但他们对改革开放持慎重态度，对所出现的一些新思想、新观念、新的管理模式和利益分配方式等有不同的想法和看法。尽管如此，这些老工人仍不失工人阶级本色，能够自我承受社会变革和化解心理矛盾，积极支持和主动参与企业的各项改革。七十年代参加工作的中年职工，虽然生活经历比较曲折，但他们能够正确理解对待，自强自立，勇于进取，绝大多数人在企业改革和生产建设中挑起大梁。八十年代以来参加工作的青年职工，由于生活在改革开放年代，思想比较解放，很少保守，对改革开放热情高，期望值也高，接受新事物快，思想比较活跃。但他们又不同程度地存在着矛盾心理。有一部分人由于受社会上一些不良风气的影响，对党、对社会主义感情持复杂的矛盾心理。有些人讲享受，不愿过艰苦奋斗生活，对工作环境选择性较大。个别人组织性纪律性较差，道德水准不高，综合素质不适应时代的需要。但从大庆来讲，由于政治学习和传统教育抓得比较紧，目前青年职工队伍发展趋向比较好，绝大多数青年职工能把握时机，立足岗位学文化、学技术，在生产建设中发挥了生力军的作用。

（四）政治地位的变化

工人阶级是我们国家的领导阶级，是社会主义革命和建设的主力军。处于国家主人翁地位。从千人综合问卷调查结果看，认为工人阶级当前在国家和社会政治生活中所处的实际地位，大有提高和有所提高的占48.3%；认为没有变化的占29%；认为有所下降和大大下降的占22.7%。在座谈和访问调查中，职工以改革开放以来所发生的一系列变化，联系实际谈了对自身实际地位的感受和认识。多数职工认为，改革解放了社会生产力，也解放了工人阶级自身，使我们在经济上有了地位，这种地位必然随着改革的深入而进一步得到提高。有的老工人讲："旧社会地主和资本家是'主人'，那是因为他们有土地、有金钱，所以他们不愿意放弃'主人'的地位；而我们工人作了几十年的主人，经济生活却富裕不起来，只在政治上是主人。经过深化改革，把我们的政治荣誉和经济利益联系起来，提高了我们在社会生活中的实际地位。"少数职工认为，"过去讲我们工人阶级是主人，是依靠对象，现在也是讲我们是主人，是依靠的对象。从这一点上看，我们工人的主人地位没有变，应该感到满足"。也有的工人说，"啥时候也是主人干活，只要有工作干，地位不地位无所谓"。为此，有的人很形象地在全心全意依靠工人阶级这句话的后边加上了两个字"干活"。个别职工则认为，工人阶级的地位实际已在日趋下降。在他们看来，"搞三资企业，向外国人出卖企业和土地，以及一些中小企业实行私有化和股份制，工人阶级已不再是公有化生产资料的占有者，工人的主人翁地位自然也就被取缔了"。

职工在企业中所处的实际地位和拥有的民主权利，从大庆来看，实际地位不断提高，民主权利不断扩大。因为大庆在全心全意依靠工人阶级办企业方面，有一整套办法制度和措施。《全民所有制企业职工代表大会条例》和《企业法》颁布以后，特别是中共中央［1989］12号文件发表后，全心全意依靠工人阶级的指导方针得到了进一步的贯彻落实。各级党政组织在研究制定重大决策时，都积极主动地征求基层群众的意见，如制订油田开发方案、分房、调资等，都交给职工讨论，在实施过程中接受广大群众的监督。另外，我局层层建立职代会，实行民主评议行政领导干部，给广大职工充分的民主权利和参与机会，增强了主人翁责任感。所以说，大庆工人阶级是有较强的使命感和主人翁责任感的。我局实行经营承包以后，企业的经济效益与职工的切身利益联系得更加紧密了。职工群众对企业生产经营的关心程度有所提高，主人翁意识、民主意识有所增强。他们关心、支持和参与企业深化改革，积极参加企业民主管理，以高度的主人翁姿态完成生产任务。采油四厂职工，去年围绕“三项制度”改革，提出各种建议和意见就达2400多条，有的职工代表还把群众的建议送进机关，直接反映给领导。过去职代会提案70%以上是职工生活福利方面的内容，如今有关改革和生产建设方面的内容明显增多。然而，目前仍有些职工民主意识不强或缺乏民主意识。如有的职工提几次建议没被采纳或没受到重视，就认为主人翁地位没得到保障，职代会是走形式，参加民主管理的积极性不高。有的职工讲，“改革承包了，一切承包人说了算，讲民主已经过时了，职代会已不起作用了”。当前，职工的主要民主要求是：一方面希望能更多地了解企业改革的发展趋向，多知道些企业领导的想法；另一方面，希望能进一步扩大民主管理渠道，为职工参与企业改革、参与生产经营管理，创造更多的机会和更好的条件。

全心全意依靠工人阶级的指导方针，在大庆一直贯彻落实得比较好。从会战一开始就实行政治、经济、技术三大民主，这个好传统一直坚持下来了。特别是改革开放以来，各级党政工组织，尊重职工的主人翁地位，发挥职工的主人翁作用，依靠职工搞好改革，办好企业。可以说，我局各级党政工组织对贯彻落实全心全意依靠工人阶级指导方针不仅认识明确，态度坚决，而且采取的措施有力、有效。一些基层党政工干部在座谈时讲：“没有职工就没有企业，企业是职工的企业，半心半意依靠也办不好企业。”还有的干部讲：“过去搞革命和建设依靠的是工人阶级，如今搞改革，如果不依靠工人阶级和充分发挥工人阶级的积极性、主动性和创造性，我们的改革就注定要失败。”有位租赁承包单位的干部深有感触地说：“开始实行租赁承包时，我以为今后就是一个或几个人说了算，依靠不依靠群众无所谓，结果吃了苦头，不仅生产效益没上去，而且还造成了干群之间的矛盾冲突。我算知道了，企业离开了职工群众，就一事无成，我们的本事再大也不行。”

为了进一步把全心全意依靠工人阶级的指导方针落到实处，我局从上到下，从体制、制度和政策上采取了一系列措施。一是依靠群众进行正确的决策和部署。在深化企业改革中，我局还把民主决策在程序上、内容上用法定形式固定下来。全局建立了有工人参加的管理委员会，讨论决定重大问题。石油管理局每年召开一次职工代表大会，二级单位每年召开两次职工代表大会，领导班子向职工代表报告工作，重要问题经审议形成决议，由各级行政领导组织实施，没有通过的不出台。同时，每年还召开有领导干部、技术人员、工人参加的技术座谈会和各种专业会议，广泛听取大家的意见、建议，完善决策思路和措施。这样，就把企业一些重大决策和部署，进一步建立在广泛的群众路线的基础上，使职工代表大会在企业管理中发挥了重要作用。二是坚持民主评议领导干部和基层职工代表检查领导机关的制度，实行民主监督。按照干部管理权限，每个领导干部都在一定范围内述职，接受群众评议。并对每个领导干部进行民主测验，作为选拔任用干部的重要依据。与此同时，我们还坚持组织基层干部、工人检查机关工作。如在第 92 次岗位责任制大检查中，就有 1500 名基层干部、工人检查了两级机关，在为基层服务、工作效率、执行制度等方面，提出 325 个问题。通过检查，促进了机关工作。三是注意从优秀工人中选拔基层干部，从优秀基层干部中选拔领导干部。现在全局已有 5.3 万名工人出身的各类干部，其中许多人已成为各级领导的中坚力量，使依靠职工群众管理企业的思想，在组织路线上得到体现。四是加强职工培训教育，分期分批组织脱产培训职工，从理论和实践的结合上认清主人翁地位和作用，增强主人翁意识，提高业务和管理素质，适应现代化管理的需要。五是确保职工群众的经济利益，坚持分配政策向一线岗位工人身上倾斜，注意在发展生产、提高效益的前提下改善职工的生活。

工会在建设“职工之家”活动中，加强了自身建设，比较好地发挥了党联系群众的纽带和桥梁作用。这次千人综合问卷调查，我局职工群众对当前工会工作状况的基本评价是：有 69.6% 的人认为工会能发挥作用或基本能发挥作用；有 7.7% 的人认为看不到工会的作用。随着企业改革的进一步深入，我局职工对工会组织的作用的要求也越来越高。在调查中我们了解到，目前职工对工会的意见和建议主要有以下四点：（1）希望工会组织能更加主动地参与企业的深化改革，尤其是主动参与企业各项规章制度的制定，切实维护职工的根本利益；（2）希望工会在转换企业经营机制过程中，加强民主管理工作，发挥好监督职能，真正成为职工群众的代表者、维护者；（3）希望工会通过卓有成效地组织开展建家和各项劳动竞赛活动，把广大职工的积极性引导落实到企业生产建设上来；（4）希望工会会同行政方面组织开展好业务文化学习和职工培训，提高职工的文化技术素质，丰富职工的文娱体育活动。

（五）经济生活的变化

改革开放以来，我局坚持在生产发展的基础上，不断改善职工生活的原则，使职工的生活水平逐年提高。并把改善生活的重点放在生产一线，为常年在野外施工的队伍，配备了列车式野营房、活动餐车，职工可以随时吃上热饭、喝上热水、洗上热水澡。野外作业职工上下班接送，基本上由过去的敞篷大卡车改用了大轿车。单身职工宿舍普遍实行了公寓化管理，职工食堂普遍实行了餐馆化管理。从1979年以来，我局陆续兴建了一批住宅楼，职工和家属大部分都住进了楼房，使职工的居住条件有了很大的改善。我局改善职工生活的措施，主要是大力发展农副业生产。现已形成年产粮食3000多万公斤、产菜6000多万公斤、产肉600多万公斤、产鱼30万公斤的生产能力，职工家属每年人均吃到自产菜216公斤，自产肉、禽、蛋、鱼28公斤。这样不仅改善了职工生活、减轻了经济负担，而且逐步解决了9.9万人的自产粮落户问题。在发展生产、提高经济效益的基础上，职工收入明显增加。我局全民所有制职工平均工资等级6.9级，人均收入从1979年的689元，增加到现在的3252元。总之，我局职工对经济收入逐年增加，生活水平逐年提高，衣、食、住、行大大改善，是比较满意的。在座谈中，有的职工讲："1978年前工资级别最高的月收入也就是百元左右，那时虽然物价较低，可生活还是紧巴巴的，能攒下钱的很少。如今刚参加工作的月收入也都过了百，而且一般家庭月月都能有些节余。"也有的职工讲："如果不是改革开放，我们别说买彩电、冰箱，就是见都见不到，过去只图能吃饱，如今大鱼大肉是便饭，平时吃的、穿的比以前过年还要好，没有改革哪来的这么大变化，实现小康大有希望。"

应该说，我局职工的收入水平同改革开放前相比，有很大提高。虽然不同行业职工收入不平衡，但没有过大悬殊。就拿采油四厂来说，主体行业生产一线工人和一些老职工年收入（包括工资和资金）约在4000元以上，后线服务人员收入在3000元左右，前线职工比后线职工的收入要高一些，年收入差距在千元左右。第三产业的职工年收入约在5000元以上，比前线和后线职工收入更高一些，年收入差距在 1000 至 2000 元之间。从职工家庭经济生活现状来看，千人问卷调查结果，属于节余较多、比较富裕的占 5.1%；属于收支相抵、略有节余的占 85.7%；属于入不敷出、比较困难的占 7.4%。属于困难线以下的职工家庭为数不多。造成生活困难的主要原因是：伤残病退职工工资低、收入少，子女小或病残未能就业，等等。

目前，职工群众对社会分配不公问题反映强烈。在调查中，我们接触到的职工，意见最大的不是物价问题，而是社会分配不公问题。如一些职工讲："文艺界名演员一台演出少则几千元、多则上万元的收入，而真正的产业工人辛辛苦苦干一年，顶不上人家的一次演出收入多，使人难以理解"。另外，职工群众意见比较大的是一些不法商贩，靠钻国家政策的空子捞大钱，捞了大钱又摆阔气，在社会上胡作非为。在调查中，职工群众一致要求国家和各级政府应尽快解决这种分配不公问题，采取必要的行政手段、法律手段，解决目前存在的社会分配不公的问题，对违法的要严惩，保护广大职工群众的切身利益。否则，长此下去，在社会上就会引发更大的矛盾，影响安定团结。

二、对职工队伍状况的总体分析和评价

30 多年来，特别是改革开放以来，局党委坚持用马克思列宁主义、毛泽东思想及建设有中国特色的社会主义理论武装职工群众，以党的路线、方针、政策教育职工群众，建设了一支以"铁人"精神为代表的符合"四有"要求的石油职工队伍。这支队伍，思想政治觉悟高，具有坚定的社会主义信念。早在"十年动乱"期间，大庆石油职工就顶住了林彪、江青反革命集团的干扰和破坏，坚持生产，为油而战，为支撑濒于崩溃边缘的国民经济做出了自己的努力。在改革开放的新时期，他们又经受住了资本主义自由化冲击的考验。尤其在北京发生动乱和反革命暴乱期间，大庆石油职工始终坚守岗位，坚持生产，旗帜鲜明地反对动乱和暴乱，维护安定团结，与党中央在思想上政治上行动上保持一致，全油田没有一个单位组织游行和声援活动。正当北京发生动乱和反革命暴乱的时候，我们在全油田组织开展了有 19 万人次参加的生产技术大赛和有 18 万人次参加的文化艺术大赛。工人们说"极少数人搞动乱，我们工人要大干"，"我们要用多打井多出油的实际行动，表达我们爱党、爱国、爱社会主义的热情"。在这场事关我们国家生死存亡的斗争中，广大职工不仅保持了正常的生产

秩序和工作秩序，胜利地完成了各项生产建设任务，而且经受住了严峻的政治斗争的考验，表现出高度的政治觉悟和严明的组织纪律性。

这支队伍，继承和发扬了我国工人阶级的优良传统，具有艰苦奋斗、为油献身的实干精神。石油会战中形成的大庆精神和铁人精神，是我国工人阶级优良传统的具体体现。“有了这种精神，任何人想压垮我们，都是不可能的事情。”油建公司赴巴基斯坦施工队，在技术设备处于劣势的情况下，全队职工发扬大庆精神和铁人精神，以高度的民族自尊心和自豪感，昼夜奋战，只用了81天就完成了5个月的合同任务，建成的储油大罐一次成功，打败了提前开工一个多月的日本施工队，他们佩服地说：“中国人行，大庆人行。”尽管这几年，大庆职工的工作环境和工作条件有了很大的改善，但广大职工始终保持着艰苦奋斗的优良传统。当年铁人王进喜同志带领过的1205钻井队，虽然干部换了13茬，队伍转战辽河、华北等几个战场，但艰苦奋斗的传统始终没变。建队以来，共打井1000多口，累计进尺123万多米，成为全国第一个打井超千口、进尺超百万米的钻井队，并连续三年获石油部和总公司颁发的钻井队金牌。采油二厂老工人陈全友，在采油岗位上工作了整整30年，被誉为“献身采油事业的人”。他在身患癌症、先后两次手术的情况下，多次谢绝组织照顾，毅然回到生产第一线，带领井组采油女工奋发大干，在平凡的岗位上做出了不平凡的贡献。大庆油田正是靠广大职工这种艰苦奋斗、为油献身的实干精神，“六五”期间完成的工作量相当于前16年的总和，“七五”期间的工作量比“六五”期间翻了一番，有效地保证了油田原油5000万吨稳产17年。

这支队伍，“好字当头，自觉从严”，具有“三老四严”的优良作风。大庆在长期石油会战中，坚持从严要求，培养的“三老四严”的优良作风，已在职工队伍中深深地扎了根。石油天然气总公司要求大庆油田组织一支队伍，参加塔里木石油勘探开发。参战的400多名职工，像当年石油会战那样，一声令下，打起背包就出发，没有一个打退堂鼓的。从通知到出发，仅用了十几天时间。受到石油天然气总公司领导的好评。在我们油田上，既有多工种大兵团的联合作战，又有大量的分散在各个岗位上的单兵作战。广大石油职工无论是大兵团作战，还是单兵作战，都能坚持“三老四严”的优良作风。油建公司十一中队职工，“集中作战讲质量，分散施工不走样”，自觉干保险活。30多年来，先后安装油水井4035多套，铺设管线3147公里，建设泵站118座，一次合格率达

99.8%，做到“人人做出事情过得硬，项项工程质量全优”。采油一厂四中队，是著名的老标杆队。经过 30 多年的风风雨雨，各方面都发生了很大变化，但“三老四严”“严细成风”的传统作风始终不变。近 19 年录取各种资料数据 269 万多个，全准率达到 100%。

这支队伍，有文化、懂技术、会管理，具有敢同先进水平较量的真本领。改革开放以来，特别是最近几年，我局职工队伍更新很快，一些参加石油会战的老职工陆续离开职工队伍，一大批有文化的新工人进入职工队伍，使职工队伍文化水平大大提高。大庆油田发展到今天，开发工艺技术系列经历了 5 次技术更新换代。可以说，大庆油田越向前发展，科学技术越显得重要。向技术要产量，向技术要效益，越来越被职工所认识。因此，我局广大职工自学苦练基本功，认真学习技术，刻苦钻研业务，掌握从事现代化建设的过硬本领。通过多渠道、多层次、多形式的技术培训，职工的实际操作水平和理论水平都有明显提高。在前不久举行的黑龙江省第四届职工技术运动会上，大庆石油管理局选手一展风采，一举夺得 28 个工种的第一名，有 82 名选手荣获省技术能手称号。现在，从事油田生产、工程技术和科研的科技队伍，专业比较配套，结构比较合理，具有较强的攻关能力。他们运用现代科学和研究成果解决生产建设中的关键问题，同时把工人的革新创造用现代科学知识加以总结，使其发挥更大的作用。可以说，油田开发建设的每一项成就，都凝聚着科技人员的心血和汗水，甚至献出宝贵的生命。研究院副总地质师王启民，坚持同工人相结合，在试验现场顶了 10 年，与同志一起共分析 1000 多万个资料数据，摸索出一套“细分开采、分层调整、接替稳产”的开发措施和方法，为实现油田第一个 5000 万吨稳产 10 年提供了现场依据。设计院副总工程师谭学陵，利用他生命的最后一段时间，争分夺秒地整理了自己推导出来的油气管线输送与计量的 160 多个公式，留给了同志们，并嘱咐大家继续他的研究工作。全油田共取得科研成果 1025 项，其中有 24 项达到或接近世界先进水平，有 24 项获国家奖励，有 85 项获省部级奖励。这些科技成果和新技术的推广应用，在油田生产建设中发挥了重要作用，也为油田长期稳产提供了新的技术保证和技术储备。

这支队伍，关系融洽，团结友爱，具有很强的凝聚力。我局各级领导干部发扬党的优良传统，坚持全心全意为人民服务的宗旨，树立全心全意依靠工人阶级办企业的思想，坚持党的群众路线，密切联系群众，时刻把群众装在心里，得到了广大工人群众的拥护和信赖。这些年来，局厂领导机关一直坚持“三个面向”“五到现场”的好传统，不搞马达倒转，都在基层建立了联系点。各级领导和机关干部经常深入基层，倾听群众的意见和要求。管理局领导干部下基层时间，每年不少于三分之一；厂处级领导干部下基层时间，每年不少于二分之一；基层单位干部，常年驻队，“工人三班倒，班班见领导”，“工人身上有多少泥，干部身上有多少泥”，与工人群众同甘苦，进一步密切了干群关系。“领导心里装着工人，工人心里装着企业。”广大石油职工以厂为家，关心厂里的发展，积极支持和维护各级领导的工作，自觉干主人活，尽主人责，为国家分忧，为企业解难，职工队伍始终保持着良好的团结气氛。

总之，从整体和主流上看，大庆石油职工队伍是好的，具有为国争光、为民争气的爱国主义精神，具有独立自主、自力更生的艰苦创业精神，讲求科学，“三老四严”的求实精神，胸怀全局、为国分忧的奉献精神，是一支完全可以信赖和依靠的职工队伍。

三、对职工队伍发展变化的预测

到本世纪末，随着改革步伐的加快，对外开放的扩大，必将继续对我国的政治、经济和文化生活带来很大的推动，也会对工人阶级队伍状况产生重要影响。因此必须对工人阶级进一步的发展变化，作出科学的预测。按照全总《工人阶级队伍状况调查大纲》预测的主要内容，今后我局职工的发展趋势，我们预测将会有以下一些较大的变化。

第一，在转换企业经营机制中，职工队伍行业结构方面将有较大的变化。当前我国的改革开放正进入一个新的阶段。按照党的十四大报告和《条例》的要求，发展社会主义市场经济，把企业推向市场，同时大力发展第三产业，这是我们今后几年的改革方向。从大庆油田来看，在完成原油承包任务的基础上，随着国家对油田实行原油平、转、高政策，原油生产逐步走向市场化。在完善承包制的过程中，随着“大而全”“小而全”管理体制的解体，油田及二级单位所属的施工作业单位、辅助生产单位和生活后勤单位将从主体单位内部分离出去，成为自主经营、自负盈亏、自我发展、自我约束的商品生产和经营单位。与此同时，随着油田改革的不断深入，市场经济的不断发展，“三资”企业和私营企业将会得到不同程度的发展，将有一些职工流向“三资”企业和私营企业。这样，随着企业产业结构的调整和重组，职工队伍行业结构也将随之发生变化。预计到 20 世纪末，油田以多种经营为主的第三产业，将形成油田的“半壁江山”。职工队伍在行业上将会出现主体行业和非主体行业的职工人数各占一半的局面。

第二，随着科学技术在生产中地位的加强，企业管理工作的强化，职工队伍内部结构也将发生较大的变化。这个变化，表现在体力劳动者、脑力劳动者和经营管理者之间的差别和矛盾会越来越小。九十年代是科学技术主导经济发展的年代。国际间的竞争，说到底是综合国力的竞争，关键是科学技术和人才的竞争。从根本上说，它取决于依靠科技进步和提高劳动者的素质，培养大批人才。这一点，越来越被人们所认识。从大庆油田来看，随着油田进入高含水期开发阶段，今后几年的稳产难度会越来越大，科学技术在油田生产建设中的地位必将越来越加强。这种情况下，油田生产需要运用新工艺、新技术、新设备，因而对职工队伍的技术素质的要求也会越来越高，甚至会迫使更多的职工积极参加技术业务培训或到职大、电大、业大、函大进行深造，掌握更多的科学知识，成为工人知识分子。这样，将大大地提高职工队伍技术素质的构成。随着高新科学技术在生产中的应用，直接从事生产的工人将会减少，经营管理者尤其是科技人员将会大幅度增加。估计 20 世纪以后，体力劳动者与脑力劳动者的差别不仅会缩小，而且脑力劳动者队伍将会不断壮大，知识分子在工人阶级队伍中不再是“一部分”，而是主要部分。另外，随着企业改革的不断深入，企业经营方式的转变，将为职工参与企业管理提供良好的外部环境。由于企业的命运与职工的命运联系在一起，企业经营好坏，对职工来说再不是“与己无关”了。因此，职工将更加关心企业的发展，并为之付出努力。职工的民主意识、参与意识将会进一步增强，他们将强烈地要求参加企业管理，行使职代会的各项职权。同时随着企业管理工作的不断强化，工人参与管理的能力将会更强，有些人还会成为经营管理者。而有些经营管理者由于素质等原因，还会离开经营管理者队伍，成为体力劳动者。这样将会出现换位循环，即体力劳动者变为脑力劳动者或经营管理者，脑力劳动者变为体力劳动者或经营管理者，经营管理者变为体力劳动者或脑力劳动者，向一专多能的方向发展。

第三，随着改革的不断深化和对外开放的不断扩大，职工队伍思想观念将有较大的变化。这个变化，主要表现在职工将会冲破单一计划经济体制形成的

“只管生产，不看市场”的传统观念的束缚，树立市场经济观念。大庆石油管理局是一个指令性计划很强的国营特大型企业。国家每年向油田下达指令性原油生产指标和商品率指标，使企业生产的产品基本上全部上缴了，石油管理局只有0.89%的产品自销权。长期的计划经济体制，禁锢人们的思想，形成了种种僵化观念。从某种意义上说，这对大庆改革开放和经济发展影响更大，解放思想，更新观念的任务也更重。但随着企业经营机制的转变，社会主义市场经济的建立和发展，广大职工将会转换脑筋，从长期形成的计划经济的观念、模式、思想方法和工作方法中彻底解放出来，把观念由计划经济向市场经济转变，由依赖国家向上伸手向依靠市场求发展转变，由单一的油气生产向以油气生产为主的多元经济转变，同时还要从指令性计划比重高、对国家贡献大、难于发展的思想中解放出来，眼睛向内、对外开放，在困难中求发展；从对国家利益的单向思维中解放出来，树立发展大庆、提高人民生活水平也是为国家做贡献的思想。从而彻底改变长期在计划经济模式下形成的旧的思维习惯，逐步树立市场、竞争、公平、效率、开放等一系列适应社会主义市场经济发展的新观念。大庆不从计划经济向市场经济转变就没有出路；不抓住当前有利时机加快转变的步伐，就会在今后的发展中落伍。这已经成为大庆油田广大职工的一个共识。

但是，下一步的改革有些措施会涉及职工的切身利益，一些改革与职工眼前的利益必然会有些矛盾，有些职工会产生这样或那样的想法，有时甚至会产生对立情绪。因此职工队伍不稳定因素会有所增加。随着商品经济的不断发展，等价交换的原则不但在经济生活中表现突出，而且还会影响人们的文化、道德和政治生活。在我国市场经济初始阶段，其副作用也会发展，工人阶级固有的大公无私、克己奉公、先人后己、艰苦奋斗等思想观念和以前比较会有所淡化。人们难免将更多地以金钱作为生活的主要追求，少数职工将会不择手段挣钱，人与人之间的关系将会复杂化。在少数单位，甚至难免把商品经济那种等价交换原则渗透到党的政治生活中来，使党风和社会风气出现某些问题。随之而来的社会道德水准在一定时期会有所下降。目前出现的丑恶现象将继续存在，有的可能会发展。全面推行市场经济，职工群众的主人翁地位将会受影响。有些企业和事业的经营者必然认为，只要把企业推向市场，把经济效益搞上去，什么问题都解决了，职工的主体地位并不那么重要。这样，职工的主人翁地位必将受到严重冲击。取而代之的只是企业与市场、市场与职工之间的买卖关系、雇用关系、从属关系，职工的主人翁形象将被扭曲，在个别单位甚至不复存在。由于发展市场经济，金钱的作用将在一定时间内超过思想政治工作的作用，在全社会难免出现淡化思想政治工作的倾向，使思想政治工作远远不能适应加大改革力度的需要。所以在一定时期内，爱国主义、集体主义、社会主义教育将难以开展，崇洋媚外、个人主义、拜金主义等将有很大市场，导致人们信仰不坚定和精神支柱不牢固这种局面。

四、意见与建议

在深化改革，转换企业经营机制过程中，为了更好地贯彻落实全心全意依靠工人阶级的指导方针，在改革和建设中保证职工的主人翁地位，维护职工的合法权益，增强职工的民主参与和民主监督意识，进一步调动职工的积极性和创造性，向党和政府提出如下意见和建议：

第一，必须缩小主体行业与非主体行业收入差距，保证主体行业职工利益。

主体行业，尤其是大中型企业，是国民经济的主体。今后几年，转换企业经营机制是深化改革的主旋律，无论是完善企业承包经营责任制，还是进行劳动、人事、工资三项制度改革，都必须保证主体行业职工地位不变，利益上不受侵害。它是稳定企业、稳定社会的主要因素。从目前的情况来看，主体行业与非主体行业收入倒挂的现象十分严重，主体行业职工与从事第三产业、多种经营的职工收入差距太大，这是极不正常的，会迫使主体行业职工出现跳槽现象。更主要的是对社会主义公有制的挑战，如果长此下去，在经济生活中公有制总是败阵将军，社会主义就将产生动摇。因此无论是哪一项制度的改革，都不能把主体行业职工的地位改掉，不能把居于主体地位的职工收入改得越来越低。只有这样，才能最大限度地减少主体行业职工跳槽现象，主体行业职工的积极性才能调动起来，我们的社会经济才能真正发展。如果主体行业职工地位不能保证，利益继续受到侵害，与从事第三产业、多种经营职工的收入差距继续拉大，要想做到企业稳定、社会稳定是不可能的，要想取得改革成功也是不可能的。

第二，必须加强法制建设，完善社会各项管理制度，切实解决社会分配不公问题，减少职工群众的不满情绪。

社会分配不公问题，是影响职工群众投身改革、调动各方面积极因素、提高企业经济效益的重要阻碍因素。解决社会分配不公的问题，一方面需要加强法制建设，健全税收、财务、审计等各项制度。职工普遍反映，个体经济乃至集体经济，偷税漏税现象十分严重，许多税务人员和部门同他们相互勾结，坑害国家，许多个体户就是这样富起来的。另外，对“走穴”演员、歌星等收入要实行具体规定，解决当前唱一首歌，演一个节目就成为暴发户的问题。另一方面要解决非主体行业钻主体行业空子的问题。因此，在完善企业承包责任制过程中，对非主体行业要逐步实行分灶吃饭，独立核算，使非主体行业在市场竞争中求得发展。

第三，必须大力加强社会治安综合治理，稳定社会秩序，使广大职工群众增强安全感。

目前，从总体上看，我国的社会治安是稳定的。但是，危害社会治安的各种违法犯罪问题越来越多。就大庆的情况来看，盗窃犯罪依然是影响油田职工安全感的突出问题。杀人、诈骗、抢劫、强奸等犯罪时有发生，赌博、卖淫、嫖娼等社会丑恶现象也从无到有，禁而未止。稳定社会秩序，使广大职工群众增加安全感，除了需要公安机关专项打击各种刑事犯罪和查禁“六害”等社会丑恶现象外，要动员和组织全社会的力量，运用经济的、政治的、法律的、行政的、教育的等多种手段进行综合治理，真正解决我国社会治安问题。在加强社会治安综合治理的同时，加强执法部门队伍建设，提高执法部门自身素质，也是一项十分重要的工作。从目前情况看，某些公安执法部门有法不依、执法不严、违法不纠、权大于法、情大于法、钱大于法的现象时有发生。对违法犯罪活动打击不狠，处理不严的现象比较突出。人民群众对此议论纷纷，意见相当大。从某种程度上说，它助长了各种违法犯罪活动的滋长和蔓延。建议各级政府，清理、整顿各级执法部门，清除那些不适应专政部门工作的对象。从执法部门中挑选一部分思想好、技术精、业务能力强、素质全面的干警，组成“督导队”，成为管理警察的警察，解决执法部门违纪无人敢管的现象。

第四，必须切实加强和改进思想政治工作，最大限度地调动职工的积极性和创造性。

在深化改革，扩大开放，建立和发展社会主义市场经济的新形势下，思想政治工作只能加强不能削弱。一是党和政府有关部门要采取多种形式，提高政工人员思想素质，这是加强思想政治工作的关键。政工人员不仅要懂得党和国家的方针、政策，掌握一套做好思想政治工作的规律、方法和艺术，同时要熟悉生产经营和经营管理的基本知识，以及在经济领域中规范人们行为的政策和法规。二是思想政治工作要面向广大职工群众，结合企业改革实际，开展党的基本路线教育，开展爱国主义、集体主义和社会主义教育，激发广大职工的主人翁责任感，坚定社会主义信念，增强企业的向心力和凝聚力。三是思想政治工作必须紧紧围绕经济建设、改革开放，不断改进思想政治工作方法，把思想政治工作做实、做好、做活，才能发挥思想政治工作的更大威力。四是要进一步明确思想政治工作的地位和作用，让全社会都来重视思想政治工作，同时要解决政工干部不安心本职工作和后继乏人的问题。五是思想政治工作在资金、时间上要有所保证。否则，思想政治工作既得不到加强，也难以得到改进。

第五，必须加强党风廉政建设，坚决纠正不正之风和腐败现象。

党是工人阶级的先锋队组织，党和工人阶级是血肉相连，息息相关的。党的建设如何，直接影响整个工人阶级队伍。当前迫切的问题是在加强党风廉政建设的同时，必须坚决纠正不正之风和腐败现象。这是党的希望之所在，也是党和政府赢得工人阶级支持、拥护、信赖的关键之所在。近几年来，党风廉政建设的总趋势是向好的方面发展，收到了一定成效。但是，不正之风和腐败现象并没有得到有效的控制，有些问题边纠边犯，有些一时解决了，过后又会以新的形式表现出来。如果任其发展下去，必然会损害党和政府的形象，引起群众的强烈不满。因此，希望党和政府加强对党风廉政建设的领导，认真查处违纪案件，惩治腐败分子，对突出存在的不正之风和腐败现象，进行集中整顿和清理，进一步搞好党风廉政建设。

第六，必须加强党对工会工作的领导，充分发挥工作组织的作用。

工会组织是党联系职工群众的桥梁和纽带。在改革开放的新形势下，工会组织的作用显得越来越重要，它的作用不仅关系到是否全心全意依靠工人阶级，而且关系到能否保证职工的主人翁地位，保护职工的合法权益，但从目前的情况来看，工会组织的作用尚不尽如人意。在千人问卷调查中，认为工会组织“发挥不了多大作用的”占 24%，认为“看不到工会作用”的占 8%，因此，今后几年，加强党对工会工作的领导，协调工会与党政及其他组织的关系，工会组织独立自主、生动活泼、形式多样地开展工会工作势在必行。当前，特别是要拓宽民主管理渠道。一些职工认为，现在的民主管理形式单调，光是职代会一种形式是远远不够的。比如，可以建立职工群众建议征集制度，把群众中的那些对加快改革开放步伐、发展企业经济、增强企业活力、确保油田长期稳产的各种好思想、好主张、好办法筹集起来，解决企业面临的一些难以解决的问题。要想使这项活动开展起来，坚持下去，必须经企业职代会讨论，报请同级党委批准，并作为企业经营管理方面的一项重要制度确定下来，并制定相应的征集、评价、奖励制度等若干具体政策，以保证“职工群众建议征集制度”长期持续实施。

关于江苏省盐城中学职工队伍状况的调查报告

盐城市总工会

江苏省盐城中学是市属全日制普通中学，始建于 1927 年，迄今已有 65 年的历史。1978 年被列为江苏省首批办得好的十四所重点中学之一，1990 年又被列为江苏省十七所改革试点学校之一，学校管理、教学质量、办学效益等方面均名列全市前茅，在全省也属上游水平。1980 年和 1984 年两次被省委授予“德育工作先进单位”称号。盐城中学现有教职工 227 人，其中全民 203 人，集体 24 人，不在职工总数内的临时工 85 人。改革开放以来，盐城中学职工队伍在内部结构、文化素质、经济生活、政治地位和思想观念等方面发生了很大的变化。我们市总调查组一行 9 人，于 1992 年 8 月 28 日至 9 月 14 日，对盐城中学职工队伍状况进行了调查，160 名教职工参加了这次调查活动，占职工总数的 78.8%，其中问卷调查 60 人，个别访谈 80 人，青年教师、中年教师、优秀教师、中高级职称教师、中层以上干部和工会积极分子 6 个座谈会 31 人（其中 11 人与问卷调查重复）。通过调查，我们对盐城中学职工队伍状况有了一个基本的了解。

一、改革开放以来，盐城中学职工队伍发生了新的变化

（一）内部结构日趋合理

主要表现在三个方面：一是专职教师在职工队伍中所占比例加大。1978 年，盐城中学有教职工 171 人，其中专职教师 108 人，是职工总数的 63.1%。到 1992 年上半年，203 名教职工中，专职教师 137 人，是职工总数的 67.5%。1992 年专职教师在职工队伍中所占的比例，比 1978 年提高了 4.4 个百分点。二是专职教师文化学历层次明显提高。1978 年的 108 名专职教师中，本科生 44 人，占教师总数的 40.7%。1992 年的 137 名教师中，本科生 91 名，占教师总数的 66.4%。1992 年与 1978 年相比，本科生增加了 25.7 个百分点。三是教师

队伍中青年教师人数日益增多。现有的137名专职教师中，1980年以后分配的青年教师68人，是教师总数的50%。

（二）经济生活水平明显提高

1992年教职工人均月收入为252.30元，比1978年的47.40元增加了204.90元。不排除物价上涨因素，1992年人均月收入比1978年增长了432.3%。1978年除工资外，没有其他的额外收入。现在教职工除工资外，额外收入渠道相对增多，学校内部有超时超工作量补贴、工会举办的经济事业创收福利费等。教职工的住房状况与改革开放前相比，有了较大改善，7年前，教职工的住房条件较差，仅有一幢宿舍楼，大多数教师住在盐中留下来的旧式平房里，不仅拥挤，而且日常生活极不方便，人均住房面积仅为14.8 m^2。为改善教职工的住房条件，几年来教育主管部门和学校先后投资154.6万元，兴建了4幢宿舍楼，124个家庭155名教职工住上了套房，人均住房面积18.4 m^2。问卷调查中，70%的职工对目前的住房状况表示满意。经济收入的增加，住房条件的改善，使教职工的消费水平有了很大的提高。家庭彩电拥有量为100%，54个家庭装上了电话，占职工总数的26.6%。

（三）主人翁地位得到加强

盐城中学在教育教学工作中，牢固树立全心全意依靠教职工办好学校的指导思想，做到生活上关心他们，工作上依靠他们，确立了教职工在学校中的主人翁地位，极大地调动了广大教职工的积极性。一方面，学校积极创造条件，为教师的生活和工作提供方便，做好为教师的服务工作。学校在经费紧张的情况下，每年补贴食堂3000元，用来改善单身青年教师的伙食；创办的幼儿园，解决了教职工子女入托难的问题；总务后勤部门开辟服务项目20余种为教职工代购煤炭、代充煤气、代购多种生活用品等；学校内部制定的一些政策，如住房、资金分配等都向一线教师倾斜；工会设有文体活动室，不定期组织各种活动，丰富了教职工的业余文化生活；为给教职工提供良好的生活环境和工作环境，学校对校园进行了美化，绿色面积达60%，被《中国环境报》誉为“花园学校”。另一方面，学校注重教师政治思想和业务素质的提高，对教师实行严格的考核考评制度。学校先后制定了《盐城中学教师职业道德规范》和《盐城中学教师日常行为规范》来规范教师的言行。在教师中开展学陶行知活动，要求教师以陶行知为楷模。思想建设中，注意知识分子的特点，做好深入细致的思想政治工作，经常与教师谈心、交心、以心换心。业务素质提高了，加强了教师的进修培训，几年来先后有1人出国进修、4人脱产进修、22人函授进修；区别老、中、青教师的特点，对他们提出不同的要求；新老教师通过签订挂钩协议书的方式，结对提高，促进新老教师的相互学习；通过组织各种竞赛活动，如同教材、同年级的会讲，青年教师的“五四杯”公开课竞赛，满五年教龄的“而立杯”竞赛等来提高教师的业务水平。学校还实行了严格的考核考评制度，对照教师评价考核细则，每学期对教师进行一次考核。对教育教学成绩突出的教师给予晋级表彰。工作表现不好、教学成绩差的教师，在聘任工作中，对他们采取试聘、缓聘和不聘三种方式来处理。这一系列措施，极大地调动了广大职工的工作积极性。问卷调查中，认为“自己在本职工作岗位上发挥了积极性”的职工43人，占72%。

（四）思想观念发生了深刻的变化

对党的认识更为理性。职工普遍认为，我国的现代化建设，没有中国共产党的领导，不可能取得成功。党要得到人民的拥护，全心全意为人民服务的宗旨不能变。问卷调查中，48.3%的职工认为单位党组织“很有作用”，33.3%的则认为“有时有作用”，认为“作用不大”的职工占16.1%。在“您对身边共产党员的评价”一栏中，认为“大部分党员能起先锋模范作用”的占36.7%，认为“少部分能起先锋模范作用”的占45%，11.7%的职工认为“和周围群众一样，没有先进性”，认为“还不如群众”的占5%。

对社会主义的认识趋于完整和深化。职工认为，只有社会主义才能救中国，资本主义的道路行不通。但资本主义有很多好的东西值得学习借鉴，我们应该敢于“拿来”、善于“拿来”，为我所用，不能谈“资”色变，职工对社会主义的内涵有了进一步的认识，他们希望坚持的是有利于发展生产力、增强综合国力、提高人民生活水平的社会主义。在“您是否赞成‘只要有利于发展经济、富国强民，什么所有制都可以存在’的说法”一栏中，持“赞成”“比较赞成”态度的有43人，占71.7%，“不赞成”的只占6.7%。

对改革开放以来的路线、方针和政策积极拥护。职工认为，“只有改革开放，国家才能强盛，人民才能富裕”，“不改革开放，中国只能永远在贫穷落后的老路上走下去”。职工对改革开放以来取得的成绩表示满意，在“对十几年来改革开放的总的评价”上，认为很好、比较好的职工57人，占95%。“如果一些改革措施触及个人的既得利益，您对此采取什么态度”，46.7%的职工认为“只要对改革大局有利就支持”，36.7%的职工的态度是“只要经济上能承受就支持”，持“改革只有给我带来好处才支持”的只占11.7%。对“建设经济特区和经济开发区”的态度上，认为“很有利”“利大于弊”的有45人，占75%，有21.7%的职工认为“说不清楚”。

价值观念和道德观念的变化呈多元态势。政治观念日趋淡薄、理想由远大转为务实。在“您对政治的关心与参与程度”的回答中，选择“积极参加一切政治活动”的比例虽然最高，占50%，但选择“与其参加政治活动不如干点实事”的人数也占了相当的比例，占33.3%。“一心只教圣贤书，两耳不闻窗外事”的大有人在，访谈中，部分职工对待政治的态度比较淡薄，认为政治与己无关。关心不关心没多大意思。在对“您的最高理想是什么”的回答中，选择“实现共产主义”的只有12人，仅占20%，而选择“幸福家庭”“个人生活安定舒适”的有15人，占25%，选择“国家繁荣富强”的26人，占43.3%。

商品意识和竞争意识逐步增强，对奉献与索取关系的认识变得现实。在对“如果您有机会重新选择职业，您首先考虑的因素”的回答中，选择“有较高的收入”的人数最多，18人，占30%，赞成和基本赞成“自己的命运应该由自己主宰”观点的51人，占85%，对“平等竞争，优胜劣汰”持赞成、基本赞成态度的有57人，占95%。过去忌讳谈钱的教师，现在提到钱不再脸红了，认为不能只讲奉献不谈索取。在对“您对待劳动态度”的回答中，选择“按酬付劳”的有12人，占20%。在对“您从事劳动的主要目的”的回答中，选择“主观为自己，客观为社会”的有18人，占30%，比选择“国家繁荣富强”的只少4人。在“您如何看待个人与国家、社会、集体的关系”一栏中，回答“国家、社会、集体和个人利益兼顾”的人数最多，32人，占53.3%，选择“以国家、社会、集体利益为重”的有24人，占40%。另外，职工对为国家做出巨大贡献、付出辛勤劳动的领袖人物和科学家表示崇敬之情，在对“您最崇拜哪种类型的人”的回答中，选择“科学家”和“毛泽东式的领袖人物”的人数最多，分别为22人和16人，各占36.7%、26.7%。

二、当前职工的主要思想反映

（一）对能否搞第二职业意见不一

第一种意见认为，教师不适宜搞第二职业，搞了会影响教学质量。这部分职工认为，专心致志扑在教学上，书才能教好。搞第二职业，讲是在不影响本职工作的前提下，但真的搞了，教师的心思和精力放在哪一头就很难说了。教职工反映，如果用搞第二职业这种方式来求得教师队伍的稳定，可以说是对后人不负责任的表现。中老年教师持这种意见的居多。第二种意见认为，要稳定教师队伍，凭思想政治工作的力量，可能稍嫌单薄了一点。精神的东西要以物质的东西做基础，教师的经济收入不增加，靠空谈解决不了问题。让教师搞第二职业不失为一个好办法，至少说可以为国家减轻一点负担。职工反映，“其他行业，是鼓励人家搞第二职业。而教育系统却反其道而行之。省教委明文规定，重点中学的教师不得外出兼课、代课，学校对外出兼课、代课的教师也有相应的处罚措施，建议政府给教师松松绑”。持这种态度的青年教师居多。

（二）对基础教育的现状表示担忧

一是对教师队伍的不稳定状况表示担忧。座谈会上，一位有 30 多年教龄的高级教师说：“改革开放以来，教师的经济收入是提高了，但横向比较，情况不是太令人满意的。我小孩毕业进电厂工作三四年，现在一年的收入比我多。工资表上看，我工资比他高，但他们一年的奖金福利比我们多。”“高工资、低收入”的现象影响了一些教师积极性的发挥，教师队伍中特别是青年教师想改行的较多。职工反映，盐中各方面条件比较好，想改行的不多。一般中学特别是乡村一级的学校就不同了，学校条件差，教师的生活比较清苦。有机会的都出去了，没有出得去的，心思也不放在教书上。政府及教育主管部门也知道这种状况，所以对教师调动关把得比较严。许多单位招聘明确中小学教师不在招聘范围之内，即使这样，每年还是有大量的教师流出。二是对教师队伍后备力量的素质比较担忧。职工反映，现在许多优秀的毕业生不愿报考师范院校，认为教师没地位，生活待遇又差。师范院校担心生源不足，采取了提前招生的办法，计划仍不能完成，采用调剂的方法来解决。这样形成了一个恶性循环，好的学生招不进来，不愿上师范院校的学生进校后专业思想又不牢固，说他们真正热爱教师职业得打个问号。三是对教改的现状表示担忧。职工反映，近几年学校内部管理改革的步子迈得大一点，比较而言，教学领域的改革就不尽如人意了。许多学校的办学指导思想还停留在“升学教育”上，在如何变“升学教育”为“素质教育”的改革上，成效不大。盐中在1991年入学的新生中实施了课程改革方案，是朝着变“升学教育”为“素质教育”、全面提高学生素质这个大方向发展的，效果很好。职工担心如果仍以升学率来评价教育教学成果，课程改革能否坚持下去。职工认为，要从整体上提高教育教学改革的水平，首先要端正办学思想. 既要教书，更要育人，从德、智、体、美、劳多方面提高学生的素质。这样，教改才会沿着正确的方向发展。

（三）对学校工会工作不甚满意

工会在为教职工搞好服务、积极组织教职工开展各项文体活动等方面，做了不少工作，职工表示满意，但在民主参与、民主监督和维护职工的合法权益等方面做得不够。职工反映，学校里大的问题，名义上都交教代会讨论通过，其实搞形式的多，一般都由领导说了算。工会在学校中摆不上位置，教职工遇到什么问题，不会找工会，而是直接找校领导，因为找了工会也解决不了问题。问卷调查中，认为学校工会“能发挥作用”的只占1.7%，认为“发挥不了多大作用”的占58.3%，还有10%的职工认为“看不到工会的作用”。

（四）对党风和社会风气反映仍比较强烈

职工反映，现在办事，不送礼是办不成的。党员干部真正为群众服务的少了，干群关系与50年代的不能比。1985年的整党是走过场，效果不大。党风和社会风气虽说不是每况愈下，但老百姓不太满意。问卷调查中，“您认为苏联解体的主要原因”一栏里，选择“原苏联共产党脱离群众”的最多，16人，占27%。职工认为，党内腐败现象的存在降低了党在人民群众中的威信，对此不能掉以轻心。职工认为，解决这类问题缺少的不是办法和对策，而是决心。决心下了，问题是会解决的。职工相信，我们党有能力处理好这个问题。

三、影响教职工积极性发挥的因素以及对教职工队伍今后发展变化的预测

调查表明，改革开放以来，盐城中学职工队伍状况发生了很大变化。职工

的政治地位和经济待遇得到改善，内部结构日趋合理，文化技术素质不断提高。思想观念方面也发生了深刻的变化，其主流是健康的、积极的，表现出更适合商品经济和建设有中国特色社会主义的新特点，具有历史的进步意义。广大教职工具有强烈的事业心、责任感和集体荣誉感，思想上严格要求自己，业务上精益求精，职工队伍整体素质较高。但部分职工思想上也存在着一些不稳定因素，这些因素的存在影响了教职工积极性的发挥。

一部分教师，有着强烈的竞争心理，渴望平等地参与社会的竞争，充分发挥自己的个性和创造性，得到社会的承认与尊重。而现行政策却不允许教师参与人才市场的竞争，造成了他们思想上的矛盾和苦闷，也动摇了他们终身从教的信心。

新形势下人们逐渐形成的具有浓厚的商品经济色彩的价值观与教师实际付出劳动多、得到报酬少、经济待遇偏低的现实形成的反差，使得部分不甘守清贫的教师萌生了跳槽改行的念头。从盐城市统计局 1991 年职工年人均工资总额统计数据看，教育系统职工为 1895 元，在全市 11 个行业中，列第 6 位。排列前 5 位的分别是卫生、体育和社会福利业（2242 元），金融、保险业（2212 元），党政机关和社会团体（2136 元），科研和综合技术服务业（2118 元），交通运输邮电业（1932 元）。教育系统与年人均工资总额最低的商业饮食、物资供销和仓储业的 1688 元相比，仅高出 207 元，而处于第一位的卫生、体育和社会福利业则比教育系统高出 347 元，实际上教职工的经济收入在全市 11 个行业中处于中下水平。

学校内部入党、评聘职称论资排辈以及少数领导以权谋私等现象，一定程度地挫伤了教师特别是青年教师的积极性。教师反映，学校评定职称照顾性的成分多，与评聘职称是调动教师积极性的目的相悖。一些青年教师教学水平虽高，但受工龄、教龄等因素的限制，没有能评到相应的职称，影响了这些教师积极性的发挥。入党方面，对青年教师关心不够，学校专职教师党员人数为 69 人，其中 35 岁以下青年教师党员人数仅 7 人，只占教师党员数的 10%。问卷调查中，30 岁以下教职工数为 15 人，只有一名是党员。14 名非党员教职工中，“递过申请，积极要求入党”的只有 3 人。另外，职工对少数党员干部不能以身作则，反映也比较强烈，在回答“您认为本单位工人、技术人员、管理人员之间的关系如何”时，认为“不太融洽”的 5 人中，有 4 人认为原因是“领导搞特权，以权谋私”和“领导民主作风差”。

从调查资料的分析可以看出，随着改革开放，我国社会政治和经济生活的变化，科学技术在生产中地位的加重，社会对人才需求量的增多，教育会越来越受到重视，教师的政治地位和经济待遇将会逐步得到提高；经济建设对劳动者素质的严格要求，促使教职工的文化层次向更高的方向发展；对外开放的扩大，改革步伐的加快，教职工的思想观念由过去的务虚变得更为求实，商品意识、竞争意识和自我价值实现的观念逐步加强；政治经济和教育管理体制改革的不断深化，教职工将平等地参与社会竞争，职工队伍呈现流动趋势。

四、几点建议

（一）牢固树立全心全意依靠教职工办好学校的指导思想，进一步确立教职工的主人翁地位

在学校贯彻党的全心全意依靠工人阶级的方针，最根本的就是要牢固树立全心全意依靠教职工办好学校的指导思想。全心全意依靠教职工办好学校，教育部门的领导、管理者必须牢固树立广大教职工是办好学校的直接依靠力量的观念，树立全心全意为他们服务的观念；努力改善他们的生活环境和工作环境，提高他们的经济待遇；各项改革方案、措施的制定和贯彻要广泛地听取教职工的意见，重大决策要经教代会审查通过，使教职工真正行使当家作主的权利，从组织上、制度上、工作上把全心全意依靠教职工办好学校的指导思想落到实处。全心全意依靠教职工办好学校，还要引导教职工自觉地肩负起工人阶级的历史使命，在教育事业改革中充分发挥主人翁作用，努力提高自己的政治业务素质，树立忠诚于人民教育事业的观念，履行工人阶级一员的崇高职责，既教书、又育人。有了这两方面的结合，全心全意依靠教职工办好学校的局面才能真正形成。

（二）深化教育教学改革，逐步建立与市场经济相适应的管理体制和运行机制

从普通教育的改革现状来看，既没有职业教育改革的步子大，也没有高等教育的路子宽。许多地方办学仍把升学率作为衡量教育教学质量的唯一标准，陈旧的教育观念，窒息了普通教育的活力，办学形式、管理体制、课程设置等都不能适应经济形势发展的需要。既影响了教育与经济的结合，也影响了教育

事业自身的发展。

深化教育教学改革，促进教育与经济的结合。通过改革，在教育领域建立起与社会主义市场经济相适应的管理体制和运行机制。办学形式上，可改变普通教育由国家兴办的单一模式，鼓励个人办学；经费筹措上，在财政统一拨款的情况下，赋予学校更大的自主权，让他们多渠道、多层次地自筹资金，改善办学条件，增强自我造血功能；课程设置上，在使用国家统编教材的基础上，适当增加一些选修课、劳技课，使普通中学在为高一级学校输送人才的同时，能直接为地方经济建设输送更多的劳动后备力量；管理体制上，学校内部要实行岗位责任制，对教师的教学实绩实行严格的考核，真正做好奖勤罚懒、奖优罚劣；人才交流上，要打破流进容易流出难的格局，让教职工平等地参与社会竞争，教育系统和经济部门的管理人才，可实行双向交流，让教育系统熟悉经济，经济部门了解教育，促进教育与经济的结合。

（三）加强学校工会工作，充分发挥教职工自己组织的作用

学校工会是教职工自己的组织，要使全心全意依靠教职工办好学校的指导思想落到实处，必须加强学校工会工作。由于管理体制不顺，工会在学校中的地位没有从组织上得到保证，这是学校工会工作薄弱的一个客观原因。要改变学校工会工作的现状，这是一个首先需要解决的问题。其次需要地方工会和学校党组织加强对工会工作的领导。学校党政要支持工会围绕教育教学中心，依照《工会法》规定的各项职能，独立自主地开展工作；要把工会工作列入重要议事日程，定期讨论、解决工会工作中的实际困难；党委要推荐政治素质好、熟悉教育教学和工会工作、有奉献精神，能热心为教职工服务的同志做工会工作。加强学校工会工作，还需要学校工会不断提高自身素质，积极配合党政抓好教师队伍建设，保持教师队伍的基本稳定。要扎扎实实地推进学校的民主管理，特别是教代会制度的健全和完善，维护教职工的民主权利。

（四）做好青年教师工作，促使他们健康成长

青年教师工作是当前教师队伍建设和今后教育事业发展的一个带有战略性的紧迫问题。青年教师有自己的优点，文化层次高、思想活跃、充满热情和活力、接受新事物快。同时，青年教师自身也存在一些弱点，如人生观、价值观上还存在着一些模糊认识，专业思想不够牢固，育人观点和为人师表意识薄弱，

等等。因此做好青年教师工作，具体要做到以下几点：一要以思想政治教育为灵魂，把思想政治教育与业务提高结合起来。提高青年教师的思想政治素质，要着重进行理想教育和师德教育，增强他们的事业心、责任心和进取心。同时，要积极地开展教学业务活动，通过多种途径提高青年教师教育教学的基本功和实践能力，把他们的精力和积极性吸引到教育教学的本职工作上来。二要将思想政治工作与解决实际问题结合起来。三要努力为青年教师创造条件，激励青年教师不断进取，让他们有显露才能的机会。在职称评定、评先评优、入党晋升方面，多向青年教师倾斜，使真正优秀的青年教师能够脱颖而出。

关于大冶钢厂产业工人状况的调查报告

黄石市总工会调查组　大冶钢厂工会调查组

大冶钢厂建于 1913 年，是中国近代史上最早的钢铁企业之一，是我国现在最大的特殊钢钢厂之一。

现有职工 21779 名，其中男职工 15843 名，女职工 5936 名。年产钢 58 万吨，年产钢材 41 万吨，实现利税 18 亿 5 千万元，占黄石市财政收入 1/3。1950 年至 1991 年上缴利税 30 亿元。目前青工已成为职工队伍的主体，35 岁以下的青工占全厂职工的 55%，在生产一线职工高达 70% 以上。近几年来，该厂职工队伍的整体文化素质有了较大提高。1985 年，半文盲职工占 2.2%，小学文化程度的占 22%，初中文化程度的占 43%，高中文化程度的 17.8%，中专中技文化程度的占 9.4%，大专以上文化程度的占 4.9%；1991 年半文盲的职工为 0.5%，比 1985 年下降了 1.7 个百分点，小学文化程度的为 15%，比 1985 年下降了 7 个百分点，初中文化程度的为 40.3%，比 1985 年下降了 2.7 个百分点，高中文化程度的为 22.2%，比 1985 年提高了 4.4 个百分点，中专中技文化程度的为 11.2%，比 1985 年提高了 1.7 个百分点，大专以上文化程度的为 10.3%，比 1985 年提高了 5.4 个百分点。

1992 年 8 月，我们就产业工人社会地位、理想信念、对改革的态度、劳动生产积极性等问题对该厂二炼钢分厂产业工人状况进行了一次较全面的调查。二炼钢分厂现有职工 1397 名，年产电炉钢 19 万吨，年产电渣钢 1.5 万吨。调查的对象是一线职工、管理人员和技术人员。调查采用座谈、访问、问卷的形式，其中召开座谈会 11 次，参加人数 76 名，发放调查问卷 100 份，收回有效问卷 100%。

现将调查的主要情况报告如下：

一、政治地位

通过调查，我们认为党中央重申全心全意依靠工人阶级的指导方针以来，社会和企业在依靠和尊重职工主人翁地位方面比以往有好转，但仍有许多问题亟待解决。

（一）职工在企业中的主人翁地位有所提高

据调查问卷，职工中认为改革开放以来，主人翁地位大有提高和有所提高的占42%。这说明，党和国家为提高工人阶级地位做了大量工作，社会各界和企业采取了得力措施，使职工的地位不断提高。

（二）职工的民主意识和法律意识日益增强

在深化改革的推动下，企业职工民主和法律意识日益增强，他们勇于在公开场合讲自己的意见和建议，希望用自己的意见去影响领导，影响决策。特别是在这次调查中，许多职工不仅对自己切身利益发表意见，而且对社会、企业的宏观问题发表观点和看法。同时，广大职工通过普法的学习，法律意识不断提高。据问卷调查，在回答“当您个人利益受到侵害时，您怎么办”时，有46%的职工回答“通过正常渠道提出批评意见或检举”。这说明，职工学会运用法律武器来维护其合法权益。

（三）对工会作用的评价持客观态度

认为工会能发挥作用和基本能发挥作用的职工占60%，认为工会发挥不了多大作用的职工占33%，认为看不到工会作用的职工只占7%；在回答“当您个人利益受到侵害时，工会能否维护”时，回答“能够和基本能够”的职工为40%，回答“能起点作用”的职工为42%，回答“不能够”的职工为18%；有58%的职工认为工会能够为自己反映意见和建议，有27%职工认为工会在反映自己的意见和建议时能起点作用，有15%的职工认为工会不能反映自己的意见和建议。

从以上数据分析，我们认为广大职工对工会的评价是一分为二的。工会组织在党的统一领导下，不断努力工作，得到了广大职工的支持和拥护，赢得了广大职工的信任和肯定，工会发挥了党联系群众的桥梁和纽带作用。但是，工会组织作为重要的社会团体，是“职工之家”，其作用还未得到充分发挥，与职工群众对工会的要求尚存在一段距离，少数职工对工会组织产生不满意。这是工会在深化改革中应认真研究并加以解决的课题。

（四）仍有部分职工对所处的地位不满意

第一，认为职工主人翁地位没有变化，甚至呈下降趋势。有37%的职工认为改革开放以来，职工主人翁地位有所下降和大大下降，有 21% 的职工认为改革开放以来，职工主人翁地位没有变化。在座谈中，有的职工对“主人翁”的说法有强烈的逆反心理，认为自己是“主力军”，不是“主人翁”。

第二，职代会行使五权情况不容乐观。从问卷调查中知道，在回答“听取和审议行政负责人的重要问题的报告”时，32% 的职工认为“较好”，60% 的职工认为“一般”，8% 的职工认为“较差”；在回答“审查工资、奖金分配方案及重要规章制度”时，16% 的职工认为“较好”，48% 的职工认为“一般”，36% 的职工认为“较差”；在回答“审议有关职工生活福利的重大事项”时，认为“较好”的职工有 26%，认为“一般”的职工有 50%，认为“较差”的职工有 24%；在回答“评议、监督各级领导干部，提出奖惩和任免建议”时，有 17% 的职工回答“较好”，有 42% 的职工回答“一般”，有 39% 的职工回答“较差”；在回答“选举或推荐行政领导人员职务”时，认为“较好”的职工有 20%，认为“一般”的职工有 39%，认为“较差”的职工达 41%。

通过分析，我们认为产生上述现象的主要原因有以下几个方面：

（1）产业工人参与管理和监督的渠道不畅通。产业工人在政治、经济、社会生活上，几乎没有多少独立发表自己意见的机会。从政府来讲，很少直接地、集中地、经常地听到来自产业工人的声音，甚至对听取其他社会阶层的意见比较重视，而对听取产业工人的意见则有所忽视；从企业来讲，随着企业内部改革的不断深入，特别是实行厂长负责制以来，厂长拥有了更多更大的权利，但企业内部制约措施及各项管理制度尚不配套，故工人处在被动一面，职代会有形式化的趋势，职工参与民主管理的渠道越来越窄，民主监督落入俗套。有位职工代表风趣地说：“职工对厂长的决策权有意见时，我们承担起职工代表的权利为厂长‘排忧解难’”。

（2）舆论导向上未突出宣传产业工人。在座谈中大家普遍认为前段时间，宣传舆论突出了工人阶级，使全心全意依靠工人阶级深入人心。但是，近年来，随着商品经济的不断发展，广播、电视、报纸上，到处可见谁当上个体户赚了多少钱，职工搞第二职业增加了多少实惠，某领导弃官办实体发了财，某明星、科学家、厂长被重奖多少万元，唯独不见工人的创造发明获奖。产业工人热爱本职工作，在岗位上勤劳奉献典型人物的宣传很少，使产业工人产生了一种失落感。

（3）利益关系错位。工人阶级是社会财富的主要创造者，但是社会财富的分配却与财富的创造贡献偏离。打破大锅饭的目的是要进一步贯彻按劳分配的原则，但这一政策却限制了企业职工，特别是物质财富生产企业的职工。

二、理想信念

通过调查，我们感到大冶钢厂的产业工人理想信念状况是积极、健康、向上的，它有许多方面体现了当代产业工人的优秀品质和大公无私的革命精神。

（一）职工有较强的政治进取心

近年来，东欧和苏联等社会主义国家演变急剧，但是广大职工没有动摇对中国共产党的信念。据问卷调查，在回答“最近两年您是否有加入中国共产党的愿望”时，有25%的男职工回答“递过申请，积极要求入党”，有23%的男职工和41%的女职工回答“没有递过申请，但有入党愿望”。

在调查中发现向党组织递过申请的女职工为零，但有入党愿望的女职工高于男职工。此现象的原因主要是，在重工业单位女职工较少，由于她们生理现象和家庭负担较重，在心理上对入党问题产生了自卑感，没有勇气递交申请。

有少数职工对党组织有淡化的现象。有21%的职工认为以前有过入党的愿望，但现在没有了，没有想过这个问题的职工占22%。一位职工说：“现在党风不正，个别党员不如群众，党组织缺乏吸引力。”

（二）职工在理想信念问题上的特点

一是怀念领袖人物。问卷中，问“你最崇拜哪种类型的人物”时，在15个待选答案中有45%的职工选择了“毛泽东式的领袖人物”。

二是务实性。问卷中，在回答“当出现某种危及公众利益的天灾人祸时您怎么办?”时，有36%的职工回答“积极参与救助”，有58%的职工回答“尽力而为，量力而行”。一些职工认为共产主义好是好，但太遥远了，不如在现实生活中寻找一个能看得见、摸得着的具体目标，来激励自己实现其理想。

三是从共产主义思想体系和远大的目标上确立自己的理想。问卷调查表明，这部分职工占43%，其中，最高理想是国家繁荣富强的占25%，实现共产主义的占14%，为社会服务的占4%。

四是从个人生活和个人利益出发来确立自己的理想。这部分职工占54%。

其中，认为最高理想是家庭幸福的占 33%，满足个人兴趣爱好的占 5%，个人生活安定舒适的占 10%，个人成就的占 6%。

五是绝大多数职工对实现目标持积极奋斗、不断追求的心理，在回答“您是否赞成自己的命运应该自己主宰”时，有 90% 的职工回答赞成和基本赞成。

六是绝大多数职工不信仰任何宗教，占职工总数的 96%。

三、对改革的态度

从调查中，我们看到，广大职工对改革开放的认识程度和拥护程度比几年前大有提高：

第一，绝大多数职工对改革开放的方针、政策达成了共识。据问卷调查，有 56% 的职工赞成和比较赞成“一切方针、政策、法律法规都应该为发展经济和改革开放开绿灯”；有 79% 的职工赞成“加大改革力度，扩大对外开放，把国民经济推上一个新台阶”；有 88% 的职工赞成“扩大对外开放，学习外国一切先进的技术、管理，文化、科技，为发展生产力服务”；92% 的职工赞成“通过加强民主和法制建设，推进国家和社会生活的民主化建设进程”。

第二，绝大多数职工对改革开放的成绩给予充分的肯定。当问“您对十几年来改革开放的总的评价”时，回答“很好”和“比较好”的职工占 86%。

第三，大多数职工对改革的承受能力有所增强。职工在回答“如果一些改革措施触及个人的既得利益的态度”时，有 35% 的职工回答“只要对改革大局有利就支持”；有 38% 的职工回答“只要经济上能承受就支持”。通过调查分析，我们认为职工对改革开放之所以积极支持，主要原因如下：

（1）改革给职工带来了实惠，生活水平得到了一定的改善。在调查中，当问“您对家庭经济生活现状的评价”时，有 71% 的职工回答“略有节余”。该厂 1990 年职工平均收入为 2726 元，1991 年职工平均收入为 3018 元，增加 292 元，1989 年生活困难户（人均收入 400 元以下）达 384 户，1991 年生活困难户为 19 户，减少 365 户。

（2）改革开放增强了职工的竞争意识。据问卷调查，有 91% 的职工赞成平等竞争，优胜劣汰；有 87% 的职工赞成时间就是金钱的说法。这说明广大职工的竞争意识、市场意识逐步形成。

（3）改革开放促进了社会进步和发展，使我国政治、经济、文化、体育、外交等充满了生机和活力，我国社会发生了翻天覆地的变化，受到了世界人民的关注和重视，从而加深了职工对改革的认识。

第四，部分职工对改革的认识还存在模糊性和相悖性。问卷中表明，有2%的职工对“建设经济特区和开发区对我国是否有利”说不清楚；有27%的职工认为改革只有给我带来好处才支持；有29%的职工不赞成“只要有利于发展经济、富国富民，什么所有制都可以存在的”说法。形成对改革认识的模糊性和相悖性的原因是复杂的，主要有以下几点：

（1）长期形成的产品经济观念和对社会主义优越性的片面认识仍然束缚着部分职工的头脑。企业普遍实行劳动合同制和全员劳动合同化管理，职工与厂长签订合同有雇佣之感；待业、辞退等制度的实行，少数职工产生劳动权利被“剥夺”的想法。

（2）对改革的艰巨性、复杂性、客观现实认识不全面、不深刻。大冶钢厂是湖北省和黄石市劳动人事制度改革的试点企业之一，目前三项制度改革已进入收尾阶段，企业中的各类矛盾也逐步突显：一是职工对改革的期望值过高与企业现实效益较低之间的矛盾。职工都想通过转换企业经营机制的深化改革，给自己增加较大实惠。但从该厂的实际情况来看，虽然进行了优化高效劳动组合，企业的内外部条件仍然没有多大的改观，劳动生产率和经济效益没有多大提高，职工的奖金和浮动工资仍然有时挂不回来，企业目前的日子仍然步履维艰。二是老弱病残、女职工由于健康原因和生理原因，在高效劳动组合中下岗，其收入减少与物价上涨之间的矛盾。虽然在优化高效劳动组合中，该厂对老年职工和女职工上岗采取了许多保护措施，但是，作为重工业企业，设备很多是四五十年代的产品，主要劳动手段，还是靠人工操作，劳动环境差、劳动强度大。在组合中由于老年职工身残体弱，女职工担负着劳动力再生产和家庭重担，必然导致老年职工和女职工下岗的多。从目前下岗人员来看，有数百名女职工下岗，有数百名老年职工办了内退手续。许多老年职工认为，身强力壮时为冶钢“卖命”，轮到搞岗位工资时，被人“抛弃”，感到伤心。三是住房制度、医疗制度、社会保险制度、价格体制等改革，这要职工拿一点，那要职工拿一点，点点相加，数额太大。涉及职工利益、改革措施与职工经济和心理承受能力的矛盾。据问卷调查，有59%的职工希望国家、社会、集体和个人利益兼顾，若改革使个人利益受到较大的损害时，职工对改革会产生动摇。

（3）对改革开放条件下出现的新事物认识不够。如土地出租热、股票热、经商热、引进外资热等。在座谈中，职工对当前我国土地大量出租表示关心，认为大片土地租给老外，一租就是几十年，缺乏总体规划，存在盲目性和短期行为，担心长此以往将来会被子孙后代唾骂。同时有许多职工对改革开放大量依靠引进外国的技术、设备、资金有些担忧，一位老年职工激动地说："毛泽东时代提倡艰苦奋斗，自力更生搞社会主义，现在改革开放把优惠政策留给'老外'，国家为什么不能把优惠待遇给我们自己的企业，依靠我们自己的力量搞改革呢?"

（4）某些人致富手段不当，影响了职工对改革的具体政策的认识。问卷中表明，有 47% 的职工不赞成"通过一部分人先富起来，最后达到共同富裕"。大家在座谈中认为，一些暴发户不是通过劳动致富，而是钻政策的空子，偷税、漏税、造假冒劣质产品，以权谋私、损公肥私、行贿受贿而发财，我们工人一把汗、一身脏哪个发了财，现在是炼钢的不如售钢的，售钢的不如倒钢的。职工的这些认识说明，对真正劳动是否能致富表示怀疑。

四、积极性

我们在调查中深深体会到，尽管职工有许多怨气，但多数职工在生产工作中仍然是尽职尽责，勤勤恳恳，兢兢业业，积极履行主人翁的义务，体现了工人阶级的先进性和革命性。

第一，多数职工的积极性高涨，在企业的生产和建设中充分发挥主力军作用。据问卷调查，在回答"您在本职工作岗位上积极性发挥得如何"时，有 24% 的职工回答"充分发挥"，有 45% 的职工回答"基本发挥"。从大冶钢厂近年来的生产任务完成情况来看，以上数据与职工的实际情况相吻合。

1990 年是"七五"建设时期最后一年，该厂遇到了"三角债"困扰，欠贷款达 6 亿元未能收回，资金前所未有短缺，市场疲软，原材料、电力供应紧张，在生产困难重重的情况下，大冶钢厂职工团结奋战，勇克难关，发扬工人阶级大无畏精神，使"七五"期间该厂工业总产值达 23.55 亿元，比"六五"期间增长 42.99%；钢产量和实现利润 1990 年比 1985 年分别增长 23.42% 和 15.77%，夺取了"七五"生产建设的全面胜利。1991 年，大冶钢厂在内外部条件仍然严峻的情况下，有 4 个重点产品、4 项科技成果达到国际先进水平，有12个关键产品、3项科技成果达到全国先进水平，有21项主要经济指标创该厂历史最好水平。这说明该厂职工是有阶级觉悟的，职工队伍的素质是较高的，思想情绪是稳定的，其积极性是高涨的。

第二，仍有少数职工的积极性没有充分发挥出来。从问卷调查中得知，有24%的职工在本职工作岗位上，积极性发挥一般，没有发挥的职工有7%。这说明有相当一部分职工的生产积极性不稳定，忽高忽低，甚至个别职工处于消极状态。形成这种情况的原因较为复杂，其主要原因如下：

（1）收入分配不公，压抑了职工积极性。首先，企业中仍然存在着平均主义的现象，如涨工资、奖金分配未能真正体现多劳多得的原则；其次，生产一线和辅助工人的收入差距不大，影响了一线职工的积极性。在座谈中，许多职工认为：一线工人责任大、压力大、出力多，表面上看起来奖金基数高，但拿奖金时七扣八扣，有时工资还要倒贴。在问卷中，有40%的职工认为积极性低的原因是"收入问题"。

（2）国有企业包袱重，工资福利待遇低，阻碍了职工积极性。大冶钢厂是老企业，企业设备老化、工艺落后，现有离退休职工7425人，企业负担太重：企业一方面要对设备进行更新和改造，"六五"和"七五"期间大冶钢厂用于大规模技术设备改造总资金达34691万元，其中银行贷款为28448万元。从1990年开始扩建170工程，总投资为7亿元，其中银行贷款6亿元。1987—1990年，用于归还贷款本息达11534万元，1991年归还贷款本息达8064万元；另一方面，国家一项改革政策一出台，企业就要增加一份负担。1991年粮油又一次调价，该厂8个月用于职工补贴增支110万元，报刊费提高标准全年增支206万元。1992年用于离退休职工涨工资达149万元。企业实行承包后，无论企业内外部条件怎样，利税一定要兑现，企业利润的完成，效益的提高受诸因素的制约，原材料、能源，运输价格一涨再涨，目前，电力不足是影响企业经济效益的关键之一。1990—1991年大冶钢厂仅四炼钢分厂和二炼钢分厂压电11828小时，少产钢87113吨。据问卷调查，在回答"您想调出现在的单位，最希望去哪个单位"时，回答"三资企业"的职工占第一位，达25.5%。在座谈中许多职工说"三资企业"国家有优惠政策，个体户有偷税漏税，唯有国有企业一无优惠，二要上税。

从调查中得知，在回答影响积极性发挥的原因处于第二位的是住房问题。

大冶钢厂近两年虽投资 1042 万元资金兴建商品房 62160 平方米，职工住房条件有所改善，住房面积人均达 5.77 平方米，但远远不能适应职工的需要。1990 年该厂对住房情况进行全面调查，全厂共 15045 户，人均 4 平方米以下的达 2500 户，4－8 平方米的有 7669 户。在调查中我们发现，有许多单身大学生思想情绪不佳。如某青年，家住农村，现已 28 岁，1986 年大学毕业分配到该厂住在单身宿舍楼，同龄人都相继成家立业，可他仍孤身一人。谈及原因时，他无不感慨地说："自己一无住房、二无资金，对成家无信心，住在宿舍里环境差，想静下来看看书，噪音四起，何谈立业！我们这些年轻人谁不想干番事业，但来到企业后许多问题使我怅惘。"

（3）劳动用工制度、管理制度上的弊端，束缚了职工的积极性。首先，企业在执行劳动人事改革配套制度时，因人而异。如：企业实行了停薪留职的规定，限制了有一技之长、工作经验丰富、在单位上是生产骨干的职工。而上班吊儿郎当，无责任心的职工则可以办理停薪留职，在外面发大财；其次，管理制度不严。目前，该厂有 305 人拿病劳保，其中相当部分通过各种关系享受病劳待遇，长期在外经商，挣大钱。许多从事第二职业的职工上班磨洋工，下班大干，甚至有的利用单位的工具、材料，占用上班时间从事第二职业，其收入高于未从事第二职业认真干活的职工几倍，这样，造成在职的和未从事第二职业的职工心理失衡，是影响劳动积极性发挥的又一重要原因。

（4）干群关系紧张，压抑了职工的积极性。在座谈中，职工反映，干部特权越来越大。干部病了住院房间有空调，工人病了住院睡走廊。出门轿车越来越小，办公楼越来越高。干部加级优先、住房优先、好药优先、子女就业优先，干部子女在生产一线当工人的寥寥无几。有位职工气愤地说："毛泽东时代干部实行终身制，干部还能以身作则，大公无私，严于律己，为民办事。现在实行干部聘任制，有的干部上台三年捞三年，以权谋私，子女享福，亲戚沾光，企业倒霉，职工吃亏。"这是致使干群关系紧张，积极性不高的另一个重要原因。

（5）思想政治工作减弱、方法简单挫伤了职工的积极性。在座谈中职工认为，当前，企业领导忽视思想政治工作的作用，用物质代替一切，用"罚款"代替管理。当某项工作有困难，就用钱去刺激，当某任务未完成就扣款。有位职工说，现在企业罚款无处不有，厂房内放自行车罚款 5 元，丢个烟头罚款 5 元，活动未参加罚款 10 元。这种方法，极大地挫伤了职工的积极性，一些职工有气没处撒，就拿工作出气。

（6）社会风气不正，削蚀了职工的积极性。当前，我国经济形势虽然一派大好，但党风和社会风气仍然没有根本好转。职工们反映，执法部门首先不能带头守法，向企业乱摊派，乱罚款。法律面前不能体现人人平等，存在“百姓犯法用刑准，干部犯法用权顶，个体户犯法用钱抵”的现象。从上到下，报喜不报忧，犯罪率越来越高，性病越来越多，会说的不如会拍的，会拍的不如会塞的。职工看到这些，感到沮丧、悲观和失望，干起事来就泄劲。

（7）名目繁多的“集资”“捐款”使职工不胜负重，直接影响其积极性。不少职工反映，各种名目繁多的集资、捐款压得职工喘不过气来，使职工的积极性越压越低落。如：煤气集资、建房集资、办学集资；举办国际乒乓节要捐款，大运会、农运会要捐款，残疾人基金会要捐款，救灾要捐款；等等。从去年开始黄石市教委作了明确的规定，每年中、小学每个学生集资费不少于 100 元，学杂费小学不低于 70 元，中学 100 元以上。在座谈中有位职工告诉我们，他两个孩子上中学，每学期学杂费要交 300 元以上，全年集资费和学杂费高达 800 元以上，他本人的工资要花去三分之一供孩子上学。一位职工说：“现在中央讲钱，下面抓钱，我们工人口袋里那几个钱，四面八方伸手要，工人有几个不是与穷连在一起，吃饭吃蔬菜的多，吃肉吃鱼的少，钱在个体户、企业家、演员、歌星口袋里。”

五、几点思考

通过上述问题的分析，基本上概括出了大冶钢厂产业工人目前的基本状况，有许多情况必须引起我们进一步思考。

（一）要正确认识新一代产业工人，重视发挥新一代产业工人的作用

我们从上述四个方面的调查中可以看出，新一代产业工人，主流是积极的、进步的，他们在政治上与党中央保持一致，坚决拥护我国改革开放的方针政策，表现出适应发展商品经济和建设有中国特色的社会主义的新特点；在生产工作中积极进取，勤劳奉献，顽强拼搏，渴求知识，注重实现自我价值；对社会现象敢于揭露、敢于思考和做上一代人不敢做的事情，他们代表和反映了新一代产业工人的本质和特点。对于工人阶级队伍中反映出的问题，我们应该看到，既有社会原因，也有受国内外政治形势的影响，还有我们一定程度上放松思想

政治教育的原因。因此，我们不能把职工中存在的问题简单地归咎于他们自身，说他们没有觉悟了，没有先进性了，这既不符合当代职工的实际情况，也会严重挫伤他们的自尊心和责任感。对于职工中反映出的种种问题，我们除了要加强教育引导外，重要的是尊重、理解、关心他们，争取把消极的一面化为积极因素，充分发挥他们生产和建设的主力军作用。

（二）要下力气，进一步全面落实全心全意依靠工人阶级的根本方针

一是要加强对工人阶级的先进事迹的宣传，对涌现出的王进喜、时传祥式的模范人物不仅是宣传，而且给予重奖，有重大贡献的知识分子要重奖，有重大贡献的工人同样也应重奖，使那些有重大贡献的劳动者获得应有的荣誉和尊重，树立起工人阶级的威信和地位；二是党中央在重大问题的决策上要为产业工人着想，符合民意，在政策的制定上要真正体现为国家创造财富的产业工人的物质利益；三是要重视职工群众人才的培养；四是要密切干群关系，各级领导干部要深入工人中倾听意见，关心职工疾苦，为职工排忧解难，多办实事。

（三）要大力加强企业民主管理，切实保障职工的主人翁地位

社会主义国家决定了工人阶级当家作主。但要把它变成现实，必须有具体的制度做保证和一定的组织形式做载体。通过这次调查，我们深深认识到，职代会的作用还远远没有被充分发挥出来，职工民主参与有走形式的现象，民主监督缺乏实际效果。职工的企业主人翁的权利最主要、最基本的体现在职工的民主管理权利上。因此，为了切实解决职工群众在企业中的主人翁地位，首先应根据《企业法》的要求全面落实职代会的各项职权。其次，要通过各种形式，加强对企业行政领导民主意识的教育。同时，要尽快建立和完善司法监督机制，加强对违反《企业法》的行为进行制约和监督，使职代会职权和职工参与民主管理的权利真正落实。最后，各级工会组织要进一步加强职代会和民主管理工作，开辟多种民主管理渠道，提高职工的民主管理素质和参与能力。

（四）真正做到给国有企业创造良好的外部环境和条件

国有大中型企业是国家财政收入的主要来源，是我国现代化建设的重要支柱和骨干力量。目前国有大中型企业负担较重，困难较多，党中央和国务院要从改善企业外部环境方面采取得力措施，狠抓落实，从根本上解决国有大中型企业所存在的问题。要制定能够调动各方面积极性的合理政策，使国有企业与

其他企业在平等条件下竞争；各地政府要为企业的发展创造良好的条件，把《企业法》和国家赋予企业的政策和权利交给企业，要制订贯彻落实《全民所有制工业企业转换经营机制条例》的细则，彻底转变政府部门的职能，把企业生产经营决策、投资决策等14项自主权交给企业，为企业自主经营创造宽松的政策环境，让企业真正成为自主经营、自负盈亏、自我发展、自我约束的独立负责的商品生产者和经营者。

（五）教育和引导职工正确对待改革

企业改革是工人阶级自己的事业，工人阶级是企业的主人，是国家的主人，自然也是改革的主人。因此，作为工人阶级的群众组织，面对改革开放大潮，面对计划经济向社会主义市场经济的深刻转变，面对职工群众的行为方式、生活方式、精神状态、价值观念、是非标准都在发生重大变革的今天，工会必然要转换脑筋，打破过去的传统思想方法和工作模式，认真探索在改革开放时期的思想政治工作，教育和引导职工正确对待和认识改革开放中出现的各种问题，更进一步解放思想，更新观念，勇于冲破旧的传统观念的束缚，增强市场经济意识，增强改革开放的紧迫感和责任感，不断提高职工队伍的素质，以适应改革和市场经济发展的需要。

第四次中国职工状况调查个案

（1997 年）

齐某某，男，39 岁，高中毕业，北京某百货（集团）股份有限公司宣传部记者。

一、生活简历和就业情况

毕业于“文革”末期，毕业后参军，复员被分配到百货大楼，可以说毕业后迈入工作岗位的经历还是比较顺当的，自 1982 年到百货大楼至今已 15 年了，其间当过售货员、保卫员、炊事员和记者，是百货大楼职工中工作岗位变动比较频繁、工种跨度较大的人员。多岗位的变换为现在的记者工作打下了基础。

二、工作情况

按百货大楼岗位划分属一般科员，因学历为高中且到宣传部工作刚两年时间，所以没有技术职称，工资收入在科员中属最低的（每月 430 元），本月奖金 400 元左右，本月总收入 800 多元。

提起对目前工作的看法，他深有感触地说：“记者工作是个专业性很强的工作，文化程度的高低直接反映在工作中，只有不断努力刻苦学习，才能胜任和完成这项工作。”公司的报纸是 1992 年创办的企业内部刊物，报社的编辑、记者均是从企业内部职工中考核选拔出来的，没有办报的经验。因此，只能是在干中学、在学中干。这就要求编辑部的人员责任心要强，要不断加强自身的学习能力。对此，他表示其工作情绪并未因工资待遇偏低而受到影响。他表示，因同志间、上下级间的关系融洽和谐，可以尽情发挥个人的专长和才能，所以对现在的工作感到满意。

三、家庭现状和对未来的设想

他出生于一个普普通通的工人家庭，父母受教育程度较低，对子女的工作也没有寄予更高的期望，做一个遵守纪律，踏踏实实工作的好职工是老人对子女的唯一希望。现单位与目前许多企业一样也处于亏损的边缘，可以看出他的家庭生活水平在北京应属中下等。有限的收入培养了他们勤俭持家的本领和纯朴和睦的感情。但提起对家庭未来的设想、物质生活的追求，他的脸上布满了愁云。他说，儿子患有孤独症，寻找合适的医院和解决治疗费用是家中面临的一个难题，其他的奢望和追求目前还不敢想。

四、对现行社会经济政策的看法

1. 对“减人增效”“破产兼并”等一些国家经济政策的看法。他认为：由计划经济向市场经济转换，是我国经济发展的必由之路，而与此相配套的政策、措施的出台是实现这一机制转换的有力保障，特别是对国有企业进行调整改造，实行“减人增效”“兼并破产”等手段，就是打破“大锅饭”，将竞争机制引入企业的经营管理之中，使企业人员的配置、机构的设立更趋于科学合理。对濒临倒闭的企业实行破产兼并，可以使国家资源进行合理的重新分配和调整，也可以使濒临倒闭的企业获得新的生机。

2. 对经营者实行年薪制的看法。他认为：实行经营者年薪制的关键，不在于经营者得到的报酬有多少、与职工的差距有多大，经营者的成绩应当被职工认可、被社会承认，而是在实行年薪制的同时，要建立相应的责任制，要有一套完整且科学的考核体系，要使年薪制真正成为鞭策、激励和约束经营者的一种机制。

3. 对养老保险金社会化管理的认识。他表示对此不太了解，且对目前企业为职工办理养老保险的运作方式表示不清楚。

五、对社会问题的看法

1. 对社会风气和人与人之间的关系的看法。他认为：改革开放确实使一些人受西方的思想和生活方式的影响。以我为中心，金钱至上，社会观念、道德观念淡漠，但这一部分人的言行并不能代表整个社会的风气。在我们现实的生活中像李素丽、徐虎这样爱岗敬业，一心一意为人民做好事的模范和见义勇为、舍己为公的英雄人物层出不穷，并成为人们学习的榜样。在这种学劳模、学英雄的良好氛围下，人们的道德观念和社会意识必将得到提高，社会风气也会一天比一天好起来。至于人与人之间的关系，确实变得比五六十年代要复杂得多，朋友间交往、谈论的话题也大多是如何赚钱。

2. 对党风廉政建设的看法。他认为：党内腐败现象还是比较严重的，贪污腐化、行贿受贿案件不断，在群众中造成了很坏的影响，党的威信下降。因此，抓好党风廉政建设是关系到我国改革和经济建设能否顺利进行的大问题，是关系到党在群众中威信的大问题。江泽民同志在党的十五大中关于加强党风建设，坚持反腐败斗争的论述，反映出我们党是坚持实事求是的，其坚持反腐败斗争的决心是大的。

3. 关于贫富两极分化。他认为：两极分化现象的出现，是计划经济向市场经济转化中出现的新现象，也是市场经济中的必然现象，这一现象短期内不易解决。造成这一现象的原因一方面是个体私营经济发展较快，另一方面也是一些企业，特别是一些国有企业在市场经济中暴露出许多问题，出现亏损、倒闭的局面，下岗或低收入职工人数不断增多。对此国家应采取一定的措施，让下岗和低收入阶层的职工生活得到保障。

4. 关于对下岗职工的看法。他认为：这部分职工是经济体制改革中最不幸的。一部分技术人员和优秀职工的下岗，是企业和国家的损失，但从国家长远的、宏观的发展来看，这一现象是不可避免的，是符合社会长远发展利益的，是有利于企业改革发展的。从某种意义上讲，下岗人员也是为我国经济的发展做出了个人的牺牲，因此全社会都应当关心他们，帮助他们。

5. 对调整和完善所有制结构的看法。他认为：在多种经济迅速发展中，国有经济在我国依然处于主导地位，国有企业仍然是国民经济发展的支柱企业。目前国家对一些国有企业实行改组、转制、兼并等措施，就是为了使国有企业更快适应市场经济，从而走出低谷。此外，企业经营者的素质和责、权、利机制的建立也是搞好国有企业的一个关键因素。

6. 对社会治安和社会环境的看法。他认为：整体上说北京社会秩序是好的，城市建设发展很快，特别是道路改造、居民住房、购物等方面。市政府做了大量的工作，人们有目共睹。但外来人口问题也是社会不安定的隐患，包括无限制的流入，管理失控，给道路、交通和居住环境带来巨大压力等，亟待有关部门解决。

7. 对党的十五大的看法。他认为：党的十五大开得非常成功，是跨世纪的一件大事，会议提出的坚持邓小平理论，为中国社会主义建设和经济发展指明了方向、明确了目标。

六、对本企业经营工作的看法

他认为：公司领导者竞争意识强，有开拓意识、思路较开阔，提出了大连锁的发展思路，宏伟的发展目标，令人鼓舞和振奋。企业干群关系总体上是和谐的，职工关心企业，企业领导者能够听取采纳职工的意见、建议，但在工资分配上两者差异略大，职工对此有一定的看法。大部分职工热爱关心自己的企业，不计较个人得失，积极参与和支持企业的改革工作，是企业发展不可缺少的有生力量。商业企业发展过快，竞争日趋激烈，企业面临的困难是巨大的。因此，企业必须转变观念，开拓进取，树立自己的经营特色，公司发展商业大连锁的思想是正确的，公司的发展前景是好的。

七、对工会工作的看法

他深有感触地说："工会在职工与企业中起着纽带的作用，这种作用在市场经济中显得更为重要。工会是职工利益的代表者和维护者，是其他组织所不能替代的。"工会在企业的经营管理工作中发挥了自身的作用，在关心职工生活、活跃职工文体生活等方面也做了大量的工作。工会干部与职工联系密切，是职工的朋友，受到职工的信赖。

企业的职代会制度坚持较好，更为可贵的是，职代会能真正反映职工的意愿，代表职工说话、办事，真正发挥出了民主审议、民主监督的作用。

八、对《劳动法》的看法

他认为：《劳动法》的颁布对广大劳动者来说是件好事，是维护劳动者合法权益的有力保障。在目前贯彻落实《劳动法》的过程中，一些国有企业执行得较好，但一些私营企业还存在这样或那样的问题。今后，随着人们法制观念的增强，《劳动法》在维护职工权益上将发挥越来越积极的作用。

刘某某，女，55岁，初中文化程度，某市园林局退休工人。

我1958年在市钟表厂参加工作。我父母死得早，初中毕业后，学校按特困户把我安排到呼钢，后来又调整到市钟表厂。我在上学时学费就全免了，因为我生活困难，没有人抚养我。我在市钟表厂干到1961年。厂里精减把我下放到我的老家郊区府兴营。回家后由府兴营村委会给我安排了两年临时工的工作以维持生活，1963年我又回到市钟表厂，工龄也连续计算。1968年市钟表厂改为市仪表厂，给内蒙古包头市的草原牌汽车做仪表。到了1980年市仪表厂整个下马，我就调到了市园林处（当时我爱人在园林处）。我在市仪表厂时是车工，所以到了园林处把我安排到机修组。1982年又分到人民公园花卉组。从花卉组又调整到门口卖了一年多的门票，之后又把我调到了宣传组。1987年公园搞经营承包试点，我首当其冲带领4个人承包了青年湖。这4个人中有两个残疾人。经营承包后全部"断奶"了，医疗费，工资福利全部自负。开始我有些顾虑，后来一琢磨，咱们同是一个国家，人家南边搞得那么活，那我们也可以干，不就是试试吗。承包的头一年，我们在青年湖内上了碰碰船项目。头一年搞得挺好，一年下来，每个人纯挣了 1 万多元。我带着这 4 个人就南下了一趟。去看看人家南方是怎么搞的。我就琢磨着：我们一年的效益这么好，收入超过了我们年工资一倍多，对不对？那我们到南方去取取经。深圳、广州、上海、无锡等地我们都去了。到一个地方，就主要看人家的园林和公园。这一趟回来大开眼界，信心更足了。承包青年湖的合同一签就是四年，我的想法是搞得大一些，多吸纳些公园的客人。有的说上缴的承包费定少了，让我占了便宜；有的说我们是肥了自己赔了公园，我看他们是“眼红”了。当初承包时，谁也不能估计承包的效果，这风险有多大！承包的这四年间，除了第一年效益好一些，后来的两年因“碰碰船”船体让水草缠绕得很厉害，再加上公园领导违反合同，在一个青年湖上，同时允许山西来的人也上游乐项目，结果竞争得挺厉害。所以后两年维持了基本工资，再翻新船体，几乎是没挣。但是我不甘心，第一期合同满后我又续签了四年的“脚踏船”的合同，也做得挺好。不管怎么说，公园的领导还是很支持我们的。等第二期四年合同快到履行期满，我也到退休年龄了，我就及时退了出来。但是我没罢手，又在人民公园个人承包了一个“海洋球”儿童体育娱乐场地，设备全部是我个人投资的。因为我的服务好，很受孩子家长们的欢迎，每年下来纯挣 2 万多元，现在我退休了，但我原来承包青年湖的其他 4 个人仍坚持搞得很好。我这个人愿意冒风险，不太安分。（她说完哈哈笑了起来，神情就像是一个精力旺盛的年轻人。）您说我的思想很解放，也许吧。南方一道感触很深，干工作不光要干好，而且还要干精。风风雨雨二十几年，我的爱好特别广泛，游泳、滑冰、打篮球、文艺演出……不在乎你干的怎么样，关键在于参与。我总是把时间安排得满满的，很充实。我有三个孩子，两个男孩，一个女孩。大概都是受了我的影响，大儿子中专毕业后到了内蒙古马术队，现在他是健将级，被广州体委聘走了，担任广州市体委训练部部长。姑娘是老二，她从师范毕业后在呼市体校任教。后调到华北石油公司。现任一个私营企业的董事长。她擅长中长跑。小儿子是搞速滑的，得过冠亚军，体专毕业后分到园林处满都海公园。这两年也停薪留职，搞了一个小加油站，干得也挺好，姑娘和小儿子都有了自己的汽车，老伴还在公园电修组。业余时间在外面修修电器。他每月工资 600 多元，除基本工资外，他每年也能再挣 7000—

8000 元。所以我现在是小康水平，生活很充裕。现在我每天早晨在人民公园教国标舞，也闲不住。

1968 年，社会上正在搞“文化大革命”。我看人们都去搞革命，什么都不干了，我就开始学武术。我把孩子们弄到体操房学体操。我的武术学得还挺出名，后来每年正月十五市体委下去到农村搞社火，都有我的武术表演。我主要是练双箭，好多剧团的演员都来跟我学。到了 80 年代初，市体委开始推广健身操，我又第一个学健身操。1989 年市体委又开展国标舞训练，我就参加了第一期培训班。当时我外甥还没有安排工作，我就让他和我搭伴。搞了两个表演团一直活动到现在。中年组现在坚持下来参加全国国标舞大赛，老年组的人越来越凑不齐了。我退休后，和表演团的小刘搭伴教教学生，教一教舞蹈爱好者，挺好。学跳交谊舞，不光是跳，除了要掌握一些基本的舞蹈动作外，关键是培养气质。人的气质很重要。我总认为，人就是这个世界上的一个客人。今天在这坐着，明天就不知道会是什么样。每个人应该活得很充实。我现在如果死了，没有什么遗憾，因为我该做的都做了，该得到的都得到了，该享受的都享受了。我现在就是年龄大了，如果再年轻些，我真想承包人民公园，搞股份制，肯定能把人民公园搞好，把困难职工都变个样。现在的人民公园是捧着金碗讨饭，还是思想不够解放。我对人民公园还是很有感情的，我毕竟在那工作了十几年。我的想法可多了，我想如果让我承包人民公园，我就把人民公园的设施都变变，把动物被动观赏变为表演观赏；再种一片草坪，让城市里的孩子们也骑骑马……一说内蒙古大草原，可好多城里的孩子都不知草原是什么样，骑马什么样。我就是二十四小时不睡觉我也想把公园搞得轰轰烈烈。哎！年龄不行了，让我退休了，我真有些不甘心。

政策制定得都很好，但下边具体落实还有差距。重在政策，贵在落实。党的十五大召开时，我逐条逐句地认真听了听，我认为十五大制定的方针政策特别好，但贵在落实。现在有些职工下岗失业，一年多了也找不到工作。缺吃没喝的肯定会对现行政策有想法，下岗职工应该有组织管理，这方面应当加强。现在经济搞活了，可姓公也可姓私，只要有利于人民生活水平提高，有利于社会发展，姓私也行。现在社会保障政策在逐渐落实，人们还是有保障的。在园林处，我们这些退休的，退休金都能保证。在职职工风沙费都没发，先给我们退休的发了。好多企业现在拖欠工资。但是先保证退休职工的退休费，所以说社会保障还是有的。

《劳动法》颁布以后，在劳动用工方面，工资方面，对广大劳动者很有好处。保护了广大劳动者的利益，有了法律保障。现在颁布了许多法律，人们逐渐学会用法律保护自己，使国家逐渐走向法制轨道。比如讲，有一个孩子 6 岁半上学，学校以年龄小为由要多收费。家长以《教育法》维护了这个孩子上学的权利。我退休这两年，每年都出去旅游一次。祖国的变化真是太大了，人民生活水平都提高了。尤其是咱们内蒙古，五十年来发展变化也不小。现在跟过去比，谁能想到我自己家能有两辆小汽车，现在的生活是过去想也不敢想的。

这是好的一方面，另一方面是两极分化，国家还有贫困存在。当然了，国家对扶贫工作采取了许多措施。两极分化令人担忧，怎么把这部分贫困人口通过发动社会有能力、先富起来的那部分人的帮助拉他们一把。帮一帮拉一拉不太困难。现在一部分人先富是好事。总不能平均主义，人人有饭吃管饱就行，应该有个挑头的，有个追求高目标的、有点上进心的来带动大家富。在发达国家不是也有贫穷吗？但在咱们国家，发动大家帮穷扶贫。我们是社会主义国家，还是有这个能力的。这就是我们社会主义的优越性，这就是人们提倡的奉献，现在不是有好多人捐资建学校吗？

我现在住一户三室的楼房，是园林处的宿舍。当时我是工人组长，老伴也是工人组长，我上有婆婆，园林处照顾我们，给我分了这三居室的楼房。我和邻居及原来公园的同事们相处得都十分好。我认为上海的徐虎代表了人际关系的一个面。他与众人非亲非故，但他愿意帮助别人。现在的救灾、扶贫等活动，都能体现人和人之间还是互助和谐的。改革开放以来，不单单是经济发展了，人的素质也在提高。不讲社会公德的毕竟是少数。应该说我们国家是文明的，富强的。这次美国总统邀请江泽民同志访问，是因为我们国家强大。好多国家都愿意承认我们，也说明我们的强大。许多国家都派代表团来我国进行交往，我们能替别的发达国家发射火箭，说明我们在各个方面都取得了成就。

我们国家是一个文明古国，尊老爱幼是传统美德。社会特别重视老年人，西安专门组织老年人坐飞机游览市容。这次香港回归，我们国家又组织第一批离休干部到香港观光。这些都说明我们的国家兴旺了。

我很关心时事，我每天都看电视，听广播。就是岁数大了有的记不住了。但听了很振奋，感到国家确实发展强大了。我觉得作为一个中国人，一个中国的工人，应该关心国家大事。自己的国家怎么样了，不就是像自己家过日子一样吗？

对党风和腐败人们议论得多一些，我觉得有些问题出自某些领导干部的工作作风上。是有些人对党中央的政策把握不准、不理解。这是党的领导干部政策理论水平问题。关于廉政建设，党的旗帜很鲜明：反腐倡廉。底下有些党员脱离了这把尺子。党员标准就像裁缝的尺子，是有分寸的，超出尺子就不合格。我相信党员大部分是好的，因为如果我们党不好，就不会制定出这么好的政策，这些好政策的贯彻落实要靠党员去办。希望我们的党员都能按党员标准衡量自己。把党的组织生活健全化，多问问自己是否像党员。如果党组织部健全有力，那我们的国家就更了不得了。我记得我年轻时，团员（共青团）们过组织生活，自己有什么不对，或者发现别人有什么缺点，都能认真地进行批评与自我批评，人人都要求进步。党员的伟大之处，是因为他不同于普通百姓。党员也是人，但要比别人多吃苦，这也不容易。在进一步开放的新形势下，希望党员更严格要求自己，带领群众共同建设强大的祖国。党员如果能经常和群众打成一片，群众是会拥护他们的。我不是党员，但我始终相信党。1960 年我在市钟表厂时，被发展为预备党员，但因为我爱人的出身是地主，党员转正时把我放下来了。到园林处后，“文化大革命”虽然结束了，“左”的影响没有了，但我的工作调动频繁不稳定，也错过了机会。但我是多年的先进工作者，我认为我虽不是党员，但我坚持严格要求自己，多做好事，我觉得我思想上在向党员靠拢。

党的十五大明确提出了加快推进国有企业改革。为解决我国不合理的分配，应该这样搞。国有企业如果按党的十五大的政策进行改革，只能变好。我是工人出身，对国有工厂有特殊的感情。现在许多国有企业机器闲置，效益不好，很可惜。国有企业搞改革，过去这么多年不也在搞吗？我还记得 1960 年后恢复大生产，不是也有一些工厂下马吗？一直到“文化大革命”结束，许多工厂不也在变化吗？现在提出搞市场经济，只要按党的十五大改革方针办，工人还能当家做主，工厂企业还能好起来。现在兼停并转不是坏事，因为这是为适应市场经济，是为提高社会效益、经济效益，而不是私营企业之间的吞并。要想国家这个大的效益有提高，国有企业必须改革，必须抓龙头企业，形成合力，“抓大放小”这个政策是正确的。

我倒没有什么需要解决的，我最担心的是寂寞。我想替老人们说说，上了岁数的，现在担心的是养老金、退休金、医疗保险。现在社会上，尤其是下岗失业的工人担心的是基本生活费的保障。我担心的是偏远地区孩子上学问题，我有一亲戚在山沟里，他们那里年人均收入才 200 多元钱，根本供不起孩子念书。因为穷，耽误了孩子们的读书，没有文化又怎么脱贫。苦了孩子们，耽误的是几代人呀！

我是 1995 年退休的。那时候田局长（原来叫处长）他们这个新班子已到任了，园林处这个新班子上来后，做了许多工作。园林处的领导班子正是 1995 年调整的。调整以后以田处长为首的职工为园林建设做出了很多成绩。比如说，改造了人民公园的东、北门；公园内动物犬舍也翻新了；园林处办公楼也盖起来了，现在搞得挺活跃，职工们的积极性也调动起来了，现在抓工人技术培训。普通工人都提高了技术等级，职工素质也提高了。过去多年职工的住房问题一直解决不了，近几年全部解决了。这是这几年让职工感觉变化最大的一方面。节假日职工们搞文艺会演、球赛，情绪都可高了。逢年过节，新领导还能与老年人、离退休职工开座谈会，还专门为老年人建立了活动室，这新班子就是有股子干劲。为了搞活经营，新领导班子继续发动职工搞承包，既搞活了服务项目，又提高了职工收入。原来一到冬天我们就没事干了，现在冬天搞技术培训，政治培训，提高职工的政治业务水平，工会配合抓了许多工作。

园林处的基层都有工会。像职工技术培训，“三八”妇女节的一些活动，职工文体活动都是工会抓，年年都搞活动，挺活跃。

园林处有五六年没开职代会了。大家忙一年，应该一年开一次职代会，议论上边的工作安排，上下沟通，把下边的意见反馈给领导，很有必要。但应该注意职工代表的代表性，别流于形式。职工代表，他得能代表职工反映意见，个人素质应该高一些，希望组织者应提高组织能力。

我希望咱们的工会能维护工人的利益。首先是再就业的问题，要保证工人们有饭吃。其次就是工人当家作主，职工现在体会不到当家作主了。工会要维护工人的利益，作为工人自己的组织，必须为工人说话办事。现在下岗失业的工人谁来组织？希望工会能真正为职工办事，维护工人的利益。

《劳动法》能保障劳动者的基本权益，对公对私都有好处，对企业，对个人都有约束力，能保护双方的利益。

张某某，男，37岁，辽宁省阜新蒙古族自治县某苗圃下岗职工。

我1961年9月出生于阜新（蒙古族自治）县他本（扎兰）乡他本村。小学、中学都是在他本学习的，1981—1983年在县普通高中读了三年，考大学没考上，待业两年后参加苗圃工作（临时工）。后来参加阜新市林业职高学习两年后，参加林业工作，这年是1987年。由于当时林业人头费减少，开支困难，我于转正后第二年，也就是1988年开始承包土地，苗圃分给3.3亩土地，种地打粮卖钱顶工资，被当地称为“工资田”，实为下岗。1988年下岗，也就是种“工资田”以后，由于种玉米，每年地里的活只用2—3个月时间就行了，其余的时间就干点零活。冬季，在苗圃或者哪个地方烧烧锅炉；夏季在县城搞点小买卖，有时做点力气活，如装卸工什么的，有时跟着别人干点木瓦工活。反正事还是有得干的，只要不怕累就行。

我家住县里，一成家就在县里。每天上班到苗圃地种“工资田”。所学专业现在看是没有什么用，但我还想在地里种些树苗，就用得上了。我育造林亩，因为我学的是林业，虽说下岗了，但我也还热爱林业这一行。我现在挣得比苗圃在岗时多，像我家每月收入可达1500元，但如果要让我上班，我还会回苗圃来的。

我家三口人，爱人在县酒厂上班，每月收入400多元。有一个儿子，今年13岁，念初中。现在我们一切都是为了他能考出去，这是我们的希望。现在吃穿都不愁，家里又盖了50平方米的门市房，每月出租100多元。我父母都在苗圃，父亲1959年就在苗圃，小学文化，我们家哥仨，我是老大，我两个弟弟和弟妹，都种“工资田”。父母的“工资田”多点，除了种粮外，还有点杨树苗和沙棘苗，一年收入1万多元，生活还行。我打算过两年把老房子翻盖一下，门市房再开个小商店，计划年收入12000元，供孩子上学。

接下来，我谈谈对现行社会经济政策的看法。

从我们苗圃看，虽说是事业单位，但实行企业化管理，人多、钱少，不去承包土地，没有别的路可走。我认为减人对，只有这样，才能解决单位目前的困难。对于破产兼并，这个不太明白，说不好。再就业，我看种地也是再就业，再就业搞好了，职工能生活得比原来更好。

现在的人际关系是朋友关系，首先我认为只有人与人之间互相团结，才能做好一切工作。如我们苗圃搞育苗，大面积育苗，到季节就要及时起苗，靠个人的力量是不行的。平时自己关系（人际）处理不好，急用时，就是用钱（请），人家也不会帮你的忙。我们这个地方，不是金钱万能。必须是在感情的基础上用钱才能解决问题。钱虽然很有用，但还必须有一定的感情去培养，否则也是不行的。

现在的社会道德风尚总体来看比以前强了，但总有人怕事，遇到有些事情的时候，尽量回避，事不关己、高高挂起，我们小时候可不这样。

党风和廉政建设方面有所好转。从我们苗圃看，书记、主任都能严格要求自己，干活带头，吃请不去。从社会看，风气有所好转，大饭店、大酒店、歌舞厅去的人少了。我觉得近期以来，党对反腐廉政手段加强了，力量加大了。这样，我们企业和国家才有希望。

对收入差距拉大，出现两极分化问题，我是这样看的，只要你是靠勤劳致富，自己创造财富，就是成为亿万富翁，也是好的、对的；如果是靠不正当手段捞钱，致富不致富，捞多捞少都不行。对目前有些行业之间收入差距太大我不理解。我们林业造林、护林都是为了全社会，社会效益、生态效益很大，经济效益很小。像我们县有一半（67%）是事业费不足而去种“工资田”维持职工开支。可有些行业靠垄断性，刚上班的小青年，每月工资就拿 1000 多元，哎，没办法！

对下岗职工问题，我认为这是改革和发展的必然，但下岗了不应该等，国家为下岗职工提供了很多优惠政策，只要干就可以有收获。下岗并不可怕，前面谈过，只要不怕苦，努力去研究、去干，下岗不会比在职收入少。对社会贡献也不会比在职的小。

林业，是介于农业与工业之间，我们林业职工也是介于工人和农民之间。过去收入是工人比我们好，我们比农民高。现在是农民、我们、工人。当然，工人的困难是暂时的，将来会比我们好的。

现在苗圃总的情况是这样的：过去育苗按下达的造林任务做，育什么苗，育多少都按计划，不存在销售问题。现在除了少量的造林任务育苗外，余下的苗就要靠我卖。目前各乡、村及个人都有大小苗圃，竞争激烈。乡镇造林需要苗，只有乡镇的苗不够了，才到我们国有苗圃来买苗，这是生产经营不景气的一种原因。我们国有苗圃从人员上、技术上、管理上都有优势，苗木质量也好。

但销售方面，还存在一些不正当的竞争因素。

就我们苗圃看，经营者、技术人员关系不错，发挥两者的积极性是苗圃发展的主要因素之一。我们单位职工总体素质是较高的，一般都是中专（职高）以上。一个企业要发展，依靠的是人，没有人是不行的。我对苗圃的发展前景比较乐观，因为我相信国家对林业的政策会有所考虑的。比如说，实行社会办林业，社会关注林业就好了。

总的来看，工会组织是关心工人的。如住院了工会会前来慰问，生活困难了，工会也要帮助解决，春节送温暖，等等。工会是工人的贴心人，你们今天专程来，听我谈天说地的，我感到心里热乎乎的。你们工会干部工作认真，态度好，我认为不错。对工会组织我觉得还要为工人办点大事，要多为下岗职工说话办事，解决问题。对我们苗圃工会工作我还是比较满意的，每次召开职代会都能找我参加，虽然下岗了，也能行使职工代表的权利，我认为我仍然是林业职工，我觉得我是林业的主人。

关于《劳动法》，我认为这是一部好法，是规范企业劳动关系的法律。《劳动法》出台后，工会组织了学习，我们下岗的一家来一个代表参加学习，一条一条地学。学完后，县局（林业）又组织各林场、苗圃签订集体合同，我们林业局杨书记亲自带头，到各林场、苗圃，召开座谈会，征求意见，最后签订了集体合同。我与苗圃也签订了集体合同，具体问题，都是按集体合同条款要求去执行，总的看还可以。我们下岗种“工资田”，可能与城里工人下岗做买卖不一样，地是林场（苗圃）有计划提供的。有些《劳动法》规定的报酬和保护、保险是在“工资田”里体现的。我觉得现在苗圃的这种现状，也只好这样。

兰某，男，29岁，吉林省某厂地铁装配车间工人。

我是初中毕业之后，考入本厂职业高中的。学的是钳工专业，1986年12月职高毕业，由于我在校时学习成绩优秀，所以就按我所学专业进行对口分配，到地铁装配车间当了一名制动钳工。因为我父亲就是本厂的一名老钳工（1993年故去），这叫作子继父业吧，再加上专业对口，能够学以致用、发挥所长，所以我对现职工作十分满意，一干就是十多年，而且从来也没有动过换工作的念头。我家四口人：母亲、我、爱人，还有一个三岁的孩子。我每月包括奖金和各种补贴在内的收入700元左右，爱人也在本厂工作，是一个库管工，每月收入600元左右，我母亲原是市缝机厂附属配件厂的工会主席，1992年时停薪留职而“下海”，后来觉得不行，想回厂工作，但因企业不景气，开不出工资，所以单位不同意我母亲回厂工作，但也没按退休处理，一直没有收入。因为母亲和我住在一起，我哥哥和妹妹每月共给赡养费150元。这样，我全家四口人，每月总收入1450元左右，人均月收入为360左右，虽然生活水平不高，但家庭关系和谐、融洽，所谓家和万事兴，日子过得还算安稳。平时看我家的日子还过得去，但1997年就感到紧巴巴的。因为我内弟结婚，而他们单位又不景气，不能开满支，一个月只能拿到300元，结婚就成了大问题。作为亲戚，我不能眼看着他有难处不管，所以，我就把家中几年的积蓄拿出来帮他。这样一来，解了他的燃眉之急，我的经济状况就紧张了。再说，孩子的花销也不算小，以前雇保姆每月300元，最近进了厂子的托儿所花的少了一些。可是，再有几年孩子大了，就要入学，那花销就巨大了。所以，就得有点积蓄，而积蓄从哪里来？我既没有下海去捞的想法，又没有第二职业的收入，唯一的靠山就是企业，希望工厂的经济效益越来越好，这样我的收入才会越来越多，才能逐渐有积蓄。可以这么说，我和工厂是一荣俱荣、一损俱损，也可以说是利益共同体。因此，我觉得像我这样中下生活水平的工人家庭，当前最迫切需要解决的问题，还是收入低的问题。

在刚入厂那几年，我父母都有收入，自己年轻又没成家立业，没有什么负担，总觉得下班以后的业余生活太单调。像有的人那样把时光消磨在“砌砖头”、跳舞活动之中，我又觉得太没意思。于是，为了充实业余生活内容，我就根据自己对文学的兴趣，从1991年开始参加了成人自学考试，选修文秘专业，于1993年各种考试合格，获成人自学大专文秘专业结业证书。虽然学的内容和我的工作不搭边，但是，我却能应用所学的知识在厂报上发表点文章，谈谈看法、讲讲体会什么的，这我就满足了。

住房改革是大势所趋，势在必行，路子也是对的。但是，企业在制定改革的原则时，要充分考虑工人的承受能力。就拿我厂来说吧，不搞过去的福利分房，改为集资建房子，并且制定了优惠政策，鼓励职工买房。我家现在住的是三室一厅，花8000多元买下来了，我觉得挺合适。可是，我哥哥就吃不消了，他要结婚，想集资买一套一室一厅的房子，厂子定的价格是1050元/平方米，一算得5.4万元，自己根本承受不了，只好靠亲友帮忙才行。我计算了一下，如果这5.4万元从银行贷款的话，像我这样每月收入700多元的工人，要是结婚集资买房，按每年结余20%计算，全年总收入8400元，20%就是1700元左右，也得32年才能还清贷款。所以，我认为单位定的1050元/平方米的标准太高了，要是700—800元/平方米，还能承受得了。我感到现在城市中还是工人收入少，分配政策应当向工人倾斜。现在社会上的大款、大腕收入太高，工人和他们相比相差太大了。而这些大款、大腕们，其中有的就是经常打架斗殴，没有正当职业的人，甚至有的还进过监狱。我没看到这些人有什么正经的事业，怎么一下就富得流油了呢？我想，应当让靠双手劳动吃饭的工人也富起来。养老保险能使职工退休后生活有所保障，这个政策很好。但是，因为在养老保险金中企业拿出的是大头，个人拿出的是小头，所以企业经济效益好的，能支付这部分开支，那么工人退休后的生活就不犯愁了；若是企业效益不好，负担不了这部分开支，工人退休后的生活就难以得到保障了。所以，说一千道一万，我们工人就盼着工厂能兴旺发达，不但能解决现实生活问题，而且能管长远的生活问题。我们厂实行了息工制，这也是减人增效的一种方式，被实行息工制减下来的人，下岗不离岗，还有工作干，但不能开满支。这个制度挺好，减下来的人虽然挣的少了，但积极性更高了，干得好再重新上岗，具有一定的激励作用。不过我觉得这个制度实行得晚了一点，这几年工厂新进的人太多，早就应当往下减。可是要把减下来的人推向社会，势必增加社会负担。所以，我觉得实行息工制企业内部消化是个可行的办法。同时，也可以考虑通过厂办第三产业的途径进行安置。

我认为现在社会风气总的来说还是向好的方向发展，和前几年相比，社会上打架斗殴的少了，不文明的行为在减少。就拿乘车让座这样一件小事来说吧，前几年老弱病残孕和抱小孩的乘客上车，几乎没人理睬。所以一些人曾经气愤地说“雷锋出国了”。可是现在，当我抱着孩子上车时，就有人主动让座，一声谢谢，自然地沟通了双方的感情。我想，社会风气的转变还是取决于党风的好转。这几年，中央加大了党风建设的力度。一方面，通过新闻媒介大力宣传满腔热忱、甘愿奉献、全心全意为人民服务的孔繁森式的好党员、好干部，给人们树立了学习的楷模，产生了正确的舆论导向作用。另一方面，对那些为政不廉、以权谋私、贪污腐化等反面人物的丑行进行曝光，向人们敲响了警钟。

这一切，都表明了中央抓党风建设、廉政建设的决心，说明了对所有犯罪行为打击力度加大了，挖得更深了。我相信，不断加强法制建设，党风会更好、廉政建设会更好、社会风气也会更好。我们厂在全国铁路系统是有较高知名度的企业，生产经营水平还是可以的。我觉得这和厂领导依靠职工办企业，把眼睛盯住市场，紧紧抓住新产品试制，提高竞争力，占领市场是分不开的。这几年，我们厂几乎年年有新产品，所以效益一直不错。1990 年，我们厂上双层客车项目，尽管当时觉得没有十分的把握，要担风险，但还是决定上。结果做到了当年试制当年出车，这在客车史上是不多见的。由于决策准确，所以产品出来之后，销路好、经济效益也挺好。1996 年，我们厂和韩国合作，生产高速客车。这种车对质量要求高，但是我们还是成功地造出了高速客车；由于有了生产高速客车的经验，所以 1996 年新上的快速客车也获得了成功。铁道部韩杼滨部长对快速客车给予了很高评价，说"设计新颖，制造精良"。

我是一线工人，接触面窄，生产经营管理上除了刚才谈到的宏观上的东西之外，我就只能谈本车间的事了。一是我觉得应压缩管理人员和辅助工人，充实第一线。就说我们车间吧，一共 200 人左右，可是管理员就 20 多人，辅助工 50 多人，加在一起就 70 多人，占三分之一，比例太大，应压缩到四分之一，把减下来的 20 人充实到第一线。二是应当抓职工素质的提高。现在看，厂内的工人特别是青年工人，主动学技术的少，被动学是普遍现象。一般都在晋级考试或技术比武时，突击学一阵子，不能经常坚持，因此，虽然能胜任本职工作，但处理急、难、新技术难题能力太差。在 130 多名一线工人中，这样的工人也就 30 来人，还不足三分之一。这就是说，应付目前工作还可以，但从工厂发展前景考虑，还不适应，需要有计划有步骤地进行提高。三是民主管理工作需要加强。第一，民主评议干部工作虽然能坚持两年搞一次，但没有明显的奖罚、升降，需要提高质量、发挥作用。第二，职工代表的素质应当提高。现在我们工人认为职工代表能出席职工代表大会，在会上能举举手、表表态，这是一种荣誉，至于他们在会上和日常工作中到底有多大作用。我看不到也说不清。第三，工厂的发展目标、方针、措施等，我们在厂报上都能看到，但是在做出决策时没有职工代表参与，参与到什么程度，我们工人就不清楚了。

我认为，工会在职工生活福利和文体活动中的作用明显。比如说，扶贫解困送温暖工程，组织各种文体活动和比赛等，我们工人都看得见，体会得到。

但是，在其他方面的作用不突出。不过，工会干部的作风还是深入的，对职工的疾苦还是关心的，能够帮助反映和设法给予解决的。所以，工会干部在工人中还是有一定威信的。

作为一线工人，我就知道在厂内要干主人活、尽主人责，外出办事不能给单位抹黑。有两件事我体会较深：一件事是，有一次我乘坐168高档车公出。有一位旅客说，你看咱们坐的这个外国车就是比国产的好。我听了之后，觉得自己是客车厂工人，维护本厂荣誉是自己的责任。于是，我就接过话茬告诉他，这不是外国车，而是长春某厂生产的高档车。旅客不信，我就把旅客领到有客车厂生产的标牌处指给他看，他看了，连说这个车真好。这时，我作为一名客车工人，觉得有一种自豪感。另一件事是，我们给广梅汕铁路的95车安装法国产的铺椅，发现来货有误，本来全应是相对的铺椅，但只有一对都是一侧的，没法安装。如果让法国给予更换，必定误了使用期。这时，我们去的几位工人二话没说，自己动手，连夜改制，终于按时完成了任务。广梅汕铁路的领导很受感动，为此，特地给我们总厂写了一封感谢信。我觉得，这就是我们工人的本分。

董某某，郑州某客运公司经理。

一、生活经历与就业情况

我1949年出生，1962年小学毕业，1968年中专毕业。1969年至1970年在本村教过学，在村办面粉厂开过柴油机，在本村开过拖拉机。1971年3月参加工作，在巩县一〇三厂开柴油发电机、驾驶汽车，1976年11月调入巩县电厂车队任队长，1981年11月调入开封地区运输公司某车队（1983年转为郑州汽车客运公司后改名为巩县汽车站）开车，1983年任车务主任，1986年任副站长，1991年任现职至今。

二、工作情况

刚参加工作时，工资收入为每月37.5元，一直拿了八年，目前工资为每月971元。在工作中，我很少计较自己的得失，实在生活困难时，就以自己的技术，自己的劳动，抽空多出车，多搞出差费。1981年我在自己的老家修房子欠下不少账，所以才要求调入五车队开车，每月可以多挣七八十元出车费。以我本人的性格是不会要求职业流动的。

三、家庭情况

我父母亲都是典型的老实忠厚的农民，母亲是文盲，父亲也没读过几年书，信仰基督教，为人善良。爱人初中文化，1985 年农转非并参加工作，目前月工资 280 元。长子高中文化，1993 年退伍后在巩义市交警队工作，目前每月工资 400 多元（已结婚分灶过生活），儿媳在县城教小学，月工资 400 多元；次子 1997 年考入郑州大学。家庭关系目前是和谐的，关键的是住房和经济问题，今后会面临的问题可能是医疗和文化生活问题。

四、对现行社会经济问题的看法

在我国人多是一个国情，农民都有自己的一份土地（保命粮），即使农闲时没活干也能生活，而工人一旦没工作就纯粹成为一个消费者，切断了生活来源，是社会上不稳定的因素。但城镇人也应该放下架子，拓宽就业渠道。目前的“减员增效”应该是为了今后更好的就业；“破产兼并”应体现出优化组合，创造更好的经济效益，而不能单纯地大搞“减员”，更要解决好被迫下岗职工的生活问题。社会保障制度要健全完善，养老保险金社会化管理是个好办法，国家应拿出一定的财政补贴，而不能一味向企业统筹。

现在事业部门的人员是旱涝保丰收，他们不但没什么风险，也没有失业的危机，国家给他们涨工资是涨一分得一分。他们手中都大小不同地握有一定的权利、权钱交易的现象仍然普遍存在，再加上他们法定的每星期休息两天，两天的工夫又可搞第二职业收入，所以这部分人，生活很丰厚。而作为企业的职工，国家虽然也给了调资指标，但工资要随企业的经济效益发放，企业亏损了，工资没钱发，等于镜子里的烧饼。承包经营承担着一定的压力和风险，一旦失误或出现事故，就会倾家荡产。歌星、影星轻而易举地成了大腕，这些对于产业工人来说，挫伤了他们的积极性。

五、对社会问题的看法

大公无私、助人为乐、舍己为人的关系不多见，而大量表现的是金钱关系，权钱关系、熟人关系、后门关系。社会道德风尚一般在四十岁以上和受过高中以上教育的公民当中表现比较好。近几年影视界、文化宣传界的导向失控，使大部分人法制观念淡薄，应引起重视。随着改革开放的深入发展，一些不正常的人际关系、经济关系必然反映到党内，部分党员在市场经济大潮中没有保持清醒的头脑、失去思想防线，存在“有权不用过期作废”“不捞白不捞”的错误思想和做法，脱离群众、有损党风。应该定期组织对党员干部在廉政建设方面的教育，防患于未然，同时借鉴国外高薪养廉的办法，加大打击犯罪活动的力度，促进党风好转。个人收入两极分化必然导致社会上的贫富不均现象，富人财大气粗，为所欲为，穷人心理变态、铤而走险，这是社会不安定因素之一。所以在分配方面，平均主义不行，两极分化也不行。

下岗职工大部分是由于企业经营陷入困境或企业经济效益不佳造成的。他们没有过错。下岗职工中有能力的可以找其他就业门路，无能力的就等于切断了经济来源而陷入生活困境，国家应重视扶植这些人再就业，给予生活上的关怀、照顾，帮助他们走出困境。我认为：作为社会主义国家，不能把国有企业卖光，不能缩减国有企业的比例，因为国有企业是国家经济支柱，国有企业在管理方面是正规的，国家可以根据需要来对其支配、调整，在国家经济杠杆中起决定性的作用；而个体企业则是根据市场需要而发展的，不可能考虑国家的整体利益。有时候其发展是无序的，会形成资源浪费。同时，个体和集体企业经济管理比较灵活；隐性账目资金较多，收税困难，有些人是靠钻国家的空子而发财，见利而忘义，损公而肥私，应该控制并规范经营。国家政策应向有利于国有企业发展方面倾斜，有目的地关心扶持国有企业的生产发展。始终坚持以国有企业为主导，让国有企业挑起龙头、带动个体企业发展，使个体企业只能起一定的补充作用，限制其无序发展，严防资源浪费和污染环境。国有企业经济效益的好坏应当作为当地政府官员的政绩来考核，作为一方官员，不能踢开国有企业不管，更不能搞地方保护主义，损坏国家利益。

治安问题是和经济发展相联系的，一要加强法制道德教育，二要加强严打力度、执法要严，杜绝后门、人情风、震慑犯罪分子。另外要加强对执法队伍的管理、避免“黑吃黑”现象及权钱交易的歪风。

六、目前最迫切需要解决的问题

在职业生活中，我面对的主要问题是市场竞争。目前的市场竞争有的是无序的和不公平的，国有车辆和个体车辆竞争中，国有车辆显出明显的劣势。国有运输企业自新中国成立以来为国家建设出了力，尽了责，现在企业老了，职工老了，生产成本高、费用大、包袱重，要和轻装上阵的个体运输车参与竞争是力不从心。另外，个体车经营灵活，收入无账，舍得感情投资，花小钱办大事得实惠，再加上熟人效应，很多就是掌权者的亲属惹不起。他们可以随意在国营车辆固定班点前发车，造成国营车实载率降低，资源浪费。同时个体车辆大部分经营短途线路，就在自己居住区形成势力范围，垄断经营权，这样，小片与小片相接，使国有车辆有路不能跑，有站不能靠，有客不能拉。作为国有运输企业的经理，从经济和社会地位方面自感也不错，但日常内外事务确实忙得很，面临经营等方面的困难，深感力不从心，总想过清闲的日子。

七、对本单位生产经营的看法

从整体上看，经营管理水平不错，但对于深层次的科学化管理水平而言很差，由于各级管理人员文化水平有限，直接影响着整个企业的管理水平，特别是教育引导作用不够，大部分基层管理者原则性不强、好人主义、责任心不强，标准不高、要求不严，有待提高。单位专业技术人员都在管理岗位，相比之下素质较高，经营者能够千方百计为大多数职工的利益加强管理，达到增收节支，提高经济效益的目的，管理者要靠规章制度去管理，那么对于违反规章制度的人就会产生矛盾，如果思想上政治上工作上跟不上，就不可避免地形成一种隔膜，但是也不能因为怕得罪人而不去大胆管理。对国有企业来说，企业是广大职工的，大家共为企业的主人，管理者只是经过大家推选的有能力、信得过的人，代表大家的利益处理日常事务，并集中大家的意见，带领大家发展壮大企业生产，取得较高的经济效益，从而不断提高大家的物质文化生活水平，同时工作要靠大家齐心协力去完成。不理解不愿意的工作，职工是干不好的，所以不依靠职工办企业，领导就是无源之水，无根之苗。多数职工素质是好的，工作踏实肯干，遵守制度，热爱集体，识大体、顾大局，团结进取。少数职工有待正确教育和培养。

提主人翁的口号可以拉近企业领导者与职工之间的关系，可以给双方提醒，领导者决策要依靠主人翁，作为职工，从民主管理上和自身工作上不能忘了尽主人翁之责。另外强调职工的主人翁地位，发挥职工的主人翁作用主要目的，一是要求职工以主人翁姿态积极投入企业改革和发展中，面对企业发展和改革过程中暴露的一切问题和困难，积极、主动、创造性地提出合理化建议，并配合经营管理者落实各项措施，以主人翁的责任感关心企业资产保值增值，将企业视为命运共同体。二是各级政府和企业的经营者要尊重职工的主人翁地位，充分发挥他们的主人翁精神，要全心全意依靠工人阶级，调动广大职工投身于改革的积极性、主动性和创造性。

职工的主人翁地位应主要体现在两个方面：一是职工参与企业管理，参与企业的改革与发展的决策；二是改革在总体上增进职工的利益，而不是损害他们的利益。另外，职工也不能因为是主人翁而拒绝接受正常的合理的监督，或不遵守劳动纪律，乱拿企业财物等，不能无故阻碍企业改革，不接受劳动力的优化组合等，因为每一个职工只是企业的所有者之一，而不是企业的完全所有者。

八、对《劳动法》的看法

作为企业，有一些情况很难按照《劳动法》的规定去实施，比如工作时间和休假制度。劳动法规定：劳动者每日工作时间不超过八小时，每周不超过四十小时，而我们司乘人员长年累月起早贪黑地干，每天工作十几个小时，如果按每天八小时工作制，企业将难以安排生产。另外《劳动法》还规定，国家实行带薪休年假制度，就目前大多数企业来讲，经济效益不佳，职工的基本工资都难以保障，所以带薪休年假更无从谈起。

九、希望工会帮助反映的问题

国家应千方百计扶植国有企业的生存和发展，保住职工的饭碗，他们不是自生的，也不能自然灭亡。因为这些企业和职工已为社会主义建设出了力，流了汗。国家不能甩手不管，遏制社会暴利和贫富差距，强化治安管理和廉政建设，严格依法治国。

贾某某，男，56岁，汉族，初中文化，党员，河南省人，湖北省武汉市某农场一大队支部副书记。

我出生在河南，在调河上小学，后在永城县盲山上中学。中学没上完，我就到了农场，1959年被农场机务队录取，学了2年拖拉机，1970年到一大队任机务队副队长，1971年任革委会副主任、主任、党支部书记，1978年先后调到农场修配厂（现在的拉管厂）和五大队任支部书记，1984年调回一大队任支部副书记至今。在大队我主要负责大队的党务、民事调解、社会治安综合治理、安全生产等工作。每年的收入拿正职收入的80%，每年约6500元，但由于农业产值指标不能百分之百地完成，收入也要扣一部分，一般100元至200元。

谈到积极性，我觉得现在不如以往。年轻时，我积极性很高。在学校里，我是学校团支部书记，少先队大队长。那时没积极性能行吗？说实在的，那时入团比现在入党的思想还要进步，无论是在队里，还是在机务队，我总是被评为先进、技术能手，我获得过全区技术比赛第二名。你看，我身体比较好，篮球、乒乓球样样都行，是农场篮球队队员。那时我觉得自己的上进心比别人强，干活也从不落后。现在就差多了，也不是说我没有这个能力了，从内心讲我的能力没有发挥出来。现在农场说 55 岁的“一刀切”退到后面去，我都 56 岁的人了，那还干什么？你想干别人不让你干，那干脆就不干了，这方面思想确实有想法。其实，在农业大队，初中毕业的，高中毕业的，到田里干活有几个懂农业？像我们 50 多岁的人经验正足，怎么能“一刀切”呢？

我有五个女儿和一个儿子。以前，几个丫头都在农场织布厂，现在织布厂破产了，除了四姑娘没安排外大都安排了新的岗位。小儿子以前也在织布厂，现在自谋职业，买了部汽车在开。织布厂破产，职工有近 600 人，下岗 300 多人，农场的安置工作还是比较好的，能自谋出路的农场便给予方便，有的职工做了小生意，有的开了小卖部。农场还给每个从农业大队到织布厂的下岗职工分了 6 亩至 7 亩地，并给予优惠政策，第一年的提留少交一点。但从全场来看，还有许多没有解决，一些下岗职工没事可干到处闲逛，下岗职工能再就业当然可以，可是怎么能都再就业？这就是个问题。有的下岗职工没有饭吃，这对社会治安有影响，他吃不上饭就会想尽一切心思搞歪门邪道，这对经济建设也有影响。

要说家庭急需解决的问题，那就是我个人的问题。我现在 56 岁了，按 55 岁“一刀切”，我都是被“切”的对象。我也快退休了，可我退休工资只有 300 多元，如果我在机关或学校，退休了我就可以拿 600 多元，我觉得这个不公平、不合理，人们常说农业是基础，可我在农业上搞了这么多年，退休了还不如机关里的一个退休工人，这从道理上讲不过去，照这样，那谁还愿意到农业上干呢？也怪不得有些人往机关、学校跑。有些人即使从学校、机关调到农业大队搞主要领导，也不愿转工资关系，这不是怪事吗？都说农业是基础，是第一线，可谁都不愿在农业上搞。

国家从计划经济转向市场经济，总的来说国家富强了，经济搞活了，市场繁荣了，人们的生活水平提高了，这都是好事。但是也有不好的方面，比方说，企业效益差，导致一些工人吃不上饭，我认为，这个问题国家应该妥善解决，像这样搞，时间长了，大部分工人都没了岗位，对社会稳定、经济发展都会有影响，一些工人集体上访、游行、坐马路，这样也影响社会主义国家的形象。就拿我们农场来说，几个大企业都垮了，织布厂破产了，拉管厂也是停产半停产状态，一个月上不了几天班，造纸厂外债、贷款也将近一千万元了。我女婿在场农行里，他说仅造纸厂一家就是700多万元的贷款，造纸厂不仅在农场银行有贷款，在汉口等其他地方也有贷款。每年光利息一项就是100多万元，职工工资每月200元，基本生活都难以保障，这样搞下去就有问题。贷款还不清，企业没效益，新贷款继续增长，职工没保障，这是怎么弄的？这种现象全区、全市、全省都有，普遍得很。全区12个农场没一个农场企业搞得好的，这到底是怎么回事，我作为基层的一名干部也说不清，我只觉得这样有问题。谈到社会问题，我就想说说现在的干群关系。我们跟群众的关系一直处理不好，群众反对我们干部的第一个就是吃喝风。现在社会上搞歪门邪道，搞吃喝招待比过去确实厉害。以前干部下队蹲点，吃饭三毛钱半斤粮票，不管走到哪里也没有现在这个现象，有些干部下队手持大哥大，乘坐小轿车，整天泡在酒店、宾馆里。他们吃的都是谁的，还不是老百姓交的提留，这可是老百姓的血汗钱啊！

第二个就是不参加劳动，实际情况掌握不住。这个现象，群众也看不惯，现在从农场到大队没有哪个干部直接参加劳动的。除了集体组织外，平时根本没有劳动过，我在大队就有这个体会，我们大队转一圈大约有8公里路。以前没自行车，我那时每天都要步行转两圈，了解群众生产上的问题，现在呢？我在支部会上讲过，在群众会上也讲过，我现在有自行车了，但一个礼拜骑车子也转不到一圈，这一比较差距可就大了。现在是光叫群众怎么干，光靠上面今天开个会，明天传达传达，就是搞这个事。

第三个是有些政策的制定也影响了干群关系。果树种植，水果产量是逐年提高，按农场规定果树提留也是逐年增加，可是今年果树受灾严重，普遍减产，没什么收入，特别是桃树大量减产，一亩地以前收入1000多元，今年基本上没有结桃，农民收入减少了，可提留反而比去年增加了，这不是雪上加霜吗！农民收入减少，提留增加。以前农民认为，我给不起，我欠得起，现在欠也不行，非要把几年的提留都交起来，当然作为农场要上交提留，但群众确实有困难怎么办？我认为应该考虑，你强收吧，他没吃的；你不强收吧，提留又完不成，影响大队的生产指标，也直接影响我们的工资收入。农民交不起，我们强行要交，这里面有问题。

第四个是干部与职工收入差距拉大，我如果现在退休每月可以拿 300 多块，机关干部退休可以拿 600 多块，作为我来说 300 元还可以过。特别是作为农工（农业职工）同干部收入的差距就更大了。有些老同志退休工资每月只有 80 元左右，现在很多农工，特别是快退休的都反映，退休工资低了，买米、买油都困难。这不仅是我们农场，全东湖都存在这个问题。干部、群众的收入差距大，群众有想法。这个一比较就知道，退休后，农工的工资多少，你干部的工资多少，这能让农工没想法吗！

第五个是有些干部素质差。我们有的干部素质确实很差，以前工作作风不正，搞歪门邪道的现在仍然担任领导职务，群众有看法，这些人都是靠拉关系，以金钱开道上来的，这里面就有许多说不清楚的原因。像这样不懂生产管生产、不懂业务搞业务的干部大有人在。自己都管不住自己，怎么还能管别人呢，这能叫群众服你吗！我在工作中就体会到那些素质高的干部，工作也不错，而那些通过关系走后门提上来的干部，办事就是不行。还有一个就是干部说假话，浮夸风。为了达标虚报数字，搞假的，这种情况特别多，为了得奖金，得报酬，升官，什么假都做，这也是群众反映的一个大问题。

基层急需要解决的问题很多，作为农工来讲，主要是要把生产搞上去。目前要把生产搞上去，就要解决三个主要问题：

首先是种子、品种问题。这个很明显，你说果树不值钱，有的又蛮好。你说果树值钱，有的果树种了四年还不结果，这就是品种问题。前几年由于决策失误，果树盲目上，品种不对路，果树不结果，时间一下耽误三四年，农民没收入。因此，他们一再要求作为领导应把好品种弄来。棉花也一样，一队的种子是从东山农场买的，听说东山是从江苏南京买的。结果，亩产 500 斤以上的还真不少，比以前亩产 300 至 400 斤高多了，除了一队外，其他队弄的种子就差多了，棉材倒是一人多高，可就是不结桃，返青，一亩才几十斤。农民靠天吃饭，靠种子吃饭，今年虽然天气不错，可种子却出了问题。

其次是水利设施问题。农业以前是旱涝保收，农业水利设施、工程都比较完善。现在这些不但没有搞好，反而退步了。以前建设起来的水利设施基本上被破坏了，有的是自然破坏的，有的是故意破坏的。我在一大队，现在一大队抗旱，汉宜公路以西的就没有着落。水井、水源没有了，抽水机也没有了，水渠也没有了，全部破坏了，为什么破坏了？当时区里要求将水田改成2000亩蔬菜田，把大队内部水利工程都挖了，抗旱的水管也挖走了，现在蔬菜也没有搞成，挖坏的水利也没有修。没法抗旱，作为今后农业生产的发展，这可是个大问题。

最后就是生产环境问题，以前广播各村都有，可现在线也没了，电线杆也没了，喇叭也没了，被破坏了，群众听不到党的声音不说，连天气预报也不知道。还有就是居民点的道路建设。这么多年了，生产队里的道路还是泥巴路。职工的稻谷、苞谷、产品都运不出来。现在虽然要求搞文明小区，要求弄好道路，可是没有资金怎么搞呢？几十年过去了，还是那个老样子，没什么变化，再就是打谷场，往年队里都有一个打谷场，可现在没有了，农民打谷，晒谷都摆到公路上去。这既不安全，又影响交通。

工会组织在农业战线当然有作用，特别是对困难职工的关心，群众还是比较拥护的，但是我觉得基层工会还要下大力气把工作搞好。在农村、在基层，工会工作没有其他工作主动。光来点钱，年底来点困难补助，发点东西，这还不够，工会还应该大有作为。要真正发挥工会在基层的作用，农场有工会，大队也有工会主席，可小队基本上就没有了组织，怎么能把工会从小队到大队，从大队到农场建立起来，这个很重要。

刘某，男，汉族，1968年1月1日生，中专文化，滇黔桂石油勘探局百色石油勘探开发公司某队工人。

一、生活经历与就业情况

我原籍云南省马龙县。1975年至1984年在家乡（马龙县王家庄镇）读小学、中学，1984—1987年在马龙县城读高中，1987年考入滇黔桂石油局技校，1989年毕业，同年参加工作，被分配在百色石油勘探开发公司至今。

自我1989年来到公司工作以来，觉得所学的知识能派上用场，工作中也较为顺利，自己对从事的工作到目前为止还是比较满意的，因为在田东县这个地方，虽说我们公司现阶段经济不太景气，但横向比较还是不错的。公司在田东县算是最大的国有企业，要来的人很多，况且在经济不景气的情况下，公司从未拖欠职工的工资及医药费的报销，听说现在全国有许多国营企业连工资都难发，这样一比，对我所在的单位和我所从事的职业还是热爱和安心的。现我月收入可达 700 元左右。现在又在田东找了对象，就更安心了。

二、家庭情况

我父亲是“文革”前的老高中生，现在马龙县王家庄镇小学当教师，每月收入 800 余元。母亲小学文化，无工作，有时做点小买卖，家里姊妹 6 人，我是老大，有两个妹妹已工作，小弟今年也高中毕业在家待业，小妹明年也高中毕业，前几天家里来信说，四妹也工作了，我知道后很是高兴，这样又可以减轻家庭的压力。我们家虽然兄妹 6 人，全家共 8 人，但无论过去还是现在，都较为和谐，特别是父母，过去子女小，收入低，但从未见他们争吵，他们吃苦耐劳，一心扑在我们兄妹身上，省吃俭用地抚育我们，正如我父亲所说，将来社会发展很快，没有文化知识是难以立足的，我们作为父母，只要你们好好读书，走正道，我们吃点苦，也值得。从目前来讲，虽然我们家兄妹比较多，但随着一个个步入社会，参加工作，家庭生活也越来越好，我作为家庭中的长子，而且离家又最远，一年最多回家一次，有时工作忙又回不去，但见到家庭生活状况变好，心里高兴。

三、对社会问题的看法

现在国家提倡“减人增效”“破产兼并”“再就业工程”都非常好，这也是国家为了保障企业渡过难关的一种积极途径，作为一个工人我是支持的，如果减到我，那我一点意见都没有。现在社会分工和收入不相匹配，我认为收入应按劳分配，在单位工作表现好，工作艰苦、有效益就应多拿，那些不好好干，懒散的人就应少拿，但现在并不是这样，干好干坏一个样，甚至干活的还不如不干活的人，干的人还被不干的人评头论足，很不合理。我们企业应减员，这方面公司已做了安排，现已减了 30 名临时合同工，这些人多数是当地人。目前职工购房，有相当一部分职工买不起，特别是老职工，更是无法解决这个问题。

四、对社会问题的看法

目前我及周围的同伴，普遍有这样的感觉，整个社会风气不太好，大吃大喝，用权换钱，任人唯亲，一人当官，鸡犬升天。党员能起作用的占 20% 左右，其他一般化。现在不像过去，党员冲在前头，吃苦在前，享受在后，现在全变了，好处他们有，老百姓只有出苦力，太不合理了。目前人际关系也紧张，社会治安不好，对下岗我是早有准备，如果轮到我，就回家搞种植业。因为任何企业不可能是长盛不衰的，市场就是竞争。刚结束的党的“十五大”，我认为开得好，给今后我国的发展指明了方向，我很有信心，相信今后几年内我国会有较大发展。

五、目前最迫切需要解决的问题

在田东找了个对象，婚已订了，现在就是没房子，这个问题也是广大职工的心愿，也是大家常议论的话题，现在如果能给我一房一厅就满足了。另外家里还有两个弟妹没有工作，要是国家能照顾一下就更好了。毕竟我是长子，家里大小事都得管，有时也真感不是滋味。

六、对单位生产经营管理的看法

我们公司整体职工队伍素质不低，大多是来自技校毕业生和高中毕业生，前些年（也就是1995年以前）企业效益很好，但由于管理不善，没有把握时机扩大发展，没有预见性，放弃了发展。俗话说，机不可失，失不再来。现在虽然管理较过去提高了，但时机可不好，石油储藏量越来越少，成本越来越高，有的井每天打出不到一吨的原油，现在已封了好几口井。这样下去，公司怎么办？职工怎么办？我感到迷茫。

七、对工会组织和工会工作的看法

公司工会这三年来，由于换了主席，工作还好，职工也还满意。职工反映的问题基本能解决，最近几年还常开展一些文体活动，给我们这些单身汉也提供了一些场所。同时还结合企业特点，开展一些技术比武活动，这些我觉得是实在的，是好的，希望能长期保持下去。对于职代会，我看不管是公司还是其他单位，85%都是走过场，没多大意思。就是让你举举手而已。职工在单位理应是这个企业的主人，但现实中并非如此，我们单位还好一点，有的单位，我看职工是劳力。我看职代会，要么就真正办好，要么就干脆取消，因为不能起作用，何必虚设呢?

八、对《劳动法》的看法

《劳动法》公布实施，这对职工来讲是件好事，我们公司贯彻也较好，几乎家喻户晓，人人皆知，也让我们工人知道怎样去劳动，如何劳动，应该拿什么样的报酬。有了清楚的认识，同时也知道用法来维护自己的切身利益，保护自己。不过现在“法”也多，希望有关部门，真正做到依法办事，在法律面前人人平等。

九、希望工会帮助反映的问题

公司目前应加强管理，近几年来虽上了个台阶，但长远来看是不行的。公司还应调整对管理人员、技术人员、职工三者之间的关系，应加强管理，安排好。这样可能效果会好些，应加强对材料的选购及管理。因为我们是一线工人，我们才真正知道什么材料能用，但现在用材料的人不能买，买了报不了账，不用的去买，买来的又用不成，影响了工作进度。有的材料我们在库里领出来的价格，比市场上的价格还高，有时真想不通这是为什么，公司应加强对材料的选购，应到生产一线去看看，听听我们的意见，这样会节省些钱，同时也能派上用场。现在公司的条条框框太多，能否少一点，多一点实用的条文。干部应多到我们一线上来走走看看，了解一下我们的生活。

李某，甘肃省兰州市炼油化工厂某车间设备管理主任，工程师。

我是党员，大专文化程度，于 1949 年出生于河北曲阳，现任兰州炼油化工总厂催化剂厂全白土车间设备管理主任（为企业科级管理人员），工程师。1968 年高中毕业后到甘肃平凉地区插队，1972 年回城，被兰州炼油化工总厂机械厂招收为工人，自学考入兰炼职工大学，1982 年毕业。在此以前，先后当过机械工、翻砂工、车工、镗工，职大毕业后调进兰炼催化剂厂搞设备维修与管理，曾从事过基层工会工作。现在月收入 1000 元左右，略高于同等工龄在不倒班岗位上岗的职工，但低于同样工龄在倒班岗位上班的职工。我以为设备管理是加强企业基层管理的一个主要环节，是企业正常生产的一个保证，自己所学专业与目前从事的工作非常对口，特长能得以发挥，工作也有积极性，再加年龄已偏大，觉得国有大型企业有保障，没有调动工作和调整岗位的想法。

我家共有四口人，父亲为高级知识分子，已于 1970 年 5 月去世。母亲从事教育工作，已退休在家。我爱人在兰炼幼儿园工作，初中文化程度。兰炼对职工的文化补习抓得较紧，1980 年她参加过文化补习和兰州市幼师资格培训，并取得合格证书，月工资 800 元左右。独生儿子已于今年考入西北师范大学上学。家庭成员之间关系和谐美满，根据我自己长期以来处理家庭关系的实践，对年轻人处理好家庭关系有些体会。目前在年轻人家庭中由于社会生活多元化、劳动时间减少，加上企业实行倒班制，个人支配的时间相对增多，而个别年轻人外出活动频繁，不能合理科学支配业余时间，常常引起家庭成员的猜疑，为一些家庭琐事发生矛盾。应当教育引导年轻人合理科学支配业余时间，加强对家庭的责任和义务的教育。

在当前情况下，企业实行减员下岗，提高企业经济效益，我觉得是符合企业管理发展规律的，可以增强职工的紧迫感，强化竞争意识，是很有必要的。但下岗是一种手段，而不是目的，全社会要处理好减员增效与再就业的关系，企业也要加强下岗职工的培训、教育、管理工作，开辟就业渠道。说心里话，让谁下岗谁都不愿意，职工中存在一些负面思想情绪在所难免。企业管理层在确定下岗人员时，一定要处理好几个问题：工龄在 20—30 年的老职工，退休年龄将近，现在要下岗或者转岗，在竞争中肯定弱于年轻职工，因此要处理好这部分职工的问题；在下岗工作中，一定要在严格考核的基础上，分不同层次的职工把握好尺度，如厂里的征地工，年龄小、文化低，就一定要进行培训并加强考核。而一部分老职工文化程度低、年龄大，培训提高难，也一定要有相对应的措施，处理好职工下岗和机关减员的关系。职工下岗一定要和精简机关管理人员同步进行。不要出现生产一线人员紧张而机关照旧臃肿的局面。下岗工作要有透明度，避免出现一些主观人为问题，如个别职工思想活跃，给管理层提些意见，发些牢骚，不能因此就下岗。总之职工下岗，企业要做好思想工作，要制定操作性很强、大多数职工又能接受的办法，要做到公开化，要经过职代会审议。

企业领导人实行年薪制，可以理解，从思想上也能接受，企业领导经营有方，企业搞好了，多拿一点，也没意见，但一定要增强透明度，以消除职工心中的种种猜疑。据我所知，养老保险基金社会化管理，职工中议论也较多，效益好的企业职工有些想法，特别是一些临近退休的职工。但我们细想一想，效益不好的企业职工退休后的状况，也就知道搞好社会统筹，做到老有所养的重要性了。

对当前社会问题，我最关心的是物价和社会治安。如何提高企业效益，近两年物价涨幅不大，控制较好，社会治安也取得比较好的效果，有一定的安全感。我作为一个职工，上班不怕吃苦，最害怕企业效益差。

人与人之间关系，我认为在企业内部，基本上是互帮互助的关系，如职工有病，互相探访，家庭确实出现困难，职工捐款都是比较积极的，但也渗入了一定的金钱关系，这主要是社会丑陋面引起的负面影响。党风廉政建设，国家一定要下大功夫，一抓到底，主要是在选人用人上，要杜绝权钱交易，拿钱买官的现象。收入差距拉大，两极分化加剧，在工薪阶层表现得不是太突出，但与个体户比，差距就大了。国家采取多种措施缩小差距，但总觉得效果并不明显。所有制结构调整，有利于发展和壮大社会主义经济实力，兰炼现在有集体企业，也有股份企业，但目前其他公司的发展仍然依托于兰炼，如果兰炼搞不好对它们影响很大。我总认为无论所有制结构如何调整，企业一定要有一个好的领导班子，调动和发挥好职工积极性，这样才能把企业搞好。

就本地区而言，兰炼管理水平较高，特别重视企业基础管理和程序化管理。但与其他省市的一些企业相比，在管理上差距还是很大的，如管理机构较多，办事手续繁杂。技术问题要求专业技术人员负责，但拍板决定依然要由行政决定。目前要解决好管理者与被管理者的关系，主要是目标要一致，对管理层的决策要及时组织职工学习，搞好思想动员，统一思想，使职工正确认识分工不同与责任大小，管理干部一定要关心基层岗位工作，帮助解决岗位上遇到的问题，甚至解决一些职工的具体利益问题。

在我们单位，经营者、专业技术人员、工人三者之间的关系比较协调、融洽。主要原因是生产比较稳定，效益较好，职工收入较高，企业管理比较科学，职工心态比较平衡。但据我所知在收入分配等方面也有不同反映，如部分职工总认为管理人员是脑力劳动者，没有工人辛苦，应少拿一点，而科学技术人员认为搞出一个东西也要付出很多劳动，应当给予补贴，在这方面自说自话。

工会组织是职工群众的组织，能代表和维护职工的合法权益，我们厂工会在这方面做了大量工作，发挥了积极作用。工会干部能替职工说话办事，在绝大多数职工中影响较好，认为工会是职工的家，工会干部就是娘家人，遇到困难和问题就向工会干部反映，基本上都能得到合理解决。工会工作基础比较扎实，作风务实，在维护职工利益方面做了好多工作。同时围绕企业生产这个中心工作，制定工会工作方针目标，重视小家建设，加强班组管理，开展合理化建议和技术革新活动，积极配合企业行政完成生产任务，起到了很好的作用。

职代会职权基本落实，职工民主管理企业的权利能得到保障，企业生产经营、发展思路、项目投资、技术改造、劳动结构调整、工资奖金分配、住房福利等都要通过职代会，广泛听取职工代表意见。有些制度讨论一次还不行，要三番五次地进行讨论，如医疗制度改革方案，经过几次职代会讨论才审议通过。职工在职代会上提出的一些疑难问题，企业领导也非常重视，经常给予耐心细致的解答。

建议今后工会工作要结合形势和企业实际的变化，制定明确的工作奋斗目标，分阶段实施。要注重发挥基层工会作用，特别是车间工会、工会小组的作用。工会要特别重视解决职工在工作中遇到的实际困难，对老弱病残、困难职工安排要给予关心。工会组织要重视和加强职工队伍培训，不断提高职工文化、技术素质，通过评选劳模、树立工人明星等方式，不断加强职工的主人翁责任感，提高职工思想觉悟。加强职工民主管理的经常化工作，努力将职工民主管理工作渗透到企业管理的全过程。

《劳动法》是保护劳动者合法权益的法律，职工在工作中发生什么纠纷，都可以用法律来解决，我厂贯彻执行《劳动法》较好，《劳动法》颁布后，组织职工进行了广泛的学习和讨论，围绕一些热点问题进行激烈辩论。如交接班时延长工作时间，企业出现非常情况时加班等问题如何处理，通过学习讨论认识到，在这种情况下适当工作不能算作加班。《劳动法》不仅有利于维护职工合法权益，也有利于加强企业的科学化管理，提高工作效率。我认为，目前在有些企业，《劳动法》不能很好地贯彻执行的主要原因：一是企业效益较差，二是职工对《劳动法》的认识不够，依法维护自己的合法权益意识不强，缺乏主动性。

李某，男，1951 年 1 月 6 日生，唐山市人，汉族，党员，初中文化，开滦吕家坨矿某区工会主席。

一、生活经历与就业情况

1966 年初中毕业于唐山第二中学，正逢“文化大革命”，两年后于 1968 年 10 月下乡插队，在河北省丰南县大齐各庄公社小王庄村一干就是 6 年，在这 6 年中，什么庄稼活都干过。在当时的农村，劳动收入非常低，一个工作日只合四五毛钱，苦干一年，除去生活费用，就所剩无几了。在此期间，曾先后担任过民兵排长，生产队长，还被评为县劳动模范。1974 年 3 月开滦吕家坨矿到丰南县招工，招工的对象是下乡知识青年。当时心想，换个地方干干也好，很多一起下乡的同学都通过各种方法托人情，找路子进城工作，自己扎根农村干一辈子的决心也发生了动摇，所以就借这个机会进了开滦煤矿。来到矿山，经过 10 天的安全生产知识教育，被分配到采煤二区，干掘进工作，自己有个美术的业余爱好，住宿舍下班后也没处去，所以经常到区工会帮助写写画画，很受当时区领导的赏识。1975 年 6 月区里添机电维护，就让我干上了电工。1976 年唐山大地震后，当时还处于“文革”时期，形势宣传、理论学习等非常紧，自己几乎脱产在区里帮忙工作，并于 1982 年加入了党组织。1983 年实行优化组合，被当时的区领导一下子推到了副区长的职位上，负责夜班的准备工作，一干就是 12 年，每天与工人同下同上，挨了多少累，吃了多少苦，受了多少委屈，担了多少风险，不用细说，恐怕哪个做窑的都明白。井下的工作如何咱不讲，就是这十几年不变的夜班就够人受了。1995 年患了肝炎，区、矿领导出于对我的关心，安排我当了区工会主席，一直到现在。

二、工作情况

在农村插队时，自己就想过，如果能返城工作，只有两种行业适合自己，一是开汽车，继承父业，二是下煤窑收入较多，结果到了矿山，可以说如愿以偿了。参加工作以后，特别是当上副区长以后，自己所掌握的文化知识和在实践中所学到的技术、管理等知识得到了充分的发挥和应用，工作上得到矿、区领导的充分认可和高度评价。

工作与收入的关系，分阶段讲，刚上班时，工资收入无论干部、工人及工种，基本上全都一样，当时号称是“四级采煤区”。1978 年开始初步调资，而后就“拉大网”，逐年调级，除极个别的少数职工外，无论技术高低，知识多少，贡献大小，全都能跟着涨级，收入当然逐年增加。90 年代初，随着改革开放的进一步发展，商品经济进一步活跃，全国各行各业都出现了喜人的转机，但煤炭行业由于历史及其他各方面的原因，改革步伐明显滞后，近几年又因成本、销售等诸多原因，造成煤炭企业发展步履维艰，职工收入明显降低。与其他行业比，如电业、铁路、化工、邮电等，工作比他们累，风险比他们大，而收入却比人家相差甚远，做窑的心理不平衡，时不时撒些怨气，这是可以理解的，因此，有的人搞起了第二职业，这些人在工作上肯定分心，由于自己没有什么技术专长，更没有充足的业余时间，所以只好一心一意把班上好。

三、家庭情况

父亲只有初小文化，患脑血栓病瘫痪在床上已有两年多。年轻时搞单干赶马车，解放后，被组织编入运输公司，开上了汽车，一直到 1986 年退休。母亲是一个目不识丁的家庭妇女，一辈子辛辛苦苦省吃俭用，靠父亲每月 70 元的微薄工资，拉扯我们姐弟五人长大成人，也确实不容易，二位老人对子女的期望只是，靠诚实的劳动挣钱，勤劳节俭过日子，不图大富大贵，只求平平安安。妻子是土生土长的农村妇女，1972 年我插队时与其结婚，只有小学文化，为人通情达理，能吃苦耐劳。1987 年农转非到唐山市落户，心里很满足。到市里生活，日常开支增大，靠自己的工资过日子，显得紧巴巴的，她就在街道上干起了扫垃圾的活，虽说苦点、累点，但每月能收入 200 多元，对家庭支持不小。她对我的工作总是百分之百地关心和支持。家务事，无论大小全部一人担起来，从不抱怨，不幸的是，1994 年底因病做了一次大手术，住院 3 个多月，大伤元气，身体至今尚未完全康复，每上一层楼，都得歇一会儿，别说干重活，就连洗衣做饭这些起码的家务也很难胜任。虽然如此，整个家庭是和谐的，儿子今年 24 岁，1976 年唐山大地震时，他才 8 个月，被倒塌的房屋砸成大脑损伤，落下了弱智残疾，小学一年级上了三年也没能识几个字，最后说什么学校也不收了，1992 年到市路北区民政局办的轧钢厂上班（临时工）每月工资 100 多元，虽说少了点，可这也体现了他自身的价值。1997 年初，厂子停产，班也就上不成了，按厂里的规定，残疾人下岗每月发 150 元生活费，可实际上，至今只发了 3 个月。找别的活，又干不了，只好整天在家待着，二十几岁的大小伙子，整天在家里晃来晃去，真叫人心急。女儿现在开滦教培中心读职业中专，学微机，财会专业。

家庭目前急待解决的问题：一是儿子的工作，二是女儿毕业后的工作，从现在形势看，今后相当长的一个时期内，就业问题不单是我自己家庭的危机，还是整个社会的难题。

四、对现行社会经济政策的看法

我国现行的社会经济政策，可以说日趋合理化。但是，既是社会主义初级阶段，就不可避免地存在一些弊端，如劳动就业的政策，应该择优上岗，但实际上，除个别特别优秀的能被从正常渠道录取外，主要还是托人情走路子，靠不正之风找工作。当然人们传统的观念也给劳动就业造成障碍。

在开滦，企业内部的收入分配，不存在明显的不合理现象。如分行业而谈，就不尽合理了。比如，出煤的挣不过卖煤的，织布的当然也挣不过卖布的，这说明，产业工人经济收入偏低。再如，企业职工收入不如事业单位，国有企业普遍不如私营企业，更不如外资企业。

我国的社会保障能力不是很高，从国家的要求和有关规定上看，社会保障应该是全面而有力的，但具体到某个地方，由于地方政府的财力不同，所以社会保障能力也非常不平衡，有时甚至体现不到社会保障的存在。

“减人提效，破产兼并”是企业改革和发展的必然，如不实行这些措施，国有大中型企业改革就很难见成效，关键是减下来的人和破产企业的工人，如何安置，现在有好多地方实施再就业工程，创造出许多好的经验和做法，也确实给一部分下岗职工解决了再就业问题，但就自己周围的情况看，不免有种杯水车薪的感觉。我想再就业是一项较长期的工程，因为不可能在现有的社会条件下，完全解决好就业问题，必须靠社会的进步，经济的发达，人民生活水平的普遍提高，社会总需求量增加。所以自己认为，企业改革的步伐，直接影响再就业工程的实施。

养老保险金社会化管理，是有利于企业发展的，过去的企业，特别是老企业，劳保负担太重，而且是逐年增加的趋势，实行了社会保险，无疑减轻了企业的负担，退休职工的收入也相对有了保障。唯一担心的是社会保险和企业劳保的待遇是否一致？

五、对社会问题的看法

自改革开放以来，由于市场经济的逐步深入，人与人的关系日渐金钱化，过去讲的阶级友爱，志同道合，逐步被商品味所冲淡。个别党员、干部也在商品经济的大潮中翻了船，党风、社会道德风尚出现严重的滑坡。为此党和国家下了很大的决心，也采取了一系列的遏制措施，使党风、社会风气有了较明显的改变，但是，腐败之风仍很猖獗，索贿受贿，权钱交易，见利忘义，贪赃枉法，用公款吃喝玩乐等腐败现象时有发生，所以说防腐倡廉工作是党在搞好改革中不可轻视的工作，而且力度还应进一步加大。

收入多少，只要取之有道，合理合法，就无可非议。一个人对国家、对社会所做的贡献不一样，享有的报酬当然也不应该一样，即使出现距离拉大，两极分化的现象，也不必大惊小怪。不过，对收入少的也应该保证起码的生活水准，下岗职工对此尤其敏感，自己丢了工作，生活没有保障，看着人家大把捞钱，花天酒地地享受，心里能平衡得了吗？

六、目前最迫切需要解决的问题

一是买房子，二是孩子就业。为了刺激职工购房的积极性，实行了一系列的优惠政策。据说已有相当一部分职工已购下现住的公房。至今尚未购房的不外乎有两种情况，一种是对政策不理解或持怀疑态度，有钱但不想买或不敢买，另一种就是确实没钱，真的买不起，我就属于后者。在种种优惠的情况下尚且买不起，现在基本房价上涨，优惠政策减少，所以说就更买不起了。孩子就业是个普遍性的问题，身体好有文化的青年就业尚且困难重重，我的孩子有残疾，就业就更不容易了。

我把一切期望全都寄托于企业的发展和兴旺，大河涨水小河满，企业搞好了，自己的收入就会增加，日子也会好过一点儿，否则，照样天天来上班只是挣不了几个钱，因此，我特别盼望我们的矿山能辉煌起来。

七、对本单位生产经营管理的看法

煤炭市场疲软，煤价下滑，产多销少，库存积压严重，成本居高不下，企业利润不好，这些给经营者带来了许多的困难，再加上生产过程中的诸多不利因素，能维持正常生产秩序，按月给职工发工资，已经是一件很不容易的事了，同时也说明矿上经营管理水平是较高的。

经营者是“管”的，专业技术人员是“算”的，工人是“干”的，三者缺一不可，但是“管”要管好，“算”要算精，“干”要干出个样子来，也不是件容易事，需要尽职尽责，全身心投入才行。

依靠职工办好企业，这个说法是正确的，多高明的厂长、企业家如果没有工人，也是枉然，必须得依靠工人才能把企业搞好。整体看职工队伍的素质是好的，党和国家的几位领导人，在不同的历史时期都曾高度地评价“开滦工人阶级特别能战斗”。但是，受社会大气候的影响，极个别的现象还存在。

随着国有企业改革深入发展，开滦矿务局将在近期改制，年底可能发行股票并上市，这将给开滦注入新的活力，同时进一步搞好企业内部的挖内潜、降成本、增效益工作，加强企业在市场上的竞争力，通过一系列的改革措施，国有企业将会振兴，开滦再现辉煌，对此我充满信心和希望。

八、对工会组织和工会工作的看法

工会组织是群众性组织，充分体现了群众性，较好地履行了《工会法》所赋予的有关权力、责任和义务及四项基本职能，在宣传发动职工开展安全生产竞赛、时事教育、文体活动、扶贫帮困，都发挥了不可替代的作用，但在改革创新等方面还有一定的差距，有待于进一步提高。

职工习惯称工会干部为娘家人，小事大情都爱到工会说说，让工会帮他们想法子，这就是职工对工会的肯定。

工会应该对职代会提出的议案及各种决议的执行、落实情况进行严肃检查、监督和督促，以保证各项决议、议案的真正落实，这是群众的期望。职代会作为群众参与企业管理的一种方式，很受各级领导及职工群众的重视，每次会议都组织得很正规、隆重，气氛也很热烈。

随着企业改制和所有制结构的调整，主人翁的概念势必要受到冲击和影响，但国家社会主义的性质不变，职工主人翁的地位就不会改变。

九、对劳动法的看法

劳动法是维护劳动者合法权益的基本大法，在国有企业，基本不存在与劳动法相抵触的规章和制度，劳动法的颁布，对私营企业、外资企业的作用是非常重要的。当然最重要的是做到有法必依，违法必究，执法必严，才能真正体现法律的严肃性。

谢某某，男，28 岁，高中文化，现在广东省长大路工程有限公司工作，担任材料工地警卫，本单位工作年限：三年，户口所在地：龙川县龙母镇。

我外出打工追求的理想目标首先是为了养家，其次是攒点钱盖房子。城市居民和单位职工看我们时有鄙视（的目光），而在家乡并没什么，至于整个社会的看法，我不太清楚。进企业务工后我感到最不习惯、最不好受的事情是居住条件较差（住的是工棚，并且是大散铺），工作危险性大（指高空作业），时常挂念家里的亲人。我现在所在的单位对农民工还算好，比以前我在其他单位打工要好。我对目前的岗位和待遇还是满意的，目前较稳定，想争取长期干下去。当然，如果有更合适的地方（比如岗位好，收入高）我还会走。

中队长代表我们与用工单位签订了劳动务工合同，双方的权利义务条款我略知道一些，但具体的就不记得了。我们的工资是由单位发给中队长，扣除部分上缴金额（指镇里的各种收费）后才发给的，基本上没有拖欠。单位对农民工歧视性的管理规章制度，据我所知是没有的，具体不太清楚。我很羡慕身边的管理者和城里人，他们有较稳定的收入，一家能团聚，教育、医疗条件都不错。

我周围的农民工中，中队长的威信最高，他肯为大家出力、办事。比如有时谁家里有事急等着钱用，可又未到发工资的时候，中队长就先预支工资，先将钱寄回家里。

我觉得参加工会有好处，起码觉得自己参加了一个组织，有了依靠。听说有时节假日还发点钱物。我最希望政府、企业或工会帮助解决的问题，一是多创造就业机会，使我们工作有保障。二是平等待遇，不能因为我们是农民工而同工不同酬。

杜某某，男，35 岁，小学文化程度，本单位工作年限：12 年，湖北中天联碳化工公司某车间卸煤工，户口所在地：荆门市东宝区革集乡。

我外出打工追求的理想目标是把个人家庭搞好。我作为工头，出来了就要以厂为家，协助车间主任把农民工管理好。完成生产任务，社会对农民工没有其他看法，对农民还可以。在企业里做事，感觉到管理较严。现在的农民工素质可以，还能适应企业的管理。企业比较注意农民工的生活条件，在厂内给我们做了一些临时房子，我们都集中起来住宿。我对待遇满意，我和我爱人都在厂里，爱人为我们这些农民工做饭，两个人的月收入 800 元，其他人每个月可以拿到 500 多元。本来我是不想搞了，程总经理 3 次派车到我老家接我，我就把我的爱人、小孩都带来了，住在厂里。我们的小孩在厂里上幼儿园，在厂附近的小学上学。目前厂里有一些困难，才上了新项目，我相信企业能渡过难关，我愿意留下来，准备长时间搞。

我们没有订劳动合同，企业里订了集体合同，我们有安全感。我们主要是由厂保卫科管理。厂里没有拖欠、克扣农民工工资。安全保卫、生产、计划生育等都有制度，不存在对农民工歧视性的管理规章制度，比如在厂内抽烟，制度规定抽烟一次罚款 500 元，这项规定对所有人，不管是正式工还是临时工，都是一视同仁。我们和厂里职工关系处理得还好。程总经理和其他领导在大会小会上强调，全厂职工都要靠农民工吃饭，要求保卫科管理好农民工。我们住在厂区内，镇上（该公司地址在东宝区烟墩镇）发生的一些事情，都被保卫科挡在外面，不会影响到我们。前几年，镇上不三不四的青年敲诈农民工的工资，现在都没有了。

在领导中，厂办主任威信高，我们有事都找他，这与他的工作岗位有关系。作为厂办主任，什么都管，主要协调厂内各个部门、车间的关系。所以我们都找他。直接和我接触的临时工，有了什么事，就找我，我解决不了的，再找厂办主任，厂办主任一般都能马上解决。我们不是厂里的正式工，大的问题也不能由企业或工会解决。

林某某，女，21 岁，共青团员，长春市某服装厂七班班长，本单位工作年限：1 年，户口所在地：吉林省舒兰市。

我在职高学的是服装裁剪，来城里打工的目的是想通过两年实践，掌握一定技术后，自己搞服装生意，开服装店。我进城一年，还没有感到对农民工的歧视，也许是接触社会少的关系。

我现在所在的工厂对我们农民工挺好，因为我们都是从学校毕业直接由学校联系到城里打工的，工厂也把我们高看一眼。我对目前的岗位和待遇不满意，工作时间太长，工资太低，争取找个出国干劳务的机会最好。我来这里打工是由学校与工厂集体签订的合同，双方的权利义务不清楚。

我与工厂的管理者接触不多，和企业的老职工关系挺好，她们也很关心我们。我们周围的农民工大都来自一个学校，同班毕业的同窗，出门在外，彼此都很团结，有困难互相帮助。我想参加工会，因为我知道工会是为职工利益服务的。我眼下希望能给我提供一个出国劳务的机会，从长远看希望能给我解决城市户口问题。

赵某某，女，初中文化，共青团员，天津某棉纺织厂挡车工，本单位工作年限：3 年，户口所在地：河北省泰水县。

既然出来干，就得干出个样子来，尽自己最大努力，我认为别人能做到的我就能够做到，（我要）为农民工争口气。城里人看不起我们农民工，但我们应该自己看得起自己。开始来的时候，感觉有些累，后来习惯也就好了。我感觉现在单位对农民工还可以。我对现在的工资和岗位不满意，工作中由于粗纱跟不上，就得自己反抱纱，无形中增大了工作量，现在我看 7 面车，二纺我们一块来的才看5面或6面，她们比我拿的钱多，我要能适合厂里工作，我还能干几年。我与厂里订了劳动合同，合同期2年，我本人手里没有合同书。我觉得合同书应该双方都有（一份）才对。

我觉得我跟管理者、城里人相处得还可以。我们这些农民工，有事就同几个要好的一起商量，没有威信（的问题）在里头，就是我们几个人说得来。

我现在还没有加入工会，但我有愿望加入工会。城里人能入团入党，我们为什么不能呢？平时我也问周围的工会会员，工会是干什么的，入会以后我们有什么待遇？他们都说不出来，所以我想现在入会不入会还是一个样。

我希望解决的问题是，原来宿舍是1、3、5、7层都有热水桶和蒸饭箱，现在都放在一楼，我们感觉很不方便，希望还恢复原来的设施。尤其到了冬天，我们要洗衣服都挤在一处，太挤。

希望有关领导给我们工作创造一些好的环境，解决供应问题。（另外）我感觉现在生产不重质量问题比较严重。图书馆里武打小说言情小说比较多，文学方面的书籍比较少。下中班、上夜班走在东宿舍（楼群口），没有路灯，总感觉会碰上坏人，让我们没有安全感。

冯某某，男，26岁，高中文化，党员，1988年12月进上海港，现在在民生港务公司四川承包队，当跟班队长，户口所在地：四川省黔江县青岗乡包家村。

我的打工理想是，到大上海来见见世面，学点文化知识和本领，挣点钱，到时回到家乡，为家乡建设作贡献打下基础。社会上认为农民工是上海三年大改变的一支生力军，有一定贡献，但对农民工散漫的作风和生活习性抱有成见，认为许多犯罪行为都是我们农民工干的。因为在上海已经生活九年多了，所以没有什么不习惯的，最不好受的是没人理解，有时做了好事，办了实事，两头都受气。

我们公司对农民工是关心的，无论是政治上、思想上、工作上、生活上都手把手地教我们。我对目前港口装卸生产和个人收入不是很满意，企业长期亏损，农民工收入减少，如有合适机会想换个工作干干。我已被四川省黔江县劳务输出公司聘用为干部，一年一聘，双方的权利义务也知道。当前，我主要是管好100多名农民工的装卸安全和队伍稳定，不出任何事故。为他们办点实事，做点好事，让他们安心地立足海港多作贡献。我们每月15日发工资，公司里没有拖欠农民工工资现象。港务局所订的规章制度较多，较全，较严，目前基本上能适应。我长年在上海，与许多管理者打过交道，总的印象较好，但也发现个别城里人太虚，不实，喜欢说大话。对那些自学成才、为上海和海港发展作出贡献的（人），农民工心里很钦佩，我也要向他们学习，争取做一个有作为的农民工。我在上海港入了党，提了干，并在写作和演讲上取得了成绩，今后一定更加努力，为上海港发展作贡献。

我参加了工会，并被选为部门工会主席，我力所能及地为农民工说话办事，并积极组织农民工参加公司各项文体活动。我认为农民工组织工会很有必要，有一个为农民工说话办事的集体组织（很有必要）。

希望政府多关心和培养农民工，开办些培训班，在政治上，思想上，技能上培养他们，希望海港多揽些货，增加货源，让农民工有活干，否则长期（没活儿）下去，收入低微，没办法生活下去。

王某，女，19岁，中专毕业，共青团员，北京市某清洁车辆场，司机，本单位工作年限：1年，户口所在地：承德市平泉县。

来北京前就想到北京来开车，改变别人心目中对农民的看法，女孩子也不能比别人差，要出来闯闯，长长见识。社会上对外地小姑娘干环卫工作看不起，从看你的眼光里，说出的话里都能明显地感觉到，社会上的有些人，不一定非得是当官的，就是胡同里的老百姓也一样对环卫工人有偏见。进企业务工后我没有什么特别不习惯的事情，就是离家太远，回家交通不方便。

单位对农民工挺好的，来的时候是夏天，有蚊子，第二天场里就给每人发了一个蚊帐，很关心农民工。我对目前的岗位和待遇满意，愿意长期干下去，没想过再找别的单位，刚开垃圾车时觉得有点脏，有点受不了，现在习惯了，开车出去很威风，场里各方面安排得都不错，我很满意。跟场里签了5年的合同，记得双方的权利义务。

我们单位没有拖欠、克扣农民工工资的情况。场里对农民工和其他工人一视同仁，没有什么歧视性的规章制度。场里的领导对农民工都挺好的，就是有个别城里人看不起环卫工人，说一看就知道你们是外地人，北京哪有这么漂亮的小姑娘开垃圾车的。听了心里真不好受，我有两个哥哥，也是家里人最疼爱的，听了北京人说这话，真觉得自己是“三等”公民了。觉得环卫工人在别人的心目中真没有地位，让人看不起。老师傅都很热情，车出了问题都帮助修理。我想参加工会，觉得入了工会有好处，可以参加工会组织的各项活动，多受教育，现在虽然没有加入工会，但工会组织职工搞的一些活动也让我们参加了，我觉得入工会挺好的，将来要是有什么困难，可以找工会的同志帮助解决。工会的同志都很热情。我希望能解决农民工参加工会的问题。合同期满后，应让农民工有选择去留的权力。

我学的是汽车专业，比较对口，能发挥特长，我喜欢开车。刚参加工作一年，谈不上什么贡献，对自己的要求就是干好本职工作，别给家乡的父老们丢脸。

第五次中国职工状况调查个案

（2002 年）

段某某，女，兰州物业管理服务中心财务部部长。

一、个人基本情况

我1987年学校毕业后，被分配到兰州机车厂工作，在单位任会计，一直干到1999年。当时，单位效益不太好，我也快到中年了。孩子上学需要钱，房子也要靠自己买。单位上发的工资为400元，我们拿的是考校工资，好的时候多一些，反正拿不全，发下来就是四五百元，当时，我感到人正值壮年，也是挣钱的时候，自己学的是会计专业，一定能在社会上找到适合的工作，能够满足我的要求，所以当时就出来了。在社会上干了一段时间后，于1999年下半年应聘到兰州市城关区物业管理委员会工作。到这里工作以后，通过个人努力，现在当上了财务部部长，工资从这个月起每月1600元，过去拿1200元。我对目前的收入状况是比较满意的。物业管理是一门专业的行业，专业性比较强，企业的生存力也比较强，肯定能够长久发展。作为我们女同志来讲，不愿意随意变化工作。尤其是随着年龄的增长，再求职肯定没有年轻时那么方便，加上我也看好这个企业，所以就一直干到了现在。我的切身感受就是希望有一个收入稳定、岗位也稳定的工作，可以全身心地投在工作上。出来后，我也经受了那种思想和心情上的波折。没有组织管理，自己找的工作究竟是不是满意，当时思想上也有苦闷和焦虑、烦躁。尤其当时是我自己同单位上签了合同出来的。到了2001年时，我们单位上有了一次买断机会，我已在这儿当了财务部部长了，也就再没回去，就买断了。

二、被访人家庭情况

我们家里（就是丈夫的家里）有父母，也有个儿子。母亲没有工作，父亲已经退休了，我丈夫是一个建筑工人，工作和收入比较稳定。但是我婆婆没有工作，公公已退休，每月也就是几百块钱。他们就这么一个儿子。我们没有房子，住的是公公的房子。公公的房子是一套半，他们住20多平方米，我们住30多平方米。不过，我们已经集资了一套房子，是我老公他们单位建的，只要是他们的职工都能集资，这房子差不多明年就会建好。说来，我们家庭负担也是很重的，孩子现在上六年级，需要上兴趣班什么的。我老公父母年纪都比较大了，他们就这么一个儿子，所以，我认为我们的负担还是比较重的。现在挣的钱就是比公公的多一点。

三、对以后生活前景的打算

我就是要经过奋斗和努力把这份工作干好，因为我的命运是和我的企业联系在一起的。企业好了，我的命运、我的将来才会好。

我个人原来的单位有养老保险，我自己继续交就行了。现在单位给职工办保险，将来企业就可以负担我的部分养老保险，另一部分就由我个人来交了。

正式工在企业就是相对稳定一点，比临时工要稳定，企业效益不好裁员时，不可能裁到正式工头上，但签了劳动合同以后，大家都一样了，也就没有正式工、临时工之分了。其实，从某种意义上说，临时工也属于签合同的范围之内，我们这些正式工签了合同之后，都转成了合同制工人，就连厂长都成了合同制工人了。

但对于我们个体来说签合同以后跟以前没有什么变化。对我们工人来说没有什么变化。但就是如果违反合同，有合同可以制约他。我们厂的工程师走的时候，就是在买断前，他走了，合同就制约他，他违反了同工厂签的合同。他向工厂交了一定的违约金，我们厂也就让他走了。

签一年的合同，在劳动待遇上能保护我们的权益。我们付出劳动之后，企业就要给我们支付薪金。他们不会扣我们工资的。我们这里几乎没有这种现象。有了这样一个合同，我们觉得工作就更踏实了。劳动合同对我们的保障，首先是我们的工资，能按时发放，其次是我们的劳动时间，是 7 个半小时，接下来就是双休日，节假日，女职工孕期能调换工作岗位，也给产假，职工还享受婚假、丧假，这和过去的单位是一样的。

过去在国有企业时，想着自己是厂里的职工，就应该怎么样。现在在非公企业，干好了，就给你工钱。在国有企业，干不干都给工钱，干不干都一样，人浮于事。还有一个最大的变化是自己的劳动量大了，我干一天的工作等于过去干了一个礼拜的工作，一天忙忙碌碌的，工作状态特别饱满，工作效率也特别高，过得挺充实。过去我那个岗位，不是不干，而是那个体制造成的，天天是吃饭、看报。到这儿以后，工作时间特别饱和。

过去，学历好像挺重要的，评职称，涨工资。现在学历对我来说好像不重要了，我有了会计师职称。我是 1998 年考上会计师的，到这儿来他们看了我的资格证，并没有看我的学历。国家承认的资格证，比学历的作用大，现在学历的含金量不高了，会计师上面是注册会计师，我打算考一下试试。

过去我们单位工会比较健全，经常开展一些职工运动会等活动。我到这个单位，这个单位也成立了工会组织，也开展了一些工作，工会办了一个报纸，让职工投稿，反映职工的文化生活，反映职工的心声。到了夏天，工会还发一些降暑的东西，像西瓜等。我们单位也有特困职工，过年过节，工会就牵头去走访，探望，这些工作都搞。职工有什么想法和思想动态都找工会，工会对他们都特别好。上次我们有个姓马的职工得了白血病，工会就给了她一定的援助和关心，它起的作用和国有企业工会的作用是一样的。

过去职工的贡献和工厂的发展是一致的，工人的命运和工厂的发展密不可分。职工不单是在经济发展上起作用，他是对整个社会发展也起作用的社会的一分子。就我们这个企业来讲，我们经营着城市最大的东方红广场，这是我们的城市客厅，物业接管以后，它的面貌发生了翻天覆地的变化，成为对外的一个窗口。外地人来兰州一看，这里有这么漂亮的广场，有草坪、树木，环境很好。我们经营的小区，经过我们职工的努力，给住户也提供了优美的环境，受到了住户的好评。东方红广场的面积有9.7万平方米，我们管理的小区特别多，我们物业对兰州的经济发展、对外开放、营造投资环境做出了巨大的贡献。如我们管理的黄河风情线，张掖路步行街等。过去我在工厂时，按时出勤，干好本职工作，谁都不会把我怎样。到了非国有企业后，也需要努力干好自己的工作。就我们职工来说，社会地位是一样的。但对于搞卫生的职工来说，就不一样了，业主中什么样的人都有，也有瞧不起我们的。不过，在这方面，不存在国有不国有的，而是岗位让人瞧不起。我认为这是从观念上造成的。但我们只要自强自立，不卑不亢，只要为大家提供了优美的环境，我想总会换来理解和尊重的，但总的来讲，通过我们的劳动，大家的观念在发生着变化。

我希望各方面能大力扶持我们的企业，使我们企业发展壮大。从下岗职工的角度讲，我希望社会上多一些我们这样的企业，才能多安置一些下岗职工，这样社会才会稳定。

赵某某，男，玉门石油管理局作业公司特车队副队长。

一、工作经历与感受

我于1975年在玉门石油管理局中学高中毕业后，响应国家号召，到玉门花海乡金湾村插队近 3 年时间。1978 年考入油田技校学习，三年后毕业分配到油田，先后干过采油工、汽车司机、办事员、指导员、支部书记、工会主席等，基层管理干了十来年了。刚参加工作那会儿由于是计划经济，就业、求职比较简单，个人不操太大的心，即使插队在农村劳动，两三年后也会招工，工作组织上就安排了，干什么工作只要自己努力，福利、工资甚至生老病死都有单位管。近年来，国家实行改革政策，虽然生活水平发生了很大变化，但打破了铁饭碗、大锅饭，企业也几次减员、改制，职工人人有了危机感，工作压力和精神负担很重。

二、家庭情况

我父母都是油田老职工，现已退休，有退休工资，在新疆吐哈油田基地养老，我每逢年节都去看望他们。爱人原是玉门石油管理局技校的老师。2000 年与企业有偿解除劳动关系，一次性买断了工龄，企业给了 12 万元。为什么当老师也会买断工龄，主要原因一是当时传说企业不再办社会，学校要移交地方，二是看到学校的科长、校长都买断了，也就随大溜买断了，后来闲在家里无事可做，玉门这个小地方也不再容易干别的，去股市炒股，行情不好，也套住了一些资金。现在对买断工龄非常后悔，从前两个人工作，月家庭收入 3000 多元，现在只有一个人的工资，每月还拿不全，买断人员还要自己到社会上去缴养老保险。我的孩子已上高中，开支也增大，感到家庭经济很紧张。

三、家庭的生活状况

我家有老人需要赡养，又有上学的孩子，马上面临高考、上大学。单位对干部实行年薪制，工人实行季薪制，每月只发 60% 的工资，其余 40% 作为风险抵押，年终、季终完成任务后才能兑现。加上我爱人买断工龄，家庭生活全靠我每月七八百元工资，生活比较紧张。单位虽为在职职工办理了三险，但我爱人买断工龄后养老金要自己支付，医疗保险还没有着落，感到有后顾之忧。

目前家庭迫切需要解决的问题就是能让我爱人再找到一份工作，她刚 40 出头，从事的又是教师职业，算有一技之长，闲在家中很苦闷，也很可惜。我父母年龄大了，孩子又面临上大学，家庭开支会不断增大，压力很大。玉门市地处偏僻，经济不发达，在地方上很难找到工作，油田又规定不再解决买断工龄人员的工作，看来我爱人再找一份工作实在太难了。

四、对职工的社会地位、权益实现状况的看法

近 5 年来，玉门油田经历了几次大的变化，支援吐哈油田建设、油田内部重组分流、5000 多个职工有偿解除劳动合同等。职工的思想和经济收入都受到了不同程度的影响。

玉门油田是国有企业，有多年的好的工作方法和传统，在全国都有很大影响，油田对职工的社会保障、劳动安全卫生等方面的权益比较重视，多年来形成了一套严格规范的规章制度，企业能给职工办的都办到了。

由于受大气候影响，企业近三年来一直没有招工，许多职工子女到了就业年龄，有的二十七八了还没有工作，靠父母养着，给老职工造成很大压力。还有许多买断工龄的职工，年纪轻，企业内不可能再安置他们，玉门市地方经济更不如油田，这些人闲在家里，也造成社会待业人员过多，个人苦闷，家庭担忧，社会不稳定因素增大。

一个人的社会地位与他的经济地位是密切关联的，职工没有工作，或者有了工作，经济负担很重，就会感到自卑。比方说我们局和油田公司，同在一个地方工作，都是石油工人，只不过分成核心、非核心两家，但人家就比我们牛气，分到核心盛气凌人，分到非核心垂头丧气，工资、福利差距拉大，我们感到心里不平衡，心中留有阴影。至于调工资什么的我们都不去想，只要能保证在年底把抵押的 40% 工资拿到手就很高兴了，因此职工也从心底希望企业发展，企业好了，职工的工资、福利都好，生活能够得到改善，付出的劳动能够有所回报，就知足了。

五、对所在单位劳动关系状况的看法

玉门石油管理局的劳动关系状况基本和谐、稳定，只要是上班的职工，企业都有严格的制度规范，没有大的问题。但也存在劳动强度过大和加班加点的情况，企业改制定编后人员减少，一个人干三四个人的工作，比如原来一个车组配有三人到四人，最少的两个人，现在全部是一人干，又当司机又当操作工。队里有三名女工，上班和男同志干一样的活，一上井，连续工作 24 小时，家里顾不上，就把孩子托给别人照看。平日里基本没有双休日，有活干，就放弃休息，也谈不上 8 小时工作制，好的时候给予调休，但从未给过加班工资，因为单位的工资总额是固定的，不可能再增加工资额。

职工的参与意识比较弱，平时也只是干活拿钱，不太关心其他事。由于所

处的地位，企业的大事也不知道，也不善于表达，因此在职工代表会上或企业征集提案，都不大发表意见，有的也说不到点子上，大多只是私下里闲聊时流露出来一些看法、想法，我们也只有通过平时掌握职工想法，并把它们总结反映上去，作为基层干部，反映职工的意愿是我们的责任。

六、对工会工作状况的看法

上级工会、局工会对职工非常关心，逢年过节慰问、送温暖，我们也常在报刊上看到工会的活动，企业工会开展丰富多彩的文体活动，基层都建有职工小家，职工闲暇时有娱乐、休息、学习场地。

但也感到基层工会开展工作遇到行政支持、经费保证等问题，还有活动与工作时间有矛盾，我们车队一人一岗，有的同志工作性质早出晚归，搞起活动总是参加不上。还有一个现象就是现在工人只知道干活拿工资，没有培养出什么喜好，许多活动组织起来很吃力，引不起什么兴趣。总之，工会工作干起来管得也挺多，不干也没有什么。

刘某某，男，燕山大学部主任、博士生导师，教授。

我 1969 年初中毕业后就被分到黑龙江省松花江林业管理局一个农场参加劳动锻炼。那儿是一个林区，就在哈尔滨东南 300 多公里的地方，一直干了 6 年。直到 1975 年 9 月，我才来到齐齐哈尔东北重型机械学院学习自动化控制，1979 年毕业后，留校任教。1980 年又考了这个学校的研究生，学习电子科学技术，1983 年毕业后还是在学校当了老师。1985 年燕山大学迁到秦皇岛并开始招生，我也调了过来。

1992 年，我们学校也组建了产业集团，学校推荐我到产业集团当了副经理，并任产业处副处长，专门负责贸易和技术开发，一搞就是 5 年。1997 年 11 月燕山大学进行了校内机构改革，成立了现代教育技术中心，把我调去当了主任，干了两年。

到 1999 年，我们学校研究生教育规模迅速扩大，学科建设上的投入也不断增多，在这种形势下，学校又把我调到了现在的研究生部当主任，负责学位办、研究生招生、管理、分配以及学科建设，至今已经满 3 年了。另外我还指导研究生的学习，目前带着十三四个硕士研究生和 5 个博士研究生。

我家里一共三口人，爱人在燕山大学工会上班，儿子今年大学毕业，已考上了研究生。父母还在老家，都已退休。目前老两口身体很好，平时生活得也很不错。三个弟弟在锦州当兵，现在转业了，都留在了当地。

几年来，工资收入和生活水平都提高了一大截。我现在工资 2000 元，津贴 3000 元，加起来每月收入 5000 元，生活开销没有任何问题。我原来住在燕大教工宿舍，房子 93 平方米，现在住的是 160 平方米的大房，还有 33 平方米的车库，价格按房改套的，一共花了二十来万元，优惠了很多。

在我们学校，看病其实还是公费，具体来说就是根据工龄长短报销，最多能报到 95%，像一些大病如癌症等，学校可以负担全部费用。其他下岗、失业的现象也不存在，退休职工的工资也是由学校负担，所以像失业、医疗、养老保险，学校都不用给大伙上。之所以能这样是因为学校这几年发展得不错，经济状况好，教职工的福利就搞得好，像工资、医疗费这些支出在学校经费中占的比例很小。

我的业余时间很少，几乎没什么娱乐活动。因为要想做一名合格的教师，就必须不断地充实自己、提高自己。如果想在今天这个岗位上站稳脚跟，那么我的知识水平不说超前，至少也要跟得上时代潮流，否则就会被淘汰。我没有时间专门去锻炼，每天唯一的锻炼就是走路，无论去哪儿都走着去，这样计算下来，每天也要走个三五公里，就当锻炼了。

对社会上存在的下岗、失业这些问题，我认为要从两方面来看。首先，过去我们国家的企业都属于劳动密集型产业，累积了大量的劳动力资源。由于这几年国际竞争日益加大，产品科技含量的高低就成为企业制胜的关键。尤其是加入世贸组织以来，我们全方位地参与到国际竞争中来，要想在竞争中获胜，就得不断地加大投入，发展高新技术产业，提高产品的科技含量和技术水平，降低成本，这样才能增强企业竞争力。在这个过程中，我们必须调整产业结构，完成从劳动密集型到技术密集型的过渡，完成资源的重组。这样一来，势必会有剩余劳动力的出现，而企业要发展，要增强竞争力，就必须甩掉包袱，轻装前进。从这些角度看，国家的政策是对的。这期间会暂时影响到一部分工人的利益。其次，国家也要正确地处理国企职工下岗、分流所带来的矛盾，合理地安排利益的再分配，尽量要做到国家利益、个人利益兼顾。只讲国家利益，个人利益一点也没有，那不是市场经济，那还是计划经济。只有国家利益发展了，个人利益跟上了，这才是市场经济。

腐败现象我认为是由分配制度不公平造成的。因为人本身对物质是有需要的，没有谁愿意一年到头最后是两手空空，这是人的本质，是人的普遍心理，是需要外界来满足的。一旦分配不公，就会导致人心理的不平衡，就会滋生腐败。不过最近两年国家采取的政策挺好，对国有大型企业、股份制公司的负责人实行年薪制，这就可以在一定程度上避免腐败的发生。比如我所接触到的齐齐哈尔化工有限公司的老总，年薪58万元，副总乘0.8系数，中层干部乘0.4系数，在这种情况下，人是满足的，就不容易出现腐败。

再说说机关公务员，我认为公务员是最辛苦的，同国外相比，我国公务员的工作量是很大的。因为国外政府对企业、对社会只起宏观指导作用，而我国的政府除了要起指导作用外，还要起领导作用，这就使公务员的工作量大增。但我国目前公务员的待遇还很低，谁家都得有孩子上学，谁家都得住房子，谁家都得有人际往来，仅凭现在的工资还是很不够的，如果想办法把他们的生活水平再提高一些，恐怕公务员的腐败现象会少很多很多，但要解决这个问题，还得从体制入手。

治安问题说起来归根结底还是经济问题。发达地区的治安就相对好一点，落后地区的治安就相对差一点。秦皇岛的治安还是不错的，就是一些偏僻的地方还差一点。从计划经济过渡到市场经济是一个很漫长的过程，会产生一些矛盾，这是正常的，通过一段时间的发展，通过规范，最后还是会解决的。

我不同意把人群按收入差异划分成不同阶层。我认为那些通过正当途径获得丰厚收益的人，尤其是一些大型企业的负责人，他们对社会的贡献要远远大于他们的个人所得。我们国家需要这样的人才。这样形成的收入差异，我从没有从阶层的角度来考虑，我更愿意从贡献的角度来看。

我们学校工会的工作我认为还是搞得不错的。尤其是每年在开职代会的时候，职工代表在一起讨论校务公开的各项内容，对一些大的事项进行审议、表决，这些都避免了学校各部门在平时的工作中出大格。另外我们工会平时举办的活动也不少，既有文体活动，也有教学评比，提高了老师们的积极性，增强了大家的凝聚力。唯一的建议是希望工会今后在举办活动时，层次上能够再丰富一点。

上级工会对学校的支持也很大。总的来说，我认为工会对提高学校的文化氛围，活跃教师的文化生活起到了重要作用，在很大程度上促进了学校的发展。

樊某某，男，人民银行衡水市中心支行科职员。

我 1993 年毕业于河北银行学校城市金融专业，同年参加工作，在人民银行武邑县支行计划股。1994 年，调回人民银行衡水市中心支行，一直从事金融监管工作。

刚走进工作单位时，我对工作充满信心，但接触具体业务以后，发现在工作技能方面还存在很多差距，毕竟书本知识和现实工作需要有所不同，感到紧张和压力，这反而激发了自己的求知欲望和更高的工作热情。于是每天积极地熟练业务技能，学习有关文件、法规，不断在求知中积累经验，同时，从内心深处感受到政治思想学习的重要，这是在学校无法体会到的。在领导和同事的帮助下，经过自己的努力，工作技能上、业务素质上，政治思想上取得了很大进步，多次被单位评为先进工作者。人行金融工会是一个强有力的组织，我是一名体育爱好者，而且兴趣比较广泛，是工会工作热心的支持者，所以与工会领导接触特别多，曾参加过金融系统篮球比赛、演讲比赛、辩论会、法律知识培训等多次活动，使我在很短的时间里便取得了全面的发展。在与工会领导的接触中，他们在理论学习、政治素质提高、工作技能改进等方面给予了我极大的帮助，使我深切地感受到工会家庭的温暖，也无时不激励着我，以更高的热情投入工作中。

我们单位是一个团结奋进的集体，以行为家、爱岗敬业是我们的工作传统，从领导到一般职工对工作都始终坚持严谨、务实。单位领导不只是对工作严格要求，对职工的生活也特别关心，能切实维护职工权益，而且想得特别周到，总能急人所急，想人所想。特别是关系职工利益的问题，像工资改革问题、住房改革问题、社会保障问题等，总是把有关文件精神及时、准确地传达给大家，并就那些不易理解的问题进行解释，使每个职工都能领会文件精神，了解政策内容的同时，也把执行落实情况公示给大家，我个人感觉十分满意，也很感动，毕竟他们的工作很忙，还能把职工的利益放在这样重要的位置，真的很不容易。生活稳定，无后顾之忧，工作就更加积极努力。我作为一名金融监管工作人员，努力进取，积极向上应该责无旁贷。我们单位十分重视对干部职工的技术技能培训，几乎每年都要组织几次培训活动，每次我都积极参加，比方说，银行贷款五级分类培训、农村信用社非现场监管培训等。同时，我充分利用业余时间，在加强业务技能提高的同时，积极寻求知识的深度和广度，不断开阔视野，积累经验，增强文化技术素质。金融体制改革后，中国金融业又面临“入世”后国际金融冲击，这无疑是一种挑战，也是一种考验，作为金融监管工作人员应当充分体会所肩负的责任，我有这样几点体会：

首先，要用政治武装自己的头脑。只有坚持不懈地进行政治思想学习才能升华自己的马列主义信仰，树立正确的世界观、人生观、价值观、坚定的信念。通过单位组织的学习等活动，更增强了我上进的信心。现在我还没成为一名党员，但我坚信党的英明领导，我一定能成为一名合格的党员，并愿随时听从党的召唤，接受党的考验。

其次，不断改进和提高工作技能。一方面要熟悉我国社会主义市场经济发展的内在规律，掌握国家的金融政策、法规；熟练各种操作技能，学会运用各种科学技术手段；深入分析我国金融体系存在的某些缺陷，从而积极采取措施予以弥补。另一方面要熟悉国际金融发展动向，汲取国外金融管理的先进经验，懂得国际金融法规、惯例，以便更好地实施对国际金融机构的监管。

努力工作，完善自我，是最根本的要求。一个人不能脱离社会，也不能不关心社会。近年来，职工劳动就业、收入分配、社会保障、劳动安全卫生权益成为人们关心的热点问题，我也有一点个人看法：失业增加、收入不平衡等现象是确实存在的，但是我个人认为客观上它有一定必然性，市场经济，当然要引进竞争机制，面对竞争，大到一个国家，小到每个社会成员都能感到压力，作为一个企业乃至国家增收节支、增效减员是必然选择，否则就不能适应市场机制而被淘汰，总之有能力才能提高效率进而才能有收益。因此面对下岗应当有一个正确的观念，应该从自身找原因找差距。同时国家也一直在积极地创造机会解决失业问题，比如进行再就业培训；鼓励和支持个体、私营经济发展；提供最低生活保障；教育制度改革；权益保护、劳动安全等系列法规的出台等，无一不是针对失业等问题而采取的利民政策。单就生活保障问题来说，国家一方面投入大量资金搞基础建设，增强综合国力，同时每年还要拿出几十亿元几百亿元的资金提供下岗职工的生活保障，资助失学儿童。我想，随着国家经济实力的增强、社会主义市场经济的发展和公民综合素质的提高这些问题会逐步得到解决。

刘某某，女，原系一汽集团公司轿厂工人，现为一汽集团公司团委干事。

一、个人经历及工作体会

1996 年 7 月毕业后到一汽一轿厂搞质检工作，一轿厂是一汽公司效益较好的单位，这个岗位也是经过几轮考试得的。由于感到对工作不是十分满意，1999 年 3 月竞聘到公司质量保障部当统计员，2001 年 3 月又竞聘到公司团委当干事至今。

总的体会是工作经历非常不容易，一直在努力奋斗。学历上，当年高考时原已考入吉林工学院，但考虑到毕业去向不好，所以选择了一汽高职，毕业后可以进一汽。因一汽高职是大专，在校学习时唯恐学历低工作受影响，同时又学了机械制造的本科自考，后取得了本科文凭。初到工厂时是按工人分配的，因为一汽公司人才济济，不是名牌或专业对口的本科生都难进工厂大门。感到大专生是处在夹缝中，论技能不如技校毕业的学生实际操作那么熟练，论理论基础知识又比不上本科生底子厚，所以在求职和工作上往往不太受重视。工作经历上，感到每走一步都很难，都在奋斗。由于刚参加工作时按工人分配，工作环境和各方面都不顺。到公司质保部后实行岗位竞聘，原想留在档案管理岗位，由于所学专业和其他条件所限没有优势落聘，当时就没有了岗位。心里特别着急，特别怕下岗失去工作。后来又参加公司团委的竞聘，虽然有许多人参加，也都很有竞争力。由于准备比较充分，加之比较“闯荡”的性格，终于竞争到了团委干事的岗位。总的体会是通过竞争上岗的方式还是比较好的，它可以检验你的实力，增强你的学习压力，使人们在求职方面为向更高的层面转岗提供了机会，因此也更加珍惜现有岗位，工作上也更加努力，想多出成绩。

二、家庭成员及生活状况

爱人在一汽轿车公司质检部负责质量检验工作。一汽技校毕业，属技术工人待遇，月工资 1000 多元，两个人工资加起来 3000 多元。年底两个人奖金和补贴加起来有一笔较丰厚的资金。结婚后两人一直没有要孩子，现在也不想要，嫌麻烦、受束缚、不自由。主要是从工作和生活方面考虑，同时也感到年轻爱玩，喜欢旅游，可以自由自在一些。父亲是农安县炼油厂的退休职工，退休后退休金七八百元，母亲是商业局的退休干部，退休金四五百元。生活比较充裕，每逢星期天和节假日，都开车去外县看父母。

五年来，感到生活方面发生了较大变化。首先是家庭收入增幅较大，工资由原来的七八百元增至1000多元，多时可达2000元，工资几乎翻了一番。感到工资涨了物价没太涨。其次是住房有了较大的改善。五年前住单身宿舍，结婚后男方父母家也有房子，但一是嫌房子小。二是不愿和父母住在一起，两个人贷款每月交700元，首次付款12万元买了一套两室两厅120平方米的楼房，自认为还过得去。最后有了交通工具。虽然积攒的钱不多，但还是花了近2万元买了一台二手吉普车，去朋友家、父母家解决了很大问题。

在养老、医疗等社会保障方面，没有后顾之忧。企业都按规定足额收缴，每月个人所扣的费用在300元左右，工厂还要给拿大头，很有保障。职工在保险这方面认识比较高，过去不行，不明白，现在都非常重视社会保障这一块。

近年来迫切需要解决的问题还是工作的定向问题。因现在年轻在团委工作，30岁以后需要转岗，转到什么岗位是个人最大的问题。从工作方向考虑，愿意做党群工作或行政管理工作。准备报考研究生，在竞争上能够增加优势。在政治上积极争取入党，在本企业里党组织的作用影响很大，在同龄人和青工中，绝大部分都积极向上愿意加入党组织。

对自己未来家庭生活的预期标准较高。虽然现在条件还可以，但不满足现状。房子有条件时想调换一个160平方米到170平方米的三室两厅的大房子。有钱后想买一辆中档私家车，去西藏、去外地旅游、越野，享受生活。经济条件允许还想把父母接到长春来，但不想和他们住在一起。对现实生活比较满足，对未来生活充满了希望。

三、对职工的社会地位、权益的看法和建议

对职工在社会上的地位应给予重视。在本企业职工的作用是受重视的，各级领导非常重视发挥一线工人特别是技术工人的作用，高级技术工人也能够比照科技人员的待遇，如在工资分配、津贴补助、住房购房、按职配车等方面都有所体现，在职工中的影响非常大。在社会上对工人的地位作用重视还不够。比如强调工人阶级的主人翁地位，不仅应在舆论方面加强，还应有实实在在的内容。由于我就在一汽上班，劳动保障、养老保险等方面制度比较健全，不像有的企业职工生病住院报销医药费都很困难，这方面一汽有着较为规范的制度，

工会和有关部门监督执行，职工个人一般不用担忧。

政府应把解决下岗职工生活困难作为重点。对企业外部社会中的职工下岗后生活无着落上街、上访等现象，政府应该想办法解决他们的困难，最起码保证他们有饭吃，最基本的生活应该有保障。应该尽快通过转岗培训等方式让他们能养家糊口，调整好他们的心态。

作为年轻人对企业和社会在转轨过程中的改革，人员下岗分流减员增效竞争上岗等现象，在心里是理解的，不这样做老人下不来，新人上不去，工资也难增长。从自身来看，在年龄上似乎没有危机感，可以多岗竞聘。改革是正常的，不这样做就没出路。同时对自身也有压力，要有危机感，如果没有优势，没有技术、没有过人之处，你就难以参与竞争，这也是经过几次竞聘后最深刻的体会。因此，现在的年轻工人，都注重学习，学技术、学业务、学计算机、学外语，这些都是竞争带来的。

经济效益决定了职工的社会地位。作为一个经济效益好的企业的职工，在社会上往往有优越感，企业下岗解体，职工自感脸上无光。企业效益好收入高，在社会上影响力就大，社会地位就高，各种社会保障就都健全，从这个角度来说，职工现在都盼着把本企业的效益搞上去。以前的职工，许多人认为清闲就行。现在不同了，只要有活干，有奖金，加班加点都愿意干，没有怨言。

四、对工会工作状况的看法和建议

企业各项工作都离不开工会。本单位工会工作非常不错，工会主席德高望重，工会活动很吸引人，职工有什么意见想法都会找工会。工会干部给职工的印象就是特别忙、特别累、事情特别多。工会活动主要有每年组织大型的技术比赛活动，竞赛活动；每年组织两次健康旅游；给女职工进行特殊的健康体检；对职工进行有关方面的保险，还搞了互助基金会，类似无息借款，帮助困难职工解决燃眉之急。企业遇到什么困难，都要工会发动职工解决，各项工作都离不开工会，特别是像一汽这样的国有大企业，非常注重发挥职工的作用，调动职工的积极性。

工会通过开展各种活动吸引职工。比如搞的名师带高徒活动非常吸引人，工会穿针引线结对子，让老师傅把技术传给了青年工人，有些绝技绝活是在书本和理论上学不到的，这项活动青工最积极。因公司青工多，全公司 8000 人，35 岁以下的 5000 多人。他们最关心的是收入，想有一套好房子，一个安身之处。对技术学习看得最重，继续深造的人非常多，而且向一专多能发展。学计算机、外语是热门，感到在知识经济年代没有知识不行，普遍有危机感，都在自我加压，怕知识不够被淘汰，能力不强被淘汰，下岗失业丢掉饭碗，想比别人有更强的竞争力。工会有时搞活动和团委联合搞，组织一些适合青工特点的有生气的活动，如近期就搞了“搭鹊桥”联谊会，青年工人非常高兴。各种活动激发了职工的生产热情。

《工会法》虽然颁布了，但有些方面还落实不了。希望工会能够实实在在解决一些问题，还希望工会的权力更大一些，特别是在企业一些生活福利方面，应该让工会说了算。工会在有些方面特别是抓维护还没办法实现，在协调劳动关系方面应该发挥更大作用。

黄某某，男，吉林省公安厅局助理调研员。

一、被访者工作经历与感受

我 1951 年 10 月 8 日出生在吉林省榆树市一个农民家庭，读到高中一年级时，“文革”开始，便回乡务农。1970 年 8 月（时年 19 岁）被抽调到长春市公安系统工作，于 1990 年调省公安厅国内安全保卫局工作。时至今日已在公安战线工作了 32 年。

应该说我的命运是不错的，当年原本是报名参军的（那时我是民兵营长，公社党委副书记候选人），后来被招到公安系统工作。记得那天我正和社员一起刨粪，通讯员老远高举信封大喊：“黄，你被录取了，起粮食关系、户口，赶快进城。”当时乡亲们也都为我高兴，家里赶紧给我做准备，买了一身新线衣线裤，记得那天我背着行李，走了 25 里路赶到刘家火车站，准备去往长春。

至今，高中同学中也只有两三个人出来工作，其他都在家乡务农。记得有一次回家，碰见我一个同学，苍老得我都认不出来了。他说，你咋那么年轻呢？每每想到这些，我都十分知足，也正是这些，促使我一辈子努力工作，廉洁自律。

到公安系统工作 32 年来，酸甜苦辣都有，感受比较深的，有以下三点：

第一，公安工作很辛苦，一年中很少休息，休息日一半以上在加班。有时工作任务紧张，几天不回家是经常事。近几年经常搞各类专项斗争，连续打战役，一年都打十几场个战役，专项斗争一个接一个，这个没等搞完，下一个又布置下来了。有中央的，有全省的，我们公安干警很疲惫，精神压力大、心理压力大、身体压力大。

第二，公安干警警力不足。我们国家警察比例低，只占人口总数3%左右，其他西方国家都是10%以上。这几年，我们国家进入市场经济体制，实行改革开放，也相应带来一些问题，一些黄、赌、毒、妓有所抬头，社会治安案件明显增多，更感到警力不足。就拿我们这个部门来说吧，负责反邪教法轮功工作，牵扯很大精力，我们省是发源地（李洪志家乡），又是重灾区，中央、省里领导都抓得非常紧，为了完成好任务，借调了大批警察，帮助我们做工作。有时防范不得力，出了事情（干扰长春电视台），领导还要批评我们，工作压力很大。

第三，公安系统办案经费不足。现在主要靠地方财政拨款（专项活动时由国家给钱），由于我省财政状况不是太好，我们经费也给得有限、很紧张，特别是县、市级公安系统（省公安厅相对好一些），有的拖欠干警工资好几个月，我在工作调查时了解到，龙井、和龙、汪清、图们、梅河口、洮南市都有拖欠民警工资的问题。外面人不太了解内幕，警车一叫，看警察挺威风，其实我们自己也有很多难处。福利待遇就更差了，近几年还解决点房子，但也不如别的单位解决得好，现在我们省公安厅还有100多人没房子。

当前我们国家正处在经济体制转制时期，社会矛盾复杂，社会治安状况受到影响，社会政治稳定至关重要，所以希望全社会都来重视公安工作，从经费上、人力上给予必要保证，确保公安干警发挥国家机器的作用。

二、被访者的家庭情况

我父母已过世。妻子49岁，大学文化，在省电力总公司事务局工作，女儿在某中专学校就读。近5年来，家庭生活水平有所提高，工资有所增加，去掉日常生活开销，每月略有节余，属于中下等生活水平吧。

我每月工资1600元左右。因为是公务员，本人医疗及其他社会保障没有什么问题。家庭全部收入2700元左右，医疗及社会保障目前也没有什么大问题。

我迫切需要解决的问题是住房问题。现住50平方米左右一室半房子，是妻子分的，我始终没分到房子，公安厅有一次机会，需拿7万元钱，还要交出现住房，所以没有要。现住房太小了，厨房不足3平方米，厕所不足1平方米，迫切需要解决一套住房。

我对未来生活的期望有四点：一是得到一套好房子，个人集资也可以，但不能超过10万元；二是要女儿毕业以后能找到一份理想的工作；三是要到老了养老金能保证按时发放；四是要有条件时能出去旅游。

三、被访者对职工的社会地位、权益实现状况的看法

当前国家经济处于转型时期，各类问题突出，一些企业处于停产、半停产状态，下岗职工也不少，欠发工资、欠发退休养老金的事挺多，近两年又有不少企业终止劳动关系（买断工龄），职工权益受到侵害的事情时有发生，职工队伍也存在一些不稳定因素。职工队伍的不稳定会影响到社会的政治安定，这是个很敏感的问题。各级领导不可轻视，各级领导、各级政府虽然也做了些工作，但问题并没有得到彻底解决，将来国家出台政策、法规，要特别重视保护职工合法权益。

四、被访者对所在单位劳动关系状况的看法

从我们单位来看，是国家机关，劳动关系稳定，没有什么问题。但从全社会来看，现在问题挺多，民营企业、私营企业、合资企业、乡镇企业，相当一部分存在劳动关系矛盾突出问题。都是个体老板，只追求利润，只讲个人盈利，对职工关心保护很差。劳动争议也日益增多，虽然国家颁布了《劳动法》，但往往得不到落实。特别是缴纳养老保险金、节假日加班加点加倍付酬等问题，国家都有明文规定，就是不按规定办，这问题很严重。国家及各级政府应在这方面加大监管力度，特别是对非公有制企业，搞社会主义市场经济，但对工人的劳动保护，合法权益维护，国家没有铁的手腕不行。

我认为，一是要加强宣传，让老板都遵纪守法，让职工都知道如何维护自己的合法权益；二是要加强监管，政府职能部门真正发挥保障作用，负起责任来；三是要国家加强立法，做到有法可依，违法必究；四是要加强处罚，对个别黑心老板给予严厉打击，该处罚的处罚，保证职工主人翁地位落实。只要是共产党领导，只要是社会主义制度，工人阶级就是主人，这是我们国家国体、政体决定的，永远不能变。

五、被访者对工会工作状况的看法

我们公安厅也有工会，是1997年或1998年成立的。作用不是很大，工会主席是处级干部，没搞什么大活动。我们公安干警成天忙于业务，加班加点工作都干不过来，别的也很少关心和过问。

从社会上看，工会组织近年来作用很大，在社会也有一定地位，特别是企业工会，作用发挥得比较好，政府通过工会做工作，工会发挥了桥梁纽带作用，别人代替不了，比妇联、共青团在社会上有声望、有地位。在维护职工合法权益方面，工会做了大量工作，职工也比较相信工会。像发生集体上访事件等情况，工会出面做工作就比较好，和职工好沟通，其他党政机关就不行。维护职工合法权益，也是维护社会政治稳定。

希望今后工会组织继续在维护职工合法权益上努力工作，通过你们工作，保证工人的政治地位，调动职工积极性，为企业发展做贡献，帮助党和政府做更多工作，为促进吉林省经济发展做出贡献。

郝某某，男，内蒙古大学教授。

我在呼和浩特市上的小学、中学。1961 年考上内蒙古大学，“文化大革命”期间毕业分到郊区中学教书。1969 年 3 月调到公社半年，后到桃后板小学，1970 年到 29 中任教两年多，1973 年春天调到呼市郊区教育局，培训中小学教师，后留在郊区教育局进修学校当教师。1976 年内蒙古大学成立电子计算中心，把我调去。由于这些年一直坚持业务学习，翻译了一些外文资料，搞了一些科学研究，做出一点成绩，1978 年考上内蒙古大学的研究生。这阶段工作在不断地变动，从家里到单位，有一个小时的路程，总觉得和老百姓在一起，虽然艰苦，但不觉得痛苦。1981 年研究生毕业后，获得了内蒙古科学进步奖 1 个，自学外语通过了国家考试。1978 年、1988 年两次到美国学习，1986 年担任一届系主任为大家服务，发挥业务知识。干得蛮不错。20 世纪是奋斗的年代，工作也比较顺利舒畅，总觉得有使不完的劲，有事可做比较充实，从社会工作和自身工作都有比较大的突破。如我在美国学习期间还和校党委保持联系，经常向校长写思想汇报，当时我任中国留学生会主席，1989 年底回国。当时很多人劝我留在美国，但我觉得是内大培养了我，我要为内大尽义务，做出承诺就要兑现。回来后内蒙古日报要采访被我拒绝了。最近几年的感受是学校一年不如一年，感觉到内大教师队伍的地位在下降。表现在数学系，当时 50 多个教师，200 多名学生，教师队伍老中青都有，当时校系领导能关心教师，知道校系的发展离不开教师，群众有什么意见和想法都愿意和领导谈。1990 年不当系主任后，刚开始系领导还是大小事情都和教师商量，以后发展到开什么课也不知，涉及教师切身利益的事更不知，特别是 1994 年以后，学校领导和教师的关系在逐渐疏远。

我于1993年开始享受政府津贴，工资2000多元，岗位津贴是学校最高的1.5万元，还有特殊贡献奖。学校给了我很多荣誉我很感激，但办好一所大学不仅仅是解决待遇一个问题，还应有和谐、积极、团结、奋进的人际关系。但近5年的感受很糟糕，我认为作为学校领导应考虑一个大学该怎样办，才能办出特色，办成一流的大学。现在可好，一个教室上课，另一个教室在搞装修，失去了一个教学环境应有的宁静，建议装修可否放在晚上。主楼的门锁着，开一扇门，人文气息越来越少。办一个借书证还需20元押金，类似这种事很多，谁掌握了一定的资源，就这么搞，教师很气愤。现在学生多，教师少，外流情况严重。上学期数学系走了5个教师，上课的教师不足40人，走的年轻的多，高学历的多，自己送出去培养的多。究其原因，感觉到在学校没希望，对学校不满意，自卫的手段就只有走，理工学院副院长，一个中国科技大学毕业的硕士生也离开了，有一些人走也不全是因为钱的问题，就是觉得学校缺少一种人文环境，人文观越来越淡漠。内大搞聘任制，还是领导说了算，政策领导定，群众有意见。实行医疗改革后，教师不知上哪儿看病，有病上街买点药，药费什么时候报，到什么地方报心里没底，像这些事都应及时和教师通报，感受不到教师的主人翁地位，缺少领导与教师之间的起码沟通，不能形成一种共同建校、共同奋进的气势，对教师的工作积极性影响很大。从制度建设上来说，缺少这样一种机制，就是上下沟通，尊重教师主体地位和权利的机制。这样才能让教师感到学校时时刻刻在关心着教师。现在党中央提倡讲诚信，下面的人都能照办的话，将会避免很多群众的不满意。

我现在就和爱人生活在一起，爱人是小学教员，有两个孩子，女儿在美国念博士研究生，儿子在德国。我没什么迫切需要解决的问题，我个人的意见，就社会范围上讲，是希望改革开放更应关心每个人的利益，首先是每个社会成员的民主政治权益，给他们一个做贡献发挥聪明才智的机会。而且不能把国有资产交给上级任命的人管理，要通过民主选举选出能真正为老百姓说话办事的人，这个问题不解决，社会矛盾会越来越激烈。现在推行校务公开是增大学校工作透明度，调动教职工教书育人积极性，推动教职工行使监督权的有效举措和最好形式。我们学校里的知识水平，各种条件不比任何地方差，为什么校务公开不深入开展。像1993年至1996年自然资源研究所所长离任时，账本可随时翻，当领导的做的一切行为都可以摆到桌面上接受群众的监督，不仅没有损害党的形象，而且还维护了党的利益，党的威信还增强了。群众对现在的领导有意见，我觉得主要是没有一种有效的机制去制约，类似拿奖学金做抵押贷款的事情时有发生，教职工也没有一个表达自己意见的有效渠道，要不解决这些问题，尽职尽责的人少了，讲完课就走的人多了，将形成事不关己高高挂起的局面。严格意义上讲党的领导和具体的各级领导者就是用自身的先进性领导群众当家做主，不是命令群众干这干那，如果领导代替百姓的局面长期得不到解决，中国的官僚体制不仅不会解决，反而会越来越强，形成与群众对立的局面就不可避免。

现在企业正在改制，下岗的职工增加了，我的看法是下岗职工分三种人，第一种人是勤劳的，还会找到就业的机会；第二种人就是能力比较差，被淘汰下来；第三种人就是靠关系进，随着改革靠山没了，也必然被淘汰。从另一个角度来看，有些企业太追求企业的利益，忽视国家、社会的利益。如制定一些措施，雇用劳动力必须先吸收下岗工人，农民毕竟还有一亩三分地。虽然国家也提倡让一部人先富起来，靠工资制度已解决不了分配，涨工资有限，致富只有靠黑色灰色收入，这种富裕是两极分化的根源。分配制度本身没有形成两极分化，腐败是分化的根源，也是限制已富起来的人再进行社会投入的根源，由腐败导致的不稳定因素也越来越重。

我觉得整个劳动者素质亟须提高，党代表群众的利益，要服从老百姓的利益。“三个代表”长远利益和眼前利益统一起来。现在是群众说了什么都不算，监督也应有一个说理的地方，要以民为本，要从法的形式完善民主程序。选举权比较抽象，政治利益，充分体现在对本单位领导的监督、评议上，评议领导要当场公布，这样做损伤不了党的威信。在民主监督上，国家也搞了不少制度，不知为什么效果总是不理想，结果总是两张皮。程序一个不少，好人一个也上不了，也不知到底是怎么回事。要真正行使选举权，我认为先搞试点再推开。现在学校是各干各的，教师外流严重，内大出现了一个社会问题，女教师多，因学校有稳定的收入，所以女教师把它作为根据地。内蒙古大学是一所研究性大学，教师应把很多精力放到研究科研问题上来。如教学原来一个星期4小时课。准备4小时，花8小时讲完课，花4小时辅导解答疑难，再花4—8小时批改作业，这样就有半年的学术休假时间。而现在明确提出了一周6小时的课，这样算下来哪还有时间做科研呢。对这种情况只有两种解决办法，一种是多干，另一种是偷懒，辅导也没了，作业也改不过来了，上课无非是把该说的话说一遍。原来只有政治课有100多名学生。现在数学课也达到100多人，而教室没有扩音设备，后面的学生根本听不清教师讲什么，教师讲课的声音必然提高，各种劳动量增加。像这样师生的积极性都受到了损伤，教学质量得不到保证，素质提高也只是口号。教室里连老师放衣服和坐的地方都没有，安了一个椅子还是固定的，缺乏人文环境。

不稳定因素没有，但有个别学生自杀的，没有倾诉对象，不是跳楼，就是跳湖，但这种事情不会引起太大的风波，议论一阵子就过去了，而政治性社会性的事件没有发生。

工会的同志们都挺辛苦，也想把工会工作做好，但我觉得工会的权力太小，教代会发挥不了它的作用，教职工参政议政的权利体现不出来，工会工作要想改进的话，问题不在基层，局部没法改进，必须从源头改进，我认为工会是很好的桥梁纽带。

总的来讲，学校近五年来还是发展的，进行了一些投入，做了一些改革，继续向教育产业化迈进。上述问题也都是发展过程中出现的问题，这些问题若得不到解决，事情会向相反的方向发展，不能说这些问题是小事。总的来讲还是体制问题，由于搞市场经济，误以为中国的教师、中国的工人就转化为打工者了。在领导者的思想认识上，民主可以不讲了，制度可以作摆设了，全心全意依靠工人阶级成为历史了，这与中央的提法是相背离的。我认为有两个问题是大事，一是真正要研究学习“三个代表”的思想，依靠谁执政，执政为了谁。二是有了正确的思想路线，没有制度作保证。也是空谈。比如，内大工会很辛苦，但不管事，落实不了职工享有的各项权利。这就需要进一步完善制度，制度必须有否决的制度，若只有听取意见的制度，就等于没有制度。

卢某某，男，顶新国际集团重庆顶益国际食品有限公司生产部处长兼工会主席。

一、被访者的工作经历与感受

今天非常荣幸地参加这次访谈，使我有一次很好地表达机会。

1. 谈谈参加工作前受教育情况以及求职经历与感受：我1982年大学毕业

被分配到广西南宁工作。1985 年调到重庆绸厂工作，一干就是 10 个年头，先后任车间副主任、生产主任、设备处主任。应该说我比较幸运，26 岁当主任。我现在在顶益公司已经工作 8 年，对此我有些感受，国营单位与外资企业的差别很大，一时难以说清楚。我仍然怀念国营单位工作的好时光，在国营单位的职工成熟得晚些，比较单纯，而外资企业磨炼人、锻炼人。由此形成两种鲜明的对比：一是国营单位职工相互之间关系非常融洽、平等、公平，积极性高，有饭大家吃，许多人同甘共苦，体现社会主义分配制度优势。当时，国营单位的薪资 600 多元，我感觉非常满足了，根本不存在报怨，对此都是平等对待、平等上岗。二是职工之间情感交流较好，同事之间关系真正体现阶级兄弟之情，互相帮助，助人为乐。三是在工作上劲往一处使，汗往一处流，关心企业的发展。当时，我们绸厂经济效益很好，每周有一个舞会，职工都来参加舞会，企业文体活动搞得不错，职工乐意参与。1995 年因绸厂经济效益下滑，我觉得还年轻，还要干一番事业，所以，我下决心到外资企业工作。

2. 参加工作后，特别是近 5 年来的工作经历与感受。1995 年到顶益公司工作后，经过自己不懈努力，现在总算有点成就，但我感觉到外资企业等级制度差距相当大，与国企形成鲜明对比。公司注重技能培训工作，当时我一进公司上班，就到天津进行军训，每个员工必须进行严格的培训和考核，培训知识是多方面的，其中包括：对员工心态调整、体质测定、灵敏程度和文化知识等培训。我们来自各行各业的工人、干部以及有关部门的领导，不管原来什么职务，一进公司就对技能、思想素质进行培训，全面提高员工的素质，让我们很快适应工作的需要，如果不适应就会被淘汰。我培训上岗后，第一个月就拿到 1000 多元，是我当时在国营企业工资的 2 倍。国营企业绝大多数职工同在一个起跑线上，而外资企业职工竞争上岗。一般员工进公司一年后，基本工资拿到 1700 多元，组长比一般员工多 600—800 元，科长比组长多 1000 多元，依此类推。这说明职位越高的管理干部，他拿的工资越高。我感受到国营企业与外资企业工资是天壤之别。因此，公司员工尽心尽责工作，绝对服从，否则就有可能被淘汰。我在外资企业工作后，随着工作职位不断变化，自我素质得到提高。刚进公司时，体会到等级森严的感觉，在心态上不平衡，适应不了工作的需要，容易与职工产生隔阂，导致职工队伍之间形成一种戒心。随着时间推移，一是在心态上得到了调整，如果少数人心态不适应就被淘汰出局，员工重新整顿，重新培训，形成一种严格的考核制度，广大员工对此乐意接受，所以，在工作上认真负责，偷奸耍滑混日子的人是不行的。因此，工作压力重、担子重。二是公司对职工教育和培训起到推波助澜的作用。像我们公司，把日本、欧美企业的生产经营方式、先进管理的经验引进来，用于企业管理，特别是在人事管理方面，相当严格，注重工作能力和业务水平，丝毫不能马虎。三是企业的团队精神非常重要，职工之间互补、性格上互补、男女工作上互补、年龄上互补等，使团队精神更加融洽、更加协调，但倾向于党员和干部。四是用外国的先进管理经验对职工进行价值观、人生观的教育和管理。公司认为偏激的员工要进行淘汰，转换意识较快的人继续聘用，这样，促进职工队伍建设的纯洁性，使职工队伍发展再上一个台阶。工会对企业文化工作做得比较好，营造了企业的氛围，开展了一些职工喜闻乐见的文体活动，陶冶职工情操，丰富和活跃职工文化生活。除此之外，还开展技能比赛活动，按不同类型的大学生进行技能比赛。集团公司广泛推行“家庭日”，推动企业文化的发展。同时，还积极提高企业知名度，树立企业的形象。

二、被访者的家庭情况

我父亲早已去世，母亲还健在，爱人在北部新区医院工作，高中毕业。目前，正在进修大专。有一个乖巧的女儿，在小学读书。5 年来，家庭的经济状况逐步好转，其他没有变化，自己购买了商品房，居住条件较好，生活在很大程度上得到改善，在生活质量上发生了明显变化，更新家电设备，生活水平逐步提高。

三、被访者及家庭的生活状况

我的基本工资每月 7000 多元，扣除个人所得税，还有 6500 多元，其他企业的职工是无法比的，我感到很满足了，为有一个好工作感到自豪。我们顶益公司在养老保险、医疗保险、工伤、生育等社会保障方面都按照国家有关政策、法规执行，公司统一缴纳，职工不存在什么后顾之忧。我爱人收入相对不错，月工资 1000 多元，同样享受了养老、医疗、失业、工伤、生育等社会保障政策。现在家庭迫切需要解决的问题，还没有考虑过，等以后再说。我和爱人最大的希望是能够多存点钱，倾向于到江苏、浙江生活，改变一下生活，或做点小生意。因为我觉得那里很好，大学就是在苏州读的，我迷恋那里的一草一木。

四、被访者对职工的社会地位、权益实现状况的看法

近 5 年来，我认为职工的社会地位在政治上得到了提高，生活上得到了保障，职工参政议政意识明显增加。就公司来说，有的员工一进公司就拿 1000 多元，每年逐步上升。职工收入明显提高，导致职工的财富积累，在公司上了几年班的职工，都购买了商品房或以按揭的形式购买了房子。在劳动安全卫生方面，公司领导非常重视，一方面公司推行国外先进管理模式，实行食品卫生操作规程。到公司上班，必须换掉衣服、洗手，通过卫生通道检查，然后用吹风机吹掉灰尘，严格按照国家食品卫生法的要求执行。另一方面，对职工进行卫生食品法宣传教育，每年定期对职工进行体检，防止不良疾病带菌上岗。同时，对生产环境、生产环节进行检查，并进行卫生达标工作，如果达标不合格，重新对职工进行培训。重点对安全生产操作程序、消防进行监控，每天巡察考核，每月对职工进行安全训练，做到万无一失，确保安全生产。从内部来讲，像我们公司发展前景比较好，2002 年销售额突破 7 亿元，纯收入 8000 多万元，上缴所得税 600 多万元。在经济技术开发区名列前茅，是全国十大生产方便面企业之首。从外部来说，重庆市经济发展状况，虽然在报刊上看到和听朋友讲，全市职工平均收入都有上升的趋势，但市民对未来的经济收入没有把握，缺乏信心。目前商品购买趋势有些下降，有的职工生活水平有些下降，特别是下岗、失业职工收入较低，生活压力大。职工现在最担心的是下岗，生活不稳定。我认为，国家和政府应该花大力气，加大对下岗职工生活保障的力度，不仅针对国有企业、民营企业的职工生活保障问题，而且要保障下岗职工生活问题。有些社会现象，如交通拥挤，交通秩序混乱的局面，严重影响投资环境，这种保护极少数人的利益、损害广大市民的利益的行为，导致了社会不安定因素的产生。

五、被访者对所在单位劳动关系状况的看法

我们的劳动合同、社会保障是严格遵循国家的法律、法规执行，不存在公司和职工之间矛盾纠纷，依法开展工作。我非常有体会的是我们的劳动关系。刚才讲过，企业文化，台湾和大陆之间，干部和职工之间都比较和谐，关系非常融洽，能够听到职工呼声，职工提的合理化建议基本上被采纳，而且公司对职工提出的合理化建议非常重视，还要给予物质奖励。

六、被访者对工会工作状况的看法

我刚担任工会主席不久，关于对所在单位工会和上级工会工作的评价，客观上讲，其一，公司老总对工会工作非常支持，特别是中层干部这块，支持更大，原因是这些干部都是我的部下，工作起来非常顺手，不存在公司和工会之间的矛盾，正处于良好发展阶段。其二，营造良好企业文化氛围，工会每次搞活动，公司领导都支持，而且总经理、厂长都亲自参与，广泛开展生产技能比武、文体活动，使企业文化不断发展。如每周组织职工参加健美操，通过锻炼来提高职工体质。其三，作为基层工会，非常感谢经济开发区总工会和市总工会，对我们工会工作的一贯支持，在如何开展工会工作上，开发区总工会通过协调各部门关系来推动公司领导对工会工作的支持。其四，上级工会还对基层工会组织、民主管理提出宝贵意见，对公司工会及人事管理、领导班子的建设都有重要的作用，区工会在这方面做得非常好，大家有目共睹。

对工会组织提出的希望和建议：

1.《工会法》第十五条规定，工会主席、副主席任期未满时，不得随意调动其工作。但有的人把它当作保护伞，我认为，不利于工会工作纯洁性。

2. 工会理性化，倾向于通过沟通、协调达到维护职工合法权益的目的。

3. 上级工会应该定期对工会经费监督审计，有利于企业开展文化活动。

4. 加大对工会工作者培训工作力度，提高工会干部政治思想素质和业务水平。

刘某某，女，天津某煤气造具厂下岗职工。

我是一名党员，1975 年参加工作，2000 年下岗，现在离岗挂编，没跟厂里签过协议。我以前在厂里一直是先进个人，还获得过“八五”奖章。我们家三口人，我丈夫得的是甲亢，我又是糖尿病，还有一个在第二南开中学上初三的闺女，生活不是很富裕，都是用钱的时候，厂里每月就给 100 元，说实在的每月给我 400 元在厂里扫厕所我都干，可厂里确实不景气。就在我正为难的时候，居委会领导看到我和我爱人都有病，家里困难，就给我找了一个伺候病人的活，人家挺热心，我真的特别感谢他们。一个月六七百元就能生活。后来居委会还给我找了个看自行车的活，一直维持到现在。居委会一直对我们家庭很照顾。领导多次慰问，其实有什么困难咱也不愿给人家添麻烦，只要能吃上饭，孩子能上学就行了。我这份送奶工作一个月弄好了能赚400多元钱，早上送奶，白天看护病人，一个月200元，还在小区里清扫楼道，一个礼拜2天。

我爱人今年41岁，以前在一个街道办的皮革制品厂干了十几年，1991年一次性买断，给了4000元钱。我在厂里也干了20多年，一说不行就下来，一分钱也没有，当时说实在的是有点看法。居委会就给我做思想工作，他们的领导跟我说："小刘，你也别着急，我们尽量给你想办法，咱居委会不让一个人吃不上饭。"如果不是居委会帮忙，说真的我还真不知道怎么办。

工资档案关系现在还在原单位，养老保险和医疗保险我那个单位不管给上，我自己也没上，没钱，有钱也要先给孩子上学用。医疗保险也没上，我们有最低生活保障，每月70元，有待遇享受，像房屋、学费什么的都是减半的。生活说实在的是挺紧的，可各级领导对咱这么关心，帮咱解决困难，困难是暂时的，等孩子慢慢长大就好了，比我刚下岗时好多了。

李某某，男，青岛美高化工有限公司董事长（私营企业）。

一、参加工作前后的经历与感受

我是1956年10月出生的，在青岛郊区农村出生长大，农村孩子出身。高中毕业后在农村待了几年，一直到1977年恢复高考，我考上了山东省盐业学校，才离开了农村。三年学业结束后，我被分配到了国有企业青岛海洋化工厂，先实习一年，后到生产车间从事技术工作，先后干过技术员、助理工程师。当时企业对我很重视，加以培养，进厂三年，我就被提升为车间副主任，主持车间工作，两年后任分厂厂长，在国有企业工作了13年。一直到1993年辞职离开原国有企业青岛海洋化工厂。离开的原因：一是我个人性格太直率，对国有企业存在的弊端和企业领导的一些做法看不惯，不说出来憋在心里难受，说出来又得罪了领导和其他人，真是进退两难；二是企业搞领导干部竞争上岗，我的实际工作业绩和现场答辩，博得了干部职工的肯定，民意测评得票数较高，在业务工作上得到了上级有关部门的表彰，曾经在青岛市环境保护工作会议上介绍经验，但竞争上岗的结果揭晓后，我以失望、愤怒告终。

1995年，我注册成立了青岛美高化工有限公司（以下简称公司），当年筹建，当年投产。主要产品为硅胶系列产品（与原国有企业类同），产品90%外销欧美市场。公司成立7年来，发展速度很快，生产规模迅速膨胀，产品产量由最初的400吨/年上升到4.5万吨/年，扩大100多倍。现在每年缴纳国家税金1000多万元，排列城阳区民营企业的第三位。公司发展到今天，首先我要感谢党和政府的好政策，感谢公司所在地各级政府有关部门的支持和帮助。没有流亭镇和城阳区政府有关部门的引导和帮助，公司也不会发展这么快。另外，也得益于原来国有企业多年对我的培养，使我从理论到实践都得到了飞跃，做到两者相结合。我对知识的学习渴望很强烈，深深知道科学和文化知识的重要性。我感觉大学三年所学的技术知识远远不够，因此，平日很注重看书学习，读了大量课外书，运用到工作实践中，通过实践来提高自己的能力。有了这些前提条件，我才有兴办企业的决心。

一个企业要发展提升，首先需要企业老板的素质提升。现在是知识经济时代，没有掌握新知识，缺乏人才，企业就没有生命力。在这方面，我深有体会。前几年，企业开发了一种新产品，只参加了国家级新产品评审，没有及时申报专利技术，结果每年给企业造成上千万元的销售损失。当时如果有内行人提醒我一下，也可能就避免了这一损失。因此，我很注重学习充电，目前，正在学习MBA硕士工商管理专业，我推掉了一些应酬活动，从未请一次假。通过学习，我感觉知识太重要了，学习无止境，运用到实践中，可以说是如虎添翼。

企业要发展，单靠我一个人显然不行，所以我运用所学的MBA硕士工商管理知识现学现卖，对公司全体中层管理人员和技术人员进行培训。另外，企业员工的素质培训非常重要，直接关系到企业的长远发展和生存。民营企业发展面临最危险的因素就是企业管理不规范，特别是缺乏人才激励机制，不敢大胆使用人才，不敢相信外人，企业实际处于不健康状态，潜伏着危机。公司通过几年的运行，虽然企业规章制度不少，设置职能部门不少，但对企业员工尤其是管理层的人员考核仍不尽如人意。所以，最近公司聘请人民大学的专家教授来帮助企业制定先进的人员职位选定标准，力求因需设岗，因岗设人，人尽其才，科学用人。下一步拟对高层管理人员实行年薪制，将他们的劳动报酬与公司的生产经营状况及其经济效益挂钩，激发他们的积极性、创造性，由原来单个人的智慧力量变成领导班子的整体智慧力量，确保公司生产经营决策的实效性，避免决策的重大失误。2002年对公司其他员工准备适当增加工资，要使企业发展得更快更好，让公司员工的待遇随着企业的发展而逐步提高，要对得起各级政府的关怀。

二、个人的家庭情况

我的家庭成员有老母亲、妻子、儿子。父亲已去世，他在世时身体有病，腿上长骨蛆，那时家庭很穷，没有钱治病，延误了治疗，基本丧失了劳动能力。他虽然没有文化，但他非常支持我上学，说就是要饭也要供你上学，并教育我要诚实做人。

母亲年老患病卧床已五六年了，被我接到厂内住在我隔壁，因我比较忙，雇了人专门照顾她。新中国成立前，我家在村子里是一个大家族，家庭出身不好，爷爷是族长，三爹在新中国成立初被镇压，舅舅逃到台湾去了。我母亲是续弦，母亲年轻时对家庭和孩子付出了很大的心血，因父亲身体不好，整个家庭靠她支撑。6 个孩子只活下来我和 1 个姐姐，其他 3 个哥哥和 1 个姐姐先后在 1960 年前后的困难时期因疾病、饥饿被夺去生命。

妻子是我当年大专时的同班同学，临近毕业时开始了恋爱，后来一同被分配到青岛海洋化工厂。由于企业不太景气，现已提前内退。妻子这个人比较容易满足现状，当初，我跟她商量想离开国有企业，自己下海办企业时，她坚决反对并以离婚来要挟，理由是：在国有企业工作，虽然收入不是很高，但比较稳定，你好歹也是个中层干部，为什么要冒风险，钱没多没少，生活够用就行了，钱多了对家庭还意味着不稳定等。我反复向她讲明：个人的性格决定了我不愿待在国有企业混“大锅饭”和看别人的脸色，如果继续待在这个企业，我是活遭罪并要憋出毛病的，我要出去闯荡一番，看看我的本领到底有多大。后来，我坚决离开国有企业，她也默认了。

儿子今年 19 岁，现在新加坡上学，到国外读书已一年了。我送孩子出国学习，希望他学好英语，熟悉国外的社会环境，将来我到国外投资设厂，就由他来管理。下一步，我妻子也准备到新加坡去，照顾好儿子。

我本人上小学、中学时，全凭着村子里给予的补助才上完了学。现在，我回村兴办了这个企业，也含有回报的感情色彩。企业在招收员工时，招用了不少当地人。但我用人不是无原则的，也要符合企业招工和劳动管理的标准要求。当初，有亲戚的孩子 10 多人投奔我的公司，如今只有两人仍继续在公司工作，其他的都因为恃强凌弱不服从公司管理而被辞退，至今有些亲戚还不理解。

三、家庭经济状况

虽然公司是我个人创办的，但我也实行工资制，月工资平均 1 万元，参加社会养老、医疗等保险。妻子退养工资500—600元，享受养老、医疗等社会保险。现在，家庭经济状况不存在问题，随着公司的发展壮大，相信我们的生活会越来越好。

四、对职工社会地位、权益实现状况的看法

我想把本公司发展得越来越好，让职工的经济状况不断改善，如果一个企业不能让职工的经济状况得到改善，不能为提高职工的社会地位做出努力，那么这个企业就不是合格的企业。对宏观上的职工的社会地位、权益实现状况，不愿去评论，只想把本公司职工的经济状况和地位搞好就行了。

五、对本公司劳动关系状况的看法

我认为，本公司劳动关系比较和谐稳定。第一，企业招收员工时有文化程度要求，一般到人才交流市场招聘。企业对每个员工都要进行培训，使其掌握必要的专业技术知识和有关国家法律法规及政策，总体看，员工队伍素质较高。第二，随着公司的发展壮大，员工的工资收入呈上升趋势。全公司现有员工1200余人，技术、管理人员基本上是从青岛市内聘请来的，许多是我原来国有企业的同事。生产一线的员工多是当地人或外地打工者。企业内的每个岗位的工资分为5档，与相应的劳动强度、技术含量、工作量相对应，由员工本人自己选择那一档工资，只要能胜任，就拿该档工资。除了员工工资收入逐步增长外，技术、管理人员的社会五大保险全部统交；给生产一线的员工缴纳了养老、工伤保险。第三，企业劳动管理制度比较健全。员工进厂先签劳动协议，三个月试用期满合格，企业与员工正式签订劳动合同。但也有个别员工不愿与企业签订劳动合同，抱有临时观念，企业也不强求，但需有本人书面证明，以备劳动行政部门监督检查。第四，公司的安全生产措施比较到位，劳动保护工作较好，按照国家政策执行。区劳动和社会保障局经常来检查，比较满意。

六、对工会工作状况的看法

我是从国有企业出来的，深知国有企业工会组织所处的地位及其作用，说实话，在国有企业，工会组织是个牌位，职代会是形式，是愚民政策，不起什么作用，工人阶级是主人翁那是口头的话。相比较，民营企业工会反而比国有企业工会作用发挥得好，按照企业的现状，我对本公司工会工作比较满意，随着公司的发展和逐步规范，相信公司工会工作会越来越好。公司工会成立后，做了大量工作。每年开展员工提合理化建议活动，组织员工开展技术小革新、技术比武活动，近年又建立了员工与公司公开对话制度，规定每季度或半年召开一次，员工有话敞开说，言者无罪。如对公司及其工作人员的做法有意见，可以到公司督察部投诉。另外，公司工会代表公司对困难职工进行救济、补助等，员工患病或家庭遇上婚、丧事，工会必到其家中走访。

结合企业的实际，公司工会组织了丰富多彩的职工文体活动，如歌咏比赛、运动会、节日欢庆等活动，促进了企业文化建设，起到了其他组织所不能替代的作用。现在，企业“职工之家”活动园地已建成，将为职工的业余生活提供很好的环境。

镇工会（上一级工会）每年都搞几次大的文体活动，组织企业参加。我这个人比较喜欢文体活动，上学时就是活跃分子，所以对上级工会和本公司工会开展文体活动非常拥护和支持。除了公司重视外，员工的荣誉感也很强，都想获得好成绩、好名次，这也有利于增强企业的向心力和凝聚力，有助于加强企业文化建设。希望上级工会特别是区、市工会组织活动时，能让我们这样的企业参加，宣传自己的企业，提高一下企业的知名度。同时，我们也可以出资赞助略表心意。

今天，我是实话实说，感谢上级工会能到企业来听取基层的意见，希望上级工会今后多到企业指导我们的工作。

章某某，女，常州百货大楼股份有限公司职工。

一、被访者的工作经历和感受

我1967年10月出生，原先家住郊区红梅乡，现家住郊区北环。1980年9月以优异的成绩进入常州市第一中学；1983年9月，升入常州市第六中学（现在的常州市田家炳实验中学）高中部就读，高三毕业后，未能进入大学深造；1986年12月，在郊区劳动服务公司的招工中，进入常州市第五服装厂并成为一名劳动合同制工人，签约三年，因为种种原因，二年合同期满，就没有续签。

1992年10月底，进常州百货大楼股份有限公司工作，被分配在鞋帽部童鞋柜。1995年6月，因工作认真、出色，被鞋帽部经理提拔为男鞋柜柜长，这成为我进百货大楼股份有限公司的第一个转折点。1998年5月，大楼中心鞋帽部合并后，内部进行柜长调整，我被调至中心男皮鞋C组柜任柜长，1994年又被调至女鞋D柜，2000年6月，由于“江苏省巾帼文明示范岗”女皮鞋B柜柜长支顺珍的退休，我又接替了老柜长，担任了女皮鞋 B 柜的柜长。在服务中，我始终坚持“细心、诚心、耐心、爱心”的宗旨，赢得了领导和同事们的赏识和信任，同时，也赢得了顾客，并与许多的消费者建立了友谊，一分耕耘，一分收获，我所在的柜组先后获得了公司“先进班组”（1998 年）、“全国巾帼示范岗”光荣称号（2001 年 3 月）；我自己也于 2001 年荣获“常州市岗位明星”称号，其所在的柜组也以其名字命名为“女鞋专柜”，成为常州百货大楼股份有限公司的十大品牌之一，收到了良好的经济效益和社会效益；2001 年 11 月在公司开展的争创“服务品牌”的活动中，努力学习新知识，掌握新技能，被公司授予“服务品牌”称号。2002 年 2 月，我在鞋帽分公司领导的指导下、其他柜长们的帮助下和行家们的配合下，编写了《鞋品知识手册》和《鞋帽箱包导购手册》，产生了很大的影响。

二、被访者的家庭情况

我父亲初中毕业后进常州市毛巾厂工作，后因下放去了农村务农；母亲小学文化，曾在橡胶厂工作，现在二人均退休在家。丈夫高中毕业后到常州市红梅乡棉织厂，企业因效益不好破产，他也因此失业，后经同学帮忙，在金太阳家电城帮别人安装空调，月收入 300 元，有一个儿子现在北环路小学读六年级。

1997 年下半年，为了改善居住条件，筹资建了一座三层楼房，却因此欠下了一笔债务，生活变得比较困难，一人的收入要负担全家的开支，担子很重。

三、被访者及其家庭的生活状况

现在工资 934 元，扣除养老金、失业金、医疗保险金、公积金等费用，实得 686 元，另加奖金 350 元，合计为 1036 元，加上丈夫的 300 元，每月实际收入为 1336 元，其中，需要支付给公婆 300 元，其余的用于家庭开销。

在公司享有养老、医疗、失业、生育等社会保障，丈夫在红梅乡棉织厂工作时，单位就未给其交纳过社会保险，失业后这些社会保障更是没有着落，应由男方负担的独生子女费、医疗费用等也都未能享有。

目前最希望的是丈夫能找到一份比较稳定、比较好的工作，这对树立丈夫的自信心和解决家庭的经济问题都是有很大的、很现实性的帮助，对丈夫以后的防老、养老等也是极其重要的。

困难虽然较多，但心态还是比较平衡的，就是“比上不足，比下有余”，对未来生活也表示了乐观的态度，相信家里的生活会好起来的。

四、被访者对职工的社会地位、权益实现状况的看法

我认为今天的就业竞争相当激烈，对人各方面的要求都比较高，个人要适应社会的需求，就要不断提高自身的素质，我丈夫之所以在失业后长期找不到工作，主要原因在于他只是个高中生，又无一技之长。

谈到国家、社会上的事，我认为，国家和社会正在努力创造一切的就业机会来实现劳动者的就业，报纸、杂志、电台上经常可以看到听到这样的报道，国家也在尽全力帮助贫困的职工家庭，但我感觉到，尽管家里比较困难，我的家庭也可能不在帮困之列，因为，毕竟比我家庭困难的还有不少。对于失业，我的观点是，随着社会主义市场经济体制的发展，企业要想有活力，就必须减员增效，因此，失业也是在所难免的，应该用一种平衡的心态去看待，现在应做的不是抱怨，而是该想下一步怎么办。

这几年的收入明显增加了，我的收入就从 1992 年的 100 多元，涨至后来的 300 元至现在的千元左右，也有了基本的社会保障，而在以前是没有的，但我觉得，社会分配、社会保障是有差异的，发达地区做得比较好，贫困、落后地区做得比较差；效益比较好的企业做得比较好，效益比较差的企业做得比较差；国有企业、集体企业做得比较好，个体私营企业做得比较差，难以做到平衡，医疗卫生虽有明显的进步，但仍欠缺，如职工发生重大疾病，职工的医疗费用往往难以承受。在劳动安全上，很多企业的问题比较严重，舆论就曾经报道过多起煤矿爆炸、透水事件，造成了多人死亡和受伤，这些企业视工人的生命为儿戏，把安全生产置于脑后，国家和有关部门应好好抓一抓、管一管。

要很好地保障职工应有的社会地位和合法权益，首先应在立法上更加突出职工在社会中应有的地位，虽然目前有《劳动法》《工会法》等一系列法律、法规来保障职工的权益，但在执法的过程中仍存在很大的缺陷，违反劳动法的现象比比皆是，因此，还应加大执法力度。从目前的情况来看，劳动关系多数是雇用关系，劳动者在与雇主的比较中明显处于劣势，是弱势群体，这也可以从侧面反映许多工会工作不得力的原因（雇主方面可以撤换工会主席，或直接就解雇工会领导人）。因此，必须从各方面来维护职工的合法权益（宏观和微观）。

五、被访者对所在单位劳动关系的看法

我认为公司的劳动关系还是很和谐、稳定的，主要原因有：

1. 公司是由国有企业改制成股份有限公司的，在劳动关系的订立方面做得比较规范。

2. 市总工会在职工的用工制度方面比较重视，宣传的也比较多，公司经营者的法律、法规意识比较强。

3. 本公司工会的协调、维权方面做得均比较好。

到目前为止，凡工作在10年以上的职工，公司都与其签订了无固定期限的劳动合同，其他人员也都有劳动合同，工会还代表职工与企业行政签订了集体合同。

同事之间关系也很好，自己作为柜长，组员对其工作都比较支持，每个柜组都有销售指标，大家有共同的目标，加之年龄相仿，有共同的心理感受，就更加能互相帮助，互相理解。

六、被访者对工会工作的看法

1. 本公司工会在维护职工合法权益方面做了大量工作，坚持和完善以职代会为基本形式的民主管理制度，认真履行集体合同，把厂务公开工作进一步落到实处。

2. 在职工教育方面，为提高职工队伍素质，认真学习《公民道德建设实施纲要》，抵制邪教“法轮功”，另外开展职工读书活动，以及开展一系列的文体活动来丰富职工的文化生活。

3. 在职工的培养上，推出了“十大服务品牌”，培养了一批劳模、先进以及百名商品知识行家。

4. 对重病职工、困难职工实施了送温暖工程。如工会对单位两位癌症患者都支付了许多的医疗费用。

在谈到对上级工会的看法时，我认为上级工会，特别是市总工会对基层很重视，经常到基层做宣传、组建工作，工作做得细、做得实，对基层的帮助很大。

张某某，男，江苏虎豹集团秘书。

1990年高考落榜，由于家境贫寒，仅因2分之差而游离于大学校门之外。参加工作前的近1年时间里，我先后干过木工活，当过搬运工人和煤矿工人。早在做搬运工时，常常因体单力薄而遭师傅的白眼，尽管如此，也一刻未放松过自己的学习，并想着有朝一日能出人头地。1991 年夏季一个偶然的机会，我阴差阳错地来到了煤矿，当上了一名“煤黑子”。几年的煤矿生涯让我明白了许多事理。以前听邻居讲，煤矿这碗饭不好吃，现在，成了一名矿工，个中的酸甜苦辣我才真正体会到。由于是三班制工作，为我的自学提供了较为充裕的时间，我在心中暗下决心：工作再苦也不能荒废学业。于是，我开始挤占班后的点滴时间，走上了自学成才之路。功夫不负有心人，两年半的时间，我拿下了汉语言文学专业的所有课程，圆了自己的大学梦。毕业不久便被调到矿宣传科工作。其间，我利用手中的笔，积极讴歌矿工的先进事迹，努力发掘矿工身上的闪光点，并感觉自己有了用武之地。可随着时间的推移，特别是耳濡目染一些事情之后，我开始察觉出煤矿存在的一些弊病，诸如机构臃肿、人浮于事、人与人之间钩心斗角、争权夺利、尔虞我诈、官官相护等。尤其突出的是，在国有企业做事，凡事都讲究论资排辈，这使我的工作激情受到了极大的伤害。于是怀着“天生我材必有用”的信念，我从煤矿跳槽，来到了江苏虎豹集团。

在虎豹集团工作的四五年里，我最大的感受就是私营企业的工作节奏，与国有企业相比，完全是两个概念，“雷厉风行”这个词，用在私营企业里是最恰当不过的了。另外，在私营企业做事，工作上有动力，也有压力。企业与员工之间是双向选择，企业可以选择员工，同时，员工也可以选择企业。在虎豹集团流传着这样一句话：今天工作不努力，明天努力找工作。因此，在“虎豹”工作的，每时每刻都有一种危机感。同样，在私营企业里，你找不到论资排辈任何迹象，无论干什么事，不论年龄大小，资格深浅，只要你有能力，一样会让你去干。在私营企业里，老板最忌讳的是只拿钱不做事的人。在这里，你看不到一个闲人，无论走到哪个部门都是忙忙碌碌，每个人的发条都是上得足足的。

从我个人的家庭来说，近 5 年来，也发生了不小的变化。首先，我从一个儿子变成了一个父亲，完成了盖房、娶妻、生子几乎每一个家庭都必经的程序，组成了自己的小家庭。由于我们夫妇都有固定收入，所以小日子过得还可以。尤其是来到“虎豹”之后，单位领导为了消除我的后顾之忧，分给我们一套住房，并为家属安排了工作，这就在一定程度上使我滋生了为企业多做点儿事的想法。说实在的，现在，我真有点把这里当成“第二故乡”的感受，我要从内心感谢单位领导对我的关怀、照顾。

现在我们全家一个月的收入约2000元，除了正常的家庭开支，加上赡养老人、抚养小孩，每月需1000元左右的开销，这样算来，一家三口的生活水平还可以。俗话说，“知足者，常乐也”。比起那些靠低保生活的下岗职工，我们的生活可就富裕多了。

作为我们这个家庭，目前，迫切需要解决两个问题。一个是有人帮助照看小孩。儿子虽然读幼儿园小班了，但是由于淘气加顽皮，没让我们少费心。假如有个人能帮助我照看小孩，那我们工作也就安心了。另一个是，说实话，我这个家庭需要钱。我们只有通过不懈的努力和勤奋的工作，不怕苦，不怕累，才能攒取更多的钱，尽快摆脱缺钱的窘境。

对于个人来说，我想，只有通过自身的努力，才能谋求更高的职位，获取更高的薪水。而要实现这些构想，必须不断充实自己，不断加强学习，提高综合素质，与时俱进，奋发进取，争取更大的成绩。对于家庭来说，我没有过高的奢求，等小孩读初中时，能在扬州城里买处住房，我们就心满意足了。

近5年来，我们国家在职工劳动就业、收入分配、社会保障、劳动安全卫生权益的实现方面，提出了一些指导性意见，并要求全国各地贯彻执行。作为私营企业的一名普通员工，我对此提出以下一些不成熟的看法。

随着市场经济体制的进一步深化，各种所有制形式的企业都在进行着内部改革，特别是许多企业提出减员增效的管理思路。比如内退、提前退休、退居二线等，把一部分人推向了社会。这就必然地导致一部分人失业或叫下岗，于是再就业培训中心也就应运而生了，这在一定程度上缓解了劳动就业矛盾。至于收入分配问题，由于社会分工的不同，决定了不同的人享受不同的工资待遇，这本是无可厚非的，但不能一味地强调社会分工的不同，而不顾那些生活在贫困线以下的弱势群体，因为他们毕竟是社会主义大家庭中的一员。

当今社会，这样一种现象很值得我们深思，那就是不同所有制性质的企业职工，所享有的社会保障和劳动安全卫生权益也有所不同。一般情况下，国有企业在职工的社会保障和劳动安全卫生权益方面是比较注重的。据了解，这些企业基本上都为企业职工办理了社会养老保险，签订了劳动合同，各种劳动安全保护措施也是比较到位的。但是，到了集体性质的企业，情况就不同了。他们往往是按照较低的标准为企业职工办理社会养老保险（一开始还不是这种保险，而是适用于农民的一种农村社会养老保险），基本上不签订劳动合同，劳动纠纷则无法追究哪一方的责任，当然也就谈不上保护职工的劳动安全卫生权益了。再到现在的大多数私营企业，情况就更糟了，由于是私人老板，他们总认为这个企业是老板个人说了算，根本就不考虑广大职工的感受，更谈不上什么保护职工权益方面的问题了。在领导与员工之间，往往是老板与雇工的关系，深深地打上了封建地主阶级的烙印。尤其是收入分配问题，我个人觉得，在私营企业里表现得较为突出，老板（包括各位副总）与员工之间的收入差距有几十倍的悬殊。因为在私营企业有这样一条不成文的规定：上不封顶，下不保底。

我认为，不管在什么样的所有制性质的企业，有保障职工的社会地位及其合法权益，必须做到“三个一”。首先，要树立一个观点：职工是企业的主人。这样首先从思想认识上确立职工的主人翁地位，有利于企业职工主观能动性的发挥。其次，要坚持一个原则：以法治厂，以制度管人。就是企业应依照国家的法律法规，自觉维护和保障职工的合法权益，按规定要求与职工签订劳动合同，办理社会养老保险，依法保护职工的劳动安全卫生权益。最后，要认定一个目标，那就是，企业只有保持长久不衰并持续发展，职工的社会地位和合法权益才能得到有效地提高保护。试想一下，如果一个企业本身的发展后劲不足，或者说发展目标不明确的话，那么，凭什么来提高职工的社会地位？又能凭什么切实保护职工的合法权益呢？

应该说，目前虎豹集团的劳动关系还是比较和谐、比较稳定的。主要有以下几方面的原因：一是企业与职工个人都签订了有效的劳动合同，广大职工觉得，在“虎豹”工作有一种安全感。二是企业实行多劳多得的分配原则，干多少拿多少，职工觉得比较合理，于是就安心在“虎豹”工作了。三是企业依法与职工办理了社会养老保险，虽然目前还没有为职工个人办理医疗保险，但是与周边地区相比，作为私营企业能积极为职工办理社会养老保险，广大职工认为“虎豹”已经是相当不错的了。四是企业能在竞争激烈的商海中立于不败之地，在很大程度上稳定了职工队伍，使广大职工感到在“虎豹”有奔头。五是企业积极为职工解除了后顾之忧。广大职工感受到，这里是他们的第二故乡，虎豹集团就是他们的家。所以，在虎豹集团，劳动关系还是比较和谐、比较稳定的。

谈到工会工作，作为虎豹集团的一分子，我们感到问心有愧，工会工作搞得不太正常。原因是多方面的，但我认为主要是领导意识问题，在虎豹集团，企业老总认为，工会是一个群众性的组织，它的存在，不会给企业带来任何经济效益，相反只会增加企业的负担（比如工会经费问题）。因此，说实话，虎豹集团的工会工作只是给企业带来了一些社会效益，确实没有带来经济效益。在企业，干任何工作都需要领导的支持，否则，干工作也只能是草草应付，或者说只能是虎头蛇尾，做不到善始善终。

至于对上级工会的工作进行评价，真有点言过其实，在这里，我只能谈谈个人的看法。我们中国是中国共产党领导的国家，工会这一群众组织只有在党的领导下才能正常开展工作。同时，既然是群众组织，就要坚持走群众路线，广开言路，集思广益，允许大家讲，大家说，大家提意见，工会组织要真正能为职工群众讲话。可以这样说，在我们中国，工会组织的职能作用还远远没有得到充分发挥。

作为一名普通员工，我真诚地希望工会组织，不管是哪一级的，要真正发挥它的群众组织这一职能作用，真正能为职工群众讲话，真正为职工群众解决实际问题，而不是通过搞花架子，搞形式主义做给上级领导看。因为，“老百姓需要的是实惠，关心的是切身利益的得与失”。职工希望工会组织能真正成为“职工之家”，能让广大职工畅所欲言，积极为职工群众排忧解难。另外，我建议工会组织，特别是上级工会组织的领导，要与企业领导加强沟通，增进了解，消除一些不必要的误会，促进工会组织的健康发展。

第六次中国职工状况调查个案

（2007 年）

张某某，男，北京市建工集团第四建筑公司劳务工人。

我是安徽人，1968 年 10 月 1 日出生。汉族，初中文化，中共党员，在农村老家入的党，来自安徽阜阳嘉安建筑劳务有限公司。现在在来广营工地当施工队长，管着瓦工、木工、壮工 200 多人。技术等级是工程师。

我来北京已经 15 年了。最早在房山八建等几个单位干过。后来到了四建。以前都不签合同。五年前开始签书面劳动合同，最近 3 年不签都不可能了，地方劳动局强制要求签。合同的内容挺全的，什么都涉及了。现在劳动力紧缺，企业也愿意签合同，不签不好管理。一天多少钱，口头说经常扯皮，有了合同就好说了，对双方都有好处。我现在当队长，什么都得管，工地上的吃喝拉撒没有不管的，出了事都是你的。我们单位是当地政府办的，专门组织农民外出搞劳务输出，只是个人承包了。

当队长七八年了。最近几年感到建筑工程管理越来越程序化、规范化了。从人员管理、安全管理、技术要求各个方面都不能随心所欲了，一步步都有章可循。政府、项目部、监理、劳务各负其责，又分工合作，一起管理工程的技术、质量、进度，尤其是对施工人员的管理。工地日常吃住行等后勤管理都不用操心，都有人管。民工食堂是四建统一开的，吃饭刷卡，每天菜的品种有七八样，主食有米饭、面食。像四建这么规范的很少见，怕的就是饭菜不卫生、发生集体中毒的事故。现在工地上每个人的出勤情况、工资情况每天都上墙张榜公布，大家心明眼亮，不等年底算账就清楚自己的收入。每个工地上都有建委、街道、工地的维权电话，有侵害农民工利益的事，一个电话就有人来管。维权电话都刻在铜牌上立在工地上，想涂都涂不掉。

现在农民工的自我保护意识都挺强的。以前建筑工地农民工天不亮就干活，天黑了才收工，一天工作十几个小时是普遍现象。现在基本上都按规定干完 8 小时就不干了，超过 8 小时要么不干，要么得给加班费，不合适就打维权电话告状。他们懂得相关的法律条文。

现在工地住的好多了。从“非典”那年开始，我们就不住大通铺了，都是一人一张床。厕所也都是冲水的，有洗澡的地方。厨房更得按照标准做，卫生必须得合格。现在生活区是大变样，经常被检查。政府抓得紧，不合格轻则警告、罚款，重则停工整改。

像四建这样的国有大企业对于工地管理都挺严的，都有制度，必须遵守，对大家都有好处。不像其他企业那么随便，干着也不踏实。要不我们怎么愿意在四建干呢。以前有的工友到集体或私营单位干去了，一看安全不行、管理不行，什么都不习惯，最后又跑回来了。我们进了工地就是四建的人了，一切归它管，按它的规矩做，心里非常踏实，你想一个堂堂的大国企能不遵守政府的规矩吗？劳务公司只管劳动力组织、招聘、培训，把人拉到工地就算完事，其他都是用人方的事。

现在我的岗位比较稳定，不想流动，跟甲方、工友都混熟了，都称兄道弟了。到一个新的环境还得重新适应，太累。

目前民工的地位还行，比以前好多了。几年前对民工吆五喝六是常事。现在不可能了。一方面制度多了，管理严了，想侵权都难。另一方面政策宣传到位，组织管理严格，农民工也越来越懂规矩了，纪律性也强了。有侵害权益的事就打维权电话，不顺心就走人另谋高就。同时，农民工的工资待遇也不低，记天工资不干没钱，歇一天七八十元就没了，所以工作的积极性很高，对自己的要求也严多了。我工作的周围没有什么大的矛盾冲突，拖欠工资、上访、围堵的事没有。

我是队长，劳动强度不大，就是累心，安全的压力太大，摆在第一位。工地本来就容易出事，处处有危险，又有那么多人干活，眼一睁，第一个想到的就是安全。其实工地抓安全非常紧，岗前培训、班前训话、事故案例分析，50人配备一名专职安全巡视员、10人左右配备一名兼职安全监督员，违反安全制度的惩罚，各种措施都有，但很多人还是缺乏安全意识。出了事故对谁都不好。

北京的社会治安稳定。歧视我们外地农民工的现象越来越少，称呼也从农民工改称外地务工人员了。原来被歧视严重的时候，我们都有逆反心理，越嫌我们脏就越挤你们，跟城市人对着干。不过现在好多了，北京人越来越宽容了，我们也学得越来越懂得文明了，谁不想学好啊？谁都不愿意总被人看不起。再说了，长期在北京工作生活，也有点把北京当作家的感觉了。

现在我每月的收入2000多元，年底根据效益有奖金，5000元至20000元不等，一年的纯收入40000块钱左右。五年前，一个月也就1200—1300元。这几年农民工的收入明显提高了，技术工每天70—80元，壮工一天50元。我爱人在老家种地。五年前种地的可惨了，一年下来赔钱。现在不交农业税了，国家还给你补贴，种五六亩地，年底能剩四五千元。我们在老家不算太好，中等水平。村里的年轻人几乎都出来了，当地企业月收入也就四五百元。我父母都不在了，岳父母由他们家负责赡养。有两个孩子，一个上小学，另一个没上学。农村上学都免学杂费，只负担书本钱。现在农村也有医疗保险了，一人一月交 10 元，生病了能报销 60%—70%。一年下来，全家开销主要靠我爱人种地的收入，我挣的钱基本花不着，全存起来。三年前在老家新建的二层小楼。对今后的生活想得不多，但肯定不会差。我对家庭生活挺满意的，夫妻关系和谐，孩子健康平安。我爱人平时也可以来北京住几天，工地有临时宿舍，现在的交通也方便。

目前我的工作比较稳定，只要想干就不愁没活。北京太大，活多，劳动力紧缺。现在干建筑的农民工挣的多了，花的也多了。10 个人中 6 个都有手机，吃饭的时候也经常喝瓶啤酒。以前想都不敢想。在北京打工的生活比在老家农村强多了。自己对现在的工作、收入比较满意，跟工人比知足。

我们有工会组织，是建安公司的，我也是会员。我们建安的工会经常跟四建的工会一起搞活动，比如劳动竞赛、达标验收、文体活动等。有了困难，在工地的找四建工会，家里的找建安工会，都有人管。但是要有大事，还是得找建委、找劳动局，找工会好像没有他们厉害吧。我现在想不起什么权益需要维护，该有的都有了，没人侵我的权。我跟工会没什么接触，了解得不多。希望工会组织能经常下来体察民情，工会各种评选活动多给我们农民工一些名额，我们对北京市的荣誉挺看重的。现在有谁在奥运场馆干过、哪怕一天，都特别高兴，人都变得伟大了。

现在国家的政策重点都放在农村了。看报纸、电视宣传，总理想的、做的都是为了农民，全社会都把农民工当回事了，我们的地位明显上升了。先说工资，听不到拖欠农民工工资的事了。而以前，哪个工程能按时发给你工资才新鲜呢，一拖能拖几年。现在政府有规定，不发工资别揽工程，施工企业就是不发正式职工的或者去借，也得按时把我们工资发了。本来我们全家都指望这点辛苦钱生活呢。再说生活环境。原来都是小板房、大通铺，环境脏乱差，冬天冷、夏天热，吃完饭就睡觉，没有业余娱乐生活。现在住的环境大变样，干净、卫生，还有书报、电视等娱乐设施。这些都是最近几年政府为我们农民工做的好事、实事，我们从心底感激社会。但是总的来说农民工还是一个低层次、粗放型的人群，文化水平低、文明素质比较差，与城市人比还有很大的差距。希望多提高我们的整体素质，包括技术、文化知识的培训，多给我们创造一些机会。

这么多年我们跟着四建一起干，就希望四建发展得更好，我们也跟着过好日子。在我们眼里北京建工集团就是国家，四建就是家，它好我们就好，它坏我们也好不了。

纪某某，女，北京公共交通控股（集团）有限公司第五客运分公司工人。

一、家庭基本情况

我今年45岁，共产党员，高中毕业，北京市城镇户口，结婚后在朝阳门南小街住，后因拆迁搬到朝阳区垡头翠成。

我的母亲是一位退休工人，每月靠1000多元的退休金生活，父亲已经去世。家里兄妹五人我是老四，我爱人是北京人，父母健在，但身体都不算太好。我爱人跟我是同行业，也是在汽车公司工作，他是个汽车保修工，每月工资1500元左右，再加上我每月1500元工资，两人工资每月就3000元左右了。女儿去年7月上班，在民航总医院工作，每月工资1000元。我们夫妻俩因工作的关系，对女儿的生活和学习关心甚少，都是靠她自己，在她上职高住校时，我们每月交给她生活费，让她自己支配，锻炼了她的独立性。目前家庭经济状况还算是满意的。

二、我爱我的岗位

我从北京市垡头一所中学毕业后于1980年1月到北京水暖器材厂做焊工工作，属于有毒有害工种，每月工资100元左右，那时工厂经济效益不好，想换个好工作，但因自己文化程度低，又没有其他专业技能，都没有应聘成功。1995年，偶然的一次机会经朋友介绍，我来到汽车公司第六运营分公司应聘，结果公司聘用了我，每月为我上三险一金，与我签订了无固定期劳动合同。我被分到9路车队做售票员，从那年开始在汽车公司工作至今已经12年了。

初到汽车公司工作的我人生地不熟，心里真没底儿，但车队领导和同志们没有拿我当外人，对我都非常热情。领导对我进行了上岗前的培训，要求我们售票员在工作中要严格按照《售票员一次出乘服务规范》去做，热心为乘客服务。其他售票员们热心帮我介绍沿线地理环境，向我介绍工作经验，使我很快进入了售票员角色，工作进步很快。

开始我感到售票员的工作和以前的工作不同，从劳动强度上看现在比以前要轻松，就是上班撕撕票，不用动脑子。从工资收入来看，现在的工资收入比以前单位的工资收入每月要高出200元左右，使家里的生活条件提高很多，我内心庆幸换了一个比较满意的工作。但是工作起来并不是我所想象的那样，上班只是撕撕票那么简单。因为，乘客来自五湖四海，文化素养不一，知识层次不同，脾气秉性各不相同，因此，我经常在工作中遇到乘客的不理解和各种各样的故意为难，甚至无理取闹，稍有不慎就遭到乘客的投诉，使我对售票工作产生了畏难情绪，给我的思想、工作和生活带来极大的精神压力。记得有一次，一位乘客上车后递给我一个五张一毛钱叠成的三角形纸币，我当时就打开了纸币，乘客满脸不高兴地冲我说："你这么不相信我，好像我会少给你钱似的。"我微笑地对他说："师傅，没有不相信您的意思，是因为我们有票务制度，不能多款少款，收钱必须当面点清，您给的钱正好五毛钱。"那位乘客还是不理解地小声嘟囔："没少你的吧。"我随后撕张车票递给他："谢谢您，请收好。"像这样不起眼的事情每天上班都能遇到，虽说不算是什么大事，但通过这件事，我的思想在无意中发生了转变，逐渐认识到售票员工作不只是上班撕撕票那么简单，还需要讲究语言艺术的，说出来的话怎么才能让乘客所理解和接受，这样才能避免出现工作纠纷，才能为乘客提供更好的服务。

工作中我认真研究服务语言，热情为乘客提供满意、周到的服务，业余时间走访沿线地理环境，了解各条线路首末车时间，为乘客能够顺利换乘路线提供方便。我还将首都文明公约编成中途宣传用语为乘客进行宣传，使小小车厢成为传播精神文明的窗口。

记得有一次，车在小庄进站，车下有一位坐轮椅的女乘客，用一种乞求帮助的眼神望着我，我马上意识到她要坐我们的车，于是我忙问道："您是要坐9路车吗?"她点点头说："是"我赶紧跑到车下动员乘客帮我抬她上车，并安排在一个不影响他人上下车的地方。由于晚上坐车的人越来越少，车快到前门终点站时，后车厢里只有我和那位女乘客，怎么办？我赶快向坐在前边的乘客说："各位乘客，不知大家是否看到在后面有一位行动不太方便的女同志，请大家伸出友谊的双手帮助她，帮我把她送下车。"话还没说完就有乘客起身朝她走去，彼此虽然都没有语言，但看得出人间真情，我说："我代表车组向大家表示感谢。"车刚停稳，大家齐心协力把她抬下了车，当时的场面非常感人，女乘客含着泪水，拉着我的手说："大姐，谢谢您，谢谢大家对我的帮助。"从那时起，对我的人生又是一个转折点，使我感到了自身价值的体现，我也更加热爱我的岗位了。

三、在岗位上实现自身价值

通过许许多多的例子，我感到了三尺票台也可以实现自己的人生价值，为乘客服务是我的追求，只要我在工作中多关心乘客，多走一步，多说一句，多帮一把，多看一眼，就能得到乘客的理解和支持。

在我的努力下，我的工作得到了领导和同志们以及广大乘客的认可。从1996年到现在连续多年被评为集团公司级先进个人，并于1997年6月29日光荣地加入了中国共产党。这更坚定了我在岗位上实现自身价值的信心。几年来，身边的同志陆续申请转岗做了司机或调度员等在本企业里相对高薪的工作，有的同志问我："凭你多年的先进资格为啥不申请转岗呀？"我说："我喜欢售票员这项工作，它能体现我的价值所在。"

1999年我被调到322路工作，我积极发挥多年积累的工作经验投入工作中，受到了乘客的好评和领导的关注。很快我就被安排到当时车队仅有的一部先进车组工作，这更加激发了我干好工作的热情。8年的工作中，我所在的车组共获得乘客表扬96次，带徒弟共50多人，其中，3人在先进车组工作，1人成为团干部，2名转岗做调度员，其他人也都成了车队的业务尖子。随着社会的进步，企业的发展，2006年按照市政府的要求公交实施了IC卡，这是一项工作量大，有一定科技含量，事关企业长远发展的重要工作。为此，我全力协助企业完成各项工作，积极参加培训学习，查阅有关材料。为使自己尽快熟悉新业务，我牺牲了公休，不放过每一场培训，并自创了一套适应本线路特点的查验票服务方法，得到了车队的认可、职工们的好评，并在全队进行了推广，我变成了"方法"的推广者，班上我协助车队上车辅导，班余为方便职工问询，我将自家的电话号码公布在职工休息室，也就成了名副其实的热线电话。虽然辛苦了些，但是想到通过自己的努力能为企业、为同志们做件非常有益的事情，我就有一种从未有过的强烈的喜悦，因为我正通过自己的努力在岗位上实现着自身价值。

四、我的一些想法

1. 对现在的工作收入基本满意。收入比较合理。近五年工资增长比较多，五年前每月工资能拿 800 多元，现在每月能拿到 1500 元左右（都是扣除三险之后的）。

2. 我现在每周工作时间按规定是 40 个小时，但因交通堵塞，几乎每天都超出实际工作时间半小时以上。劳动强度还能承受。企业有劳动保护规定，能够按时发放劳保用品，夏天有冰冻矿泉水及绿豆汤。很感激得病后领导和同志们的看望慰问。

3. 我现在的工作岗位是售票员，业余时间还担任车队职工代表和服委会职务。我能代表职工向领导班子献计献策，保护职工合法权益，利用业余时间上路走进车厢辅导年轻乘务员，这也是我最开心的时候。一个人好不是好，大家好才是真正的好，所以我对现在的工作非常满意。不想当劳模的职工不是好职工。我的打算是在售票员的岗位上实现自己的人生价值——成为劳动模范，这就需要我在岗位上不断努力，不断奉献，早日实现自己的理想。

4. 工作中有领导的关心爱护和帮助，有乘客的理解，有同志们的支持。家庭生活中有丈夫的支持和关心，父母的理解，女儿的可爱。这些是我在工作和生活中感觉比较满意的几个方面。

5. 对于家庭经济，我最担心的就是生病支出。

6. 对今后家庭发展的想法和期望是，生活越富裕越好，希望全家幸福安康。

李某某，男，太原航空仪表有限公司传感器与弹性敏感元件中心（国有独资）职工。

一、被访者个人基本情况

36 岁，电子束焊工，组长，大专文化程度，月工资 1300 元，年收入 19600 元。爱人与其同单位、同班组、同工种，月工资 1000 元，年收入 16000 元。其他家庭成员：孩子。家庭年总收入 35600 元。

1993 年参加工作，从事电子束焊工作，原来产品比较单一，任务量不是太大，近五年公司发展速度快了，从任务、生产指标、产值各方面都明显增加，中心产值也翻倍增长。品种增加了，重点型号任务加大了，固定资产也增加了，我们小组就引进新设备三台。总的感觉是，公司近几年发展得非常快。

目前工作压力主要是：分厂较以前品种多，任务重，技术要求更高。感觉自己所学的东西太少，需要提高，而电子束焊是比较冷门的专业，不像焊工较普遍，培训机会也相应多。束焊几乎没有进修、系统学习的机会，全靠自学和跟师傅学。

生活压力主要是：孩子的教育问题。教育是家庭的最大支出，小孩八岁了，从幼儿园到小学，要上一个比较好的学校都得托关系，花钱。我们收入不高，物价也不断上涨，经济支出远远大于收入，造成困难，还需要父母不时给予补贴。

对于家庭经济最担心的，第一是生病，现在一旦生病，住院费用很高，甚至承受不了，所以现在无论年长、年轻的都感觉身体健康是第一位的，生不起病。第二是子女教育。目前家庭大部分都是独生子女，子女教育成为每个家庭的主要内容，都想把孩子送到比较好的重点学校受教育，择校很难，费用就更高了，而且还要进行一些补习、特长训练，因此，子女教育成为家庭的重点开支。

近五年工资增长幅度不大。2004 年实行岗位工资，增加了 400 元，2005 年、2006 年各增长了 150 元。收入偏低，收入与工作付出相比不太满意。我们每周工作时间平均 52 小时，劳动强度一般，但技术性较强，工作收入应该至少增加 1 倍左右，目前社会上一些垄断行业月工资很高，真正能给社会带来多大效益不一定，可月收入 4000—5000 元以上，不太合理。

对未来家庭发展的想法和期望就是，住房面积能大一些；多挣钱，家庭收入再增长些；生活质量提高些；自己业务水平再提高些。

二、被访者对单位、社会的看法

被访者认为这几年从公司到所在单位，科研生产、经济指标都有了明显的提高，目前职工地位也不断提高，职工思想状况较稳定，虽然收入不很高，但逐年增长，住房基本有保障。特别是自己对本职岗位比较喜欢，而且很适合，对自己这个岗位有种荣誉感，因为我们现在生产的产品都是给航空配套，重点型号任务也比较多。一直以来自己对军人很崇拜、热爱，曾想当兵，所以目前也没想过要流动，觉得束焊这个工作挺有搞头，吸引力强，一心一意扑在工作上。公司领导对一线工人也非常重视，劳动用品基本按要求配置，有保障并能按时发。近两年评选标兵、评选劳模，工人都占一定比例。被访者也是公司技能标兵。但就整个社会来说，工人地位在政治上虽然没有明显区别，但在经济方面就有差别了，相比之下工人收入还是比较低，所以相应地位也低。为什么好多人不愿进工厂，不愿当工人，而愿意去政府部门、机关和一些垄断行业，这就能说明问题。

所在单位管理严格，执行力度较强，一是制度健全，二是职工素质较高。制度建立了，关键是执行力。单位班组建设搞得也不错，有制度、有考核，重视班务公开，每月作业会都提到人性化管理，和谐发展宣传得也很多，实践中确实也做得较好。大家团队意识强，集体荣誉感强。由于工作环境好，领导重视支持，热爱自己的岗位，一直尽职尽责很好地完成了各项生产任务。

公司高度重视精神文明和文化建设，最近又下发了礼仪规范，被访者表示看到了，也听到一些反映，认为上面许多要求是最基本的，也是一般应做到的。文化、道德建设搞好了，客户印象好了，就能提升企业形象。部分人有看法，也不是大事，关键是教育、宣传、疏导比较重要，久而久之养成习惯。

三、被访者对维权、其他问题的看法和建议

被访者认为公司工会这几年通过多种形式，如提案征集等，对职工的意见及建议及时落实解决，并把处理结果向全体职工及时进行公布。特别是技校生的合同、保险问题，原来他们担心有后顾之忧，流动也比较大，现在解决了，他们都能安心工作。职代会上通过了《集体合同》，而且定期向职工通报履约情况，劳动保护、安全生产、文化建设等方面都很重视。工会还通过各种活动丰富职工文化生活，最近组织了职工趣味运动会，职工反映都比较好，大家开心，同时还增进了团结，增强了凝聚力。在维权方面也是利用各种渠道大力宣传，努力维护职工的合法权益，营造和谐氛围。不过在工作中权益受到侵犯时，被访者个人认为首先是找单位行政领导，因为目前无论分厂还是公司，一把手负责制，一般找行政领导更直接、更方便。就工种来说最需要维护的还是劳动保护方面，用品配置比较好，也比较及时，有保障，但职业病预防、防辐射、定期体检、环境测试这两年不太到位。

当前国家和政府也高度重视和谐社会发展，从多种角度、多方面解决不和谐因素，但要从根本上解决诸如收入差别不合理、腐败现象、医改等问题，还是要从体制上改革。就工人阶级主人翁地位，不同的层次认识不一样，我们分厂没有改制，感觉不明显，有的分厂实行改制，职工对身份置换不太理解，所以提倡共同建设、共同享有非常必要。前几年亚洲金融风暴，造成了很大影响，但中国发展速度还是比较快，老百姓生活水平普遍提高。太原还不像别的开放城市，从硬件、软件都快速发展，但手机的普及、发展，股票行情，人民币增值等都是经济发展的真实写照。国际上华人地位也相应提高，学汉语的也多了，国家强大，影响也大。这一届领导亲民政策比较多，如出台《物权法》、关注医改问题、农业税取消等，都是从构建和谐社会出发，为民生考虑，做得还是不错的。只有经济建设发展了，人民生活水平才能不断提高。

建议：

1. 国家应从经济上考虑增加工人收入，从而提高工人地位。

2. 公司目前在劳动保护用品方面配置比较好，希望能进一步加强职业病防治，定期检测。

3. 公司工会技能竞赛对工种应区别对待，覆盖的工种尽可能多一些、面更广些。

4. 公司技能鉴定工作已经开始，希望对本工种能进一步培训，经考核可以取得技师资格。

韩某某，女，讷河市晶晶美容美发店（私营企业）经理。

一、被访者个人基本情况

1965 年出生，现年 42 岁，汉族，高中学历，本人宗教信仰为基督教。

二、被访者个人工作主要经历及感受

被访者现任讷河市晶晶美容美发店（私营企业）经理职务，月工资收入在 3000 元至 4000 余元，年收入约为 5 万元，无其他收入来源。

她曾在讷河市肉食商店做过临时工，当过技术员，单位性质为国有。在肉食商店工作了 4 年后，于 1990 年与单位解除劳动合同，创办晶晶美容美发店至今。

在谈到对过去尤其近五年来的工作经历时，她谈了自己的一些感受，她说，从事个体经营已经 17 年了，开始是她一个人开了家理发店，店面很小，只有一

把椅子，每天顾客也少得可怜，后来，经过几次外出学习新技术后，店内的经营状态才得到改善，由于经营有方，在社区内名气逐渐大了起来。随着店面的扩大和技术的不断提高，1995 年起，她开始招收学员，主要对象是那些待业在家的初高中毕业生。经过培训的学生，目前已经分布于讷河市的各个乡镇街道。为了扩大美发店的规模，在每期学习期满后，她都与个别学员签订 2 年至 3 年的用工合同，让他们继续学习提高，目前店内仍有 4 个学员在此任理发技师。

回忆起刚刚起步的时候，由于缺少资金，缺少社会地位，她曾经被人看不起，办事处处受阻，但是她凭借自己热情的态度和高超的技艺，逐步受到了别人的尊重，现在生意红火起来，各个管理部门也都为她办事提供了相应的服务，为此她感到很高兴。

当谈及工作或生活中最大的压力和职业发展的障碍时她说，从目前来看，竞争压力实在太大，要想生存就必须得有超前的意识，而要想有超前的意识，就必须要加强学习。现在讷河和齐齐哈尔比起来，无论是从美容还是美发的角度看都存在很大的差距，齐齐哈尔市很多美容美发师都来到讷河开办美容美发店，这对自己的生意无疑是个冲击。面对这样的局面，她想到的是要在最短的时间内提高自己的技艺，改变店内的管理模式，使自己的美容美发店在讷河占有一席之地。

三、被访者家庭经济状况及相关情况

被访者家中共有 4 口人，除夫妻俩外，另有一子一女。她的丈夫是一名执业医师，自己开了一间诊所，月收入 2000 多元，年收入可达 3 万余元。目前家庭总收入可达 8 万元，主要赡养的人口就是双方的 4 位老人。

现在家庭总的经济支出和经济负担就是社会交往、人情往来和技能培训以及赡养老人支出。谈起五年来的变化，她有很多感慨，那时候老人离开农村来到城里，没有任何的养老保障，两个孩子上学需要大量的费用，她和丈夫两个人的压力非常大，但是他们都咬着牙挺过来了。通过两口子的努力，现在自己的事业有所发展，店面扩大，丈夫的诊所生意也不错，收入也很高，老人养老已经不成问题，孩子也都毕业了，虽然没有考上什么像样的学校，可也没闲着，目前都在学习一些自己喜欢的专业，也算是为以后找到了一条谋生的道路，她希望孩子们以后发展得比她要好。

谈及对于家庭经济最担心的情况是什么时，她说，其实目前也没什么可担心的事，目前经济状况比较稳定，不会有什么负担的，而且还会越来越好。目前也就是儿子要结婚需要买房子，虽然要花一大笔钱，但这笔费用也早在计划之中了，结婚所需要的费用也不会对家里产生什么经济压力，再说了，现在才四十多岁，还能干很多年，现在已经这么好了，以后只会更好了，只要身体健康那就不会产生什么经济负担了。

四、被访者对自己身份、地位、收入等的看法

被访者对现在的工作收入与工作付出相比是非常满意的，她认为，凭劳动所得的收入是合理的。五年前她的收入只有2万元，好的时候有3万元，现在已经达到了5万元，家里什么也不用愁了，生活条件也得到了较大的改善，对此她已经很满足了。由于行业特殊性的关系，她现在的工作每天早上八点钟上班，晚上有时要九点多才能关门，工作时间平均都超过了十三个小时，但劳动强度不大，每个美发师都不是满负荷的工作，相对比较清闲，收入也不算低。只是由于长期接触药水和碎头发，她患过敏性鼻炎已有几年的时间了，但这不影响工作，也没有给生活带来多大的不便。

在谈到现在的工作岗位和身份时她感觉很满意，她认为现在服务行业的社会地位得到了提高，人们对服务人员也给予了极大的尊重，这是对一个人在社会当中重要性的认可，也是全社会素质提高的一个重要标志。当她听说有的服务员被市里评为了劳动模范和岗位能手，也受到鼓舞，她希望不久的将来，她也会在服务行业里成为一颗明星。对于今后的打算，她的目标是再将店面扩大一些，同时开办个美容美发学校，让更多的人学一门谋生的技术，解决社会的一些就业压力，也通过这种途径不断增加收入，为家庭有更好的生活。

五、被访者对所在单位的看法

由于是个体经营者，对单位管理和就业岗位等问题她觉得无从谈起，她只就从自己的美容美发店里讲一些看得见摸得着的实际问题，她认为现在有很多行业，比如饮食、美发等行业的工资收入偏低，存在分配上的不合理，收入分配差距大，为此对在与职工签订用工合同的时候特别就相关待遇问题给予高度重视，她的职工每个月与同行们相比，收入都高出一大截，她说，别看咱是吃亏了，可职工的工作热情上去了，对顾客的态度好了，顾客再来的机会就大了，另外，通过顾客还可以创造一定的社会效应，这是个良性循环。

现在，她的美容美发店已经初具规模，但为了不断提高自身的业务水平和

本店的知名度，她每年都要自费到齐齐哈尔或哈尔滨去参加一次美容美发培训，有时还带着她的学生一起去学习，得到了较好的效果，精湛的技艺使顾客很满意，同时也带动了店内整体素质的提高。

目前她所创办的晶晶美容美发店内劳动关系和谐、融洽。虽有个别学员因任性造成一些不愉快，但相互之间的矛盾不大，不存在激化的可能性，主要原因就是学员的流动性比较大，矛盾只会短时间内存在。

六、被访者对工会的看法和对维护自身权益的相关看法

晶晶美容美发店目前还没有成立工会组织，也没有加入社区的联合工会，她本人不是会员，但她对其他工会组织的维权情况还是有所了解的，认为工会组织作用发挥得比较好。她所听说过的维权组织也只有消费者协会，没有听说过其他组织。

她认为目前自身应当有受到普法教育的权利，因为现在只能是权益受到侵犯时、涉及什么事情时找什么部门，她希望能够加入联合工会中来或是在社区工会领导下成立工会，她希望工会组织能帮助她解决一些实际问题，她对工会的希望是有求必应。

七、被访者对其他问题的看法

在谈及对当前职工尤其是普通工人政治、经济、社会地位的看法和对工人阶级主人翁地位的看法时，她认为在不同的行业中，职工都做出了积极的贡献，但有些单位只是把与职工之间定位在雇用关系上，这一点很难让职工有主人翁的感觉，工作责任感淡化。

在如何理解共同建设、共同享有和谐社会问题上，她认为要和谐首先是人与人之间要和谐，从小家做起才能够真正和谐。每个人作为社会的成员，都应该担负起一定的责任，只有每个人都付出了，也就是每个人都参与建设了，那么这个社会才能够实现真正的和谐。

对于国家经济社会发展和企业发展前景的看法是，国家应该大力发展个体、私营经济，扩大就业渠道，只要解决了就业这个根本，国家的经济就会越来越好，社会也就越来越稳定，居民的生活才会有保证，只有这些都达到了，和谐社会建设才会真正可以说是有成果了。

对于职工的思想道德建设水平，她认为目前还不是很高，还要加大培训力度，因为职业道德关乎整个社会和国家的形象。

陈某某，男，新世界股份有限公司职员。

一、被访者个人基本情况

年龄：56；民族：汉族；户籍所在地：四川北路1770号；文化水平：高中；政治面貌：群众；宗教信仰：无。

二、被访者个人工作主要经历及感受

现在工作单位：新世界股份有限公司，岗位/职务：文员。

本人已与企业签订了无固定期限的书面劳动合同；月工资收入2200元，再加上年底奖金，年收入30000元。

1. 以前在哪些单位工作过，单位性质，最近一次调动工作是什么原因？

以前曾在上海市虹口区人防工程公司工作过，单位性质属事业单位。

2. 您目前的工作岗位和身份，基本的工作情况？通过什么途径到本单位就业？是否愿签劳动合同，为什么？

本人1995年通过商调方式进入现在的工作单位，目前已与企业签订无固定期限的劳动合同，中年人较多地考虑工作岗位与收入的持续性、稳定性，使生活质量较为平稳和有切实的保障。

本人目前的工作岗位：办公室文员，具体工作内容为：员工培训计划的落实，商场会议记录，ISO复审及材料管理，公司通讯员及部分文档管理。

3. 对你自己过去尤其是近五年来的工作经历有哪些感受？

最近五年来我的工作岗位相对固定，工作内容变化不多。感受较多的是，公司年前的一次ISO2000的质量认证工作。以前总认为ISO质量认证是工厂（生产产品企业）为控制产品生产全过程，有效保证每一环节产品质量，每位员工的操作程序，用科学合理的制度、规章进行保障。而商业企业是采购合格商品为顾客提供服务的过程，用质量的定义为服务过程进行量化、细化，是一件较为困难的事。当时我们企业领导着眼于提高企业核心竞争力，树立良好的企业形象，达到规范营业员为顾客提供良好服务行为的目的。公司及部门、各商场依据唯能力、唯知识、唯水平的评判标准，调集了相关人员在咨询公司的指导下，从梳理公司现存有关质量服务的制度和规章入手，根据ISO2000认证要求逐条逐款地制定新的目标要求，使我们为顾客提供服务的

全过程和每个方面都纳入可控的范围之内，有效地促使企业的管理质量、服务质量跨入新台阶。

新世界综合消费圈的建设也是一件振奋人心的事，仅用了一年多时间，新世界股份有限公司就以仅有 7.5 万平方米的商场裂变成总计 20 余万平方米，包括大饭店、停车库、蜡像馆、游乐场、影院等集酒店、餐饮、购物、休闲、娱乐等全功能消费的新业态，令外界称奇，使职工们振奋。

最近一年来，新世界品牌调整可谓大刀阔斧，有目标、有计划地分解落实到各部门，并有考核、奖罚等措施的推出，从我所在商场近一年的面貌的巨大变化中可见，品牌调整带来的是经营层次的提高，经营环境更趋优雅，部分经营管理理念的更新，等等。

最近几年，工作中经历了企业发展的几件大事，从中得出结论：有利于企业发展的大事，企业领导缜密的科学决策，行之有效的论证和监督，任人唯贤的人事安排，干群之间利益趋同、有效奖罚措施，尤其是企业领导动真格地在办事，而不是为年终小结在做表面文章或在做面子工程。领导与群众一致认定有利于企业发展的事，就一定会有成就和成功的。

4. 您现在感到工作或生活中最大的压力是什么？职业发展的障碍是什么？

我目前工作较为稳定，生活质量也较平稳，应该说没什么大的压力，职业发展的障碍客观地讲在于年龄，年龄五十有余，也没啥职业发展了吧。

三、被访者家庭经济状况及相关情况

1. 谈谈您的家庭总的经济支出构成和经济负担情况，近五年来有何变化？是否有经济困难，家庭经济前景瞻望如何？

由于 2002—2003 年两年间购房及装修添置家具、电器等，支出较多。近几年经济支出较为平稳，除了购房尚需还银行贷款外，支出主要在衣食起居的基本生活开支、负担方面，老母亲年迈患病住在护理医院，但她有退休工资和医保，子女的负担不是很重。

两年前女儿大学毕业，就业后目前月收入在 3000 元左右，其经济收入应该有较好的瞻望。

2. 对于家庭经济，您最担心的情况是什么？（生病支出？子女教育费用？就业不稳定？）

在家庭经济中，较为担忧的是由于妻子身体状况相对差了点，退休较早，退休工资较少，社会保障又不够，再往后年迈疾病增加，生病医疗方面的支出应该是最为担心的。

3. 对今后家庭发展的想法和期望？

对我家庭发展而言，女儿的婚事、对象的选择以及以后女儿家庭的组成等是我最为关心的问题，今后我家庭的平安、合家身体健康、女儿及以后家庭幸福是最大的期望。

四、被访者对自己身份、地位、收入等的看法

1. 对现在的工作收入与工作付出相比是否满意？收入是否合理？为什么？近五年的工资增长情况如何？

比照上海市职工平均年收入状况来看，我单位的基层职工（包括本人）工资收入较低，尤其是退休职工（刚退休）月工资收入在1200元左右，在上海市处于较低水平，由此感到，退休后的生活水平难以有较好的保障。虽然近三年来企业职工工资（一线职工）每年上涨100元，但对照物价等因素，上升这100元显得微不足道。

但平心而论，就工作强度、忙碌程度而言，我企业大部分职工工作较为轻松，在收入与付出之间平衡，本人感到是满意的。

2. 您现在的每周工作时间平均是多少？劳动强度如何？劳动保护情况如何？有没有因工作得病的现象？

现在每周工作五天，合计每周工作40小时。商业企业劳动强度不很重，尤其是目前我企业的员工主要参与管理工作。劳动保护方面，目前企业系封闭式商场，局部时间段空气不够好。

3. 您对现在的工作岗位和身份是否满意？为什么？有什么打算或奋斗目标？为什么这么想？

我青少年时期经历过三年自然灾害，“文化大革命”的动乱以及造成的国民经济倒退，随后又亲历上山下乡的艰苦生活。由此感慨改革开放政策的英明伟大，我目睹了国家近三十年来翻天覆地的巨大变化，老百姓的生活水平也逐年提高，依照我目前的居住条件、生活水平、享用的物质在30年前简直不敢想象，更是不可比拟的。在此，由衷感激党和政府让人民过上小康生活，现在对我来讲重要的是，珍惜目前的工作岗位，努力将自己的工作做好。

4. 您工作和生活中感觉比较满意的有哪几个方面？

目前工作岗位节奏不是很快，工作中得到领导的信任，工作的成绩容易受到领导的肯定。所以在工作中能力发挥得较好。

生活方面：四年前决定购房，使自己以相对低价拥有自以为是很舒适的住房。现在市场上物资、商品的充沛，超市卖场的增加，使商品价格优惠，购物便捷，其他生活服务设施也很方便。

五、被访者对所在单位的看法

1. 对单位管理情况的看法？

在区政府的支持，企业领导的正确决策下，企业发挥了较好的团队精神，近年来取得了长足的发展，企业经营和规模都上了新的台阶。企业及领导获得了诸多重量级的荣誉与奖状，使每个职工为之自豪和荣耀。取得这些成绩，应该是有效管理的结果。

同时可以看到，我企业是国有控股的股份制企业，国有企业在管理上的通病仍时有所见，如中层管理人员（干部）仍沿用任命制，干部几乎是能上不能下的终身制，造成对部分干部的考核形式上多了些。局部管理上的改革遭遇较多的阻力，产生新的矛盾，而企业的性质和老职工较多又使企业难以进行大刀阔斧的改革。

2. 对就业岗位的看法？（工作是否稳定？是否想流动？）

企业的员工构成中老职工较多，岗位相对较稳定。

3. 对收入分配的看法？（差距情况如何？合理程度？）

目前企业的分配是按职务来确定工资级差，从个人掌握和了解来看，应该尚属合理。

4. 对职工地位的看法？（您认为自己在单位处在什么样的地位？）

本企业的职工应该讲已经拥有其应该有的地位。

5. 您现在的工作主动性、积极性发挥如何？为什么？

由于早年经历坎坷，我珍惜目前的工作岗位，能够较为主动地做好本职工作，完成领导交付的各项工作。

6. 您参加岗位培训、进修的情况？

由于年龄缘故，我仅参加过单位举办的几次讲座培训。

7. 您认为所在单位的劳动关系是否和谐？经营者和普通职工之间关系是否融洽？是否有劳动关系不稳定和矛盾激化的情况？原因是什么？

应该讲，企业内的劳动关系较为和谐，10 年以上的老职工一般都签订了无固定期限劳动合同，由于企业执行《劳动法》较规范，对困难职工和老职工较关心，具体一些事例都人性化操作，不存在矛盾激化现象。企业领导与职工借助职代会的平台，就企业存在的一些问题进行沟通和交流，彼此间的关系应该讲是相对融洽的。

8. 您如果对单位经营管理等方面有意见、想法，一般通过什么途径反映？

企业有时候会主动开些座谈会，每年到基层考核领导班子，听取一些群众意见或对领导的评价。工会组织也会要求职工提出一些意见或在管理上进行献计献策的活动，职工反映情况的渠道畅通。

9. 您单位是否成立职代会？您对职代会作用如何看？您单位是否实行厂务公开？您对厂务公开的实际效果如何评价？

本企业的职代会运作较为规范，不但公司召开职代会，还要求基层企业举行职代会。厂务公开方面企业能够按要求做好。但对职代会的作用如同厂务公开一样，实际效果或对企业管理优化作用不明显。

六、被访者对工会的看法和对维护自身权益的相关看法

1. 所在单位是否有工会组织？本人是否是会员？

企业的工会组织覆盖面较广，甚至商场内厂方营业员也成立了工会组织，本人是工会会员。

2. 本单位工会开展了哪些您了解的活动？比如是否进行了工资协商，如开展了，认为效果如何？评价如何？您对工会维护职工权益情况的评价？有哪些维权的实例？

我企业工会组织职工参加劳动竞赛，开展了结合环境整治的细节管理月活动，结合品牌调整开展了“到岗位、讲礼仪、创品牌”的主题活动，开展了优质服务的服务月活动，安排职工体检，慰问困难职工、患病职工，为职工举办生日庆贺，组织老职工一日游，为退休职工举行欢送会，对部分职工进行培训，举办品牌知识讲座，举办了马路运动会及其他娱乐体育活动，组织职工学习党的十六届五中、六中全会精神，学习胡锦涛同志倡导的“八荣八耻”活动等。

企业与工会进行了工资协商，客观地讲形式多于内容。企业在关心职工、爱护职工方面做得较好，职工权益没有明显受到侵害，所以没有维权的实例可谈。

3. 是否存在或听说有其他维权组织？情况如何？

没有听说有其他的维权组织。

4. 您认为自身哪方面的权益最需要维护？

我认为在企业中我的合理权益都已得到，所以无须来维护。

5. 在工作中权益受到侵犯时，您首先会想到找谁？

在工作中，我的权益受到侵犯时，我首先会去找单位的行政或党委，因为在单位中，行政或党委较工会说话管用，如果先找工会的话，工会仍会去找行政或党委商量。

6. 您认为单位工会或上级工会组织应该从哪些方面改进工作？您对工会组织最大的希望是什么？

我认为企业工会组织应该多开展些形式多样的活动，丰富职工的业余生活，融洽企业内部干群关系，开展些职工技能培训，提高职工的业务水平，想方设法协助企业留住能力较强的员工，增强企业对优秀人才的吸引力。

7. 如果单位没有工会，您是否希望建立？您愿不愿意加入工会？

企业没建立工会的话，我当然希望建立工会，并且加入工会组织，毕竟有比没有要好些。

8. 您所在单位是否开展了创建劳动关系和谐企业活动？您对此怎么看？

我企业开展了创建劳动关系和谐企业活动，企业劳动关系的和谐要由制度来保障，单靠开展活动来推动容易产生做表面文章的现象。

七、被访者对其他问题的看法

1. 您对当前职工尤其是普通工人政治、经济、社会地位的看法？对工人阶级主人翁地位的看法？

现在中国经济发展是由全社会各阶层的公民在党和政府的英明领导、正确决策下共同努力推向前进的。工人阶级已褪去了毛泽东时代的政治光环，返璞归真。现在是谁创造财富多，哪个阶层的公民为社会贡献多，就受到人们的尊敬。现在中华民族除了犯罪分子，每个人都是社会的主人，现在如果大张旗鼓地提工人阶级的主人翁地位显得有些落伍，工人阶级在社会上已无某种优越感或优势可言。

2. 您如何理解共同建设、共同享有和谐社会？

和谐社会的共建、共享，我们的政府应该起主导作用，应该通过税收和法律、法规缩小公民的收入差距，用制度来杜绝利益集团的利益“寻租”行为，根治产生腐败的土壤，动用公共财政来保障弱势群体的基本生活，增加一般公民的福利待遇，使公民对未来生活质量有明确预期、利益趋同，和谐社会才能由共建达到共享。

3. 您对上海经济社会发展、企业发展前景的看法？

自浦东的改革开放以来，上海人民在党和国家的领导下抓住了发展的有利机遇，开拓进取，经济社会的发展走在了全国的前列。上海应当利用奥运会尤其是2010年上海世博会的机遇，利用上海金融中心建设的资本优势和工业门类齐全的技术优势谋求更快、更广的区域发展，在服务好全国的同时，使上海达到更高的发展层面，并且达到或超越发达国家的先进水平。

我们新世界发展到今天的水平应该说在本土的发展上已到了某种极限程度，公司应该在培养和吸纳优秀青年人才上有突破，在体制机制上有突破性的改革，制定新世界的远景发展规划，让新世界走出南京路开拓更大的发展空间。

4. 您对当前党和政府制定出台的一些亲民政策是否知道？您的看法怎样？

党和政府为创建和谐社会制定和出台了一些亲民政策，如免去农民的各项税收，免收中西部中小学生的学杂费，提高职工最低工资标准，让农民工子女在上海公立学校上学，增加退休工人收入，强调企业每年应让职工增加工资，关心困难和弱势群体，进行帮困或解困。这一系列政策的出台有助于社会的稳定和共同发展，党和政府应该继续加大这方面政策的出台力度，使惠及平民的措施更多地出现。

5. 您对职工思想道德建设及相关问题的看法？

现在的职工思想道德建设较以前来说难做得多，单纯的“说教”或空洞的宣传，不但没有效果，还会使人生厌。职工的思想道德建设更多的应该在国家的法律法规和企业的规章制度内进行，从弘扬或提倡、表彰职工先进事例和先进人物入手，较多地挖掘发现职工中的正面的闪光点进行鼓励，倡导职工间的团结互助，同时企业领导的言行举止应体现较好的思想、道德标准，以一种优秀的人格魅力起到一种良好的表率作用和引导示范效应。

6. 您最关心哪些社会热点问题？反感哪些社会现象？

现在社会热点可谓精彩纷呈，最为关心的应该是民生问题：如医疗保障制度的改革、老百姓收入的增长、食品安全、环境污染等问题。近年来股票市场的活跃，使之也成为关注的社会热点，尤其是近来财政部调高印花税过程中的出尔反尔现象，善良的人们相信其辟谣，而后被忽悠了，有损政府的公信力。要知道政府的决策、信息的获取往往会产生巨大的财富，某官员泄露的话会产生权钱交易，要求企业信息公开、透明、及时，这应该先从政府的官员做起。

常见于报端及生活环境中可知环境的污染，已是关注的热点之一，城镇化进程及某些地方政府追求经济效益而牺牲环境的做法，使某些区域走上了先污染后治理的发展老路，环境污染又不同程度影响到食品安全，某些人缺失社会公德的掺假制假，使食品质量常出问题，从某种程度上讲，缺乏诚信已成为一种社会现象，某些官员的腐败乃至某个政府部门利用权力谋私的做法，也是人们所痛恨的，党和政府应该从制度上、法律上、具体办事程序上来约束某些官员的权力，加强对权力的监督。如建立某一级官员的财产申报制、离任财产审计制，使想贪官员的财产少一点藏的地方。

黄某某，女，江苏银佳集团公司线装车间技术员。

一、工作经历与感受

我是一名高中毕业生，今年32岁，现在是江苏银佳集团公司线装车间的一名技术员。我以前曾在双联集团工作过，是一家私营企业，效益应该说还不错。我在那里是车间的一名普通工人，主要是做一些开关柜的盒子，没有什么技术含量，每月的工资在800元左右，在那里工作了4年。对这样的工作我干得很没劲，首先，我觉得自己在那里没有什么发展前途，我只有高中文化程度，老板又不是那种爱才惜才的人，虽然能够按时发给我工资，但却不能为我的长远考虑。刚开始的一年，厂里还与我签订劳动合同，期限为一年，但后来合同到期后，老板就再也没有和我谈续签的事。我也没有向他提，我觉得一个普通的工人，签不签劳动合同无所谓，只要能拿到该拿的工资就行了。其次，老板不给我缴纳养老保险和医疗保险，我认为这一点很重要。“两保”问题是影响到我一辈子的事情，特别是关系到我在生病、退休以后，怎么生活的问题，没有办理保险，心里总觉得不稳定、不踏实。最后，工资也太低。老板连续几年一直没给我涨工资，每年拿着同样的低工资，工作积极性不高，生活没有奔头。在这样的环境里，一个月800元的工资还不够我自己花呢，更不用说养家糊口了，所以我选择了“跳槽”。

2002 年，我来到江苏银佳集团公司工作，已经干了快五年了，现在是车间的一名技术员，但实际上还是要做不少事的，只不过是工作时间长了，掌握了一点技巧，可以教教新来的职工。说实话，刚来的时候，这个企业的效益也不是太好，工资待遇不是很高，就在 1000 元左右。公司的员工流动性很大，有的老员工甚至是技术骨干都外流了，影响了公司的正常生产。但去年，我们公司进行了人事调整，原来在清资办工作的黄部长调到人事部做人事部部长兼任工会主席。他为人很好，敢作敢为，确实为我们职工办了许多实事。首先，他注重劳动合同的签订，去年我与公司签订了一年的劳动合同（劳动保障局统一印制），今年已经续签了，这多少让我们觉得，公司还是对我们职工负责任的，用工逐渐规范起来。其次，他对公司的工资分配机制进行了调整，我现在的工资每月是 1500 元，年收入在 17000—18000 元，与以前相比，我的年收入增长了近 6000 元，工作热情被充分调动了起来。最后，他还为我们办理养老保险和医疗保险，有些特殊工种还正着手办理其他一些保险项目，这让我们一下子感到生活的稳定性和安全感。

二、家庭经济状况

我一家有五口人，爸爸是一家老国有企业的退休工人，每月有 800 元左右的退休工资，妈妈是农民，靠土地养活自己。我爸爸的退休工资虽然不多，但省吃俭用一点，他和妈妈的生活还是能够维持下去的，不需要我们承担太多。我对他们最大的愿望就是只要他们不生病，保重好自己的身体就行了。现在看病贵是众所周知的，像我们这样一个家庭，是承担不了大病的治疗费用的。我的爱人在中燃公司上班，是一名普通工人，工资在 1000 元左右。我认为，他的工资太低了，每天要抽一包烟，在外工作，还要经常和一些朋友在一起打打牌、喝喝酒，每个月的工资仅够维持他自己的生活，家庭的经济开支及我女儿的生活费、教育费几乎都落在我一个人身上，我感到经济压力很大。我的女儿在乡下的一所小学上学，我现在最担心的还是我女儿的教育问题。“可怜天下父母心”，每个人都希望自己的孩子能够健康、成才。我女儿在农村的学校上学，农村学校师资力量与城里相比差距还是很大的，像我们村上一些和我女儿一样大的孩子，在城里上学，讲的全是普通话，一听就让人感觉很舒服，而我的女儿却是一个地道的乡下孩子，所以，我想把她接到城里来上学，这需要一笔很大的费用，就我这个家庭目前的经济状况，能够做到，但心里还是有点舍不得的，毕竟我们收入不是很多、赚钱不容易。我现在还要，而且必须要存一些钱，因为女儿以后上高中、上大学一年仅学费就要一万多元，这对于我们这个家庭来说确实是一笔很大的开销。至于在城里买房子，我有这个梦想，但估计这辈子也买不起了。

三、对自己身份、地位、收入等的看法

我的学历不高，到哪都是工人。我觉得现在的社会，有些人是看不起我们这些普通工人的，特别是像我们这种在一线车间干活的，付出很多，收入却很少。现在要想有很好的社会地位，要么你做老板，手里有很多钱，别人就会和你攀亲道故；要么你就在机关、事业单位工作，做国家公务员，拿着稳定、高额的工资，特别是一些有权的单位，哪怕你是一名很普通的职工，别人都会对你另眼相看。不过，说实话，我的能力也只有那么大，学历只有那么高，目前能在这样一个企业上班我也知足了。首先，公司对我们职工还是不错的，为我们办理了“两保”，解决了我们的后顾之忧；工资水平在扬中也算是中等档次，每年还有一定的增长，说得过去，而且工资的发放比较及时，不需要为讨要工资烦恼；在工作时间上，一个星期上6天班，每天工作8小时，加班有加班工资，劳动强度也不是很大；企业的福利待遇也不错，公司每年都要为我们发放新的工作服、劳保用品，夏季还发放一些防暑降温物品。对我来说，目前感到最大的压力还是在经济方面，我也是“上有老，下有小”的，目前的工资水平仅能维持正常的生活，每年下来，存不了多少钱，更谈不上抗风险能力。看着周围的人逐渐富裕起来，买房买车，心里有时也会有点不平衡，虽然自己对生活根本没有过多的奢望，但人人都是向往好的生活的，所以有机会，我还想找个兼职干干，增加点收入。

四、对公司工会的看法

公司自从成立工会后，我能够切身体会到工会为我们职工办了不少实事，特别是黄主席当选以后，我们职工的工作和生活逐渐丰富多彩起来。去年，公司工会就组织了100多名职工去无锡游玩了一趟，这在我进公司以后还是第一次。公司工会还不断组织职工开展各种各样的文化娱乐活动，比如，开展拔河比赛、主办中秋联欢晚会、组队和消防大队进行篮球对抗赛等，不仅丰富了我们职工的业余文化生活，更重要的是增强了我们的团队意识，使大

家的心更齐了、凝聚力更强了。我们的工会还特别会从小处为我们职工办实事、解难事。比如，公司在车棚安装了许多插座，专门为骑电瓶车的职工提供免费充电服务；督促食堂改善伙食，丰富菜肴的种类，以满足不同职工的需求；“三八”节期间，还组织全厂女职工进行免费体检，虽然花钱不多，但让我们感到很温暖，觉得公司对我们很关心，公司工会就像自己的家一样。我们的工会主席为人亲和，每次见到我们都会主动与我们打招呼，他敢为职工办事，会为职工办事。我们遇到困难都会直接去找他，他就是再忙都要放下手中的活，来接待我们，了解情况，帮我们解决困难。他在会上也多次强调，不管我们遇到什么问题，都可以直接去办公室找他，他的大门永远是为我们职工敞开的。比如，在公司的一些工伤事故的处理上，我这里也不便多说，他确实是为我们职工说了不少话，在有些方面，甚至可以说是完全站在职工方面与老板对着干，这一点，我们职工对他很佩服。我认为工会主席就应该这样，如果工会主席成了老板手中的工具，被老板左右，不为职工说话，这样的工会主席不要也罢。

五、对企业现状的看法

我们银佳集团公司是扬中的一家规模企业，我非常看好公司的发展。我觉得现在公司正逐步走向良性循环阶段。首先，公司的员工队伍逐步稳定了，而且许多职工正慕名而来，特别是一些以前流出去的老员工又都回来了，这说明公司已具备了一定的吸引力，员工愿意为企业发展贡献自己的力量。其次，公司注重对员工的培训，这一点很重要。我觉得公司对员工的培训其实也是在为自己服务，因为员工素质提高了，技能增长了，能更好地为企业服务，能促进生产率的提高，从而带动企业的发展。企业的效益好了，职工的收入自然也会增加，这是一个“双赢”的关系。同时，企业的劳动关系非常和谐，可以说，我们公司根本不存在什么劳资纠纷，更不用说职工上访了。去年，公司还被评为扬中市劳动关系和谐企业，今年正申报镇江市劳动关系和谐企业，前段时间上级刚刚来检查过，我自认为，应该能通过。最后，老板注重企业的发展规划，我们公司每年都要新上几个项目，如太阳能产品、节电器、风力发电的一些配套设备等，发展潜力较大，市场前景非常好。

史某某，男，宁波市公交总公司三分公司357线路驾驶员。

一、个人与家庭的基本情况

我1973年出生，浙江宁波人，汉族，大专文化，1992年从宁波市技工学校毕业，专业是车工，毕业后先到市勘察研究院工作，当车工；1995年又到宁波宇望科技公司，跑业务，这是个民营企业；1999年，市公交总公司招聘驾驶员，由于宇望公司工资较低，工作又太流动，我想公交驾驶员比较稳定，工作有保障，又是国有企业，就去应聘了。到公司后，就签订了书面劳动合同，第一期是签15年，我觉得是很有保障的，时间长些，心里也踏实些，稳定些。

公交驾驶员薪水组成是三大块：基本工资、跑车公里津贴、节油津贴，还有一些奖金福利等，我现在月工资在2800元左右，但还需要扣减自己缴纳的社保“四金”，每月600—700元。这样算下来，月纯收入也在2200元左右，全年大概3万元。工作十多年，换了三个单位，我的感受是：社会在发展，年轻人总希望收入能多些，工作能稳定些，在宁波找个稳定的工作也较难，公交公司不会下岗，就没有就业压力，只需自己好好干，工作辛苦些，但是安定，收入虽少些，但是稳定，毕竟有了家庭以后，稳定是第一位的。

现在工作生活的压力主要是，一是工作上比较辛苦，城市在发展，我们开公交的是很难的，路堵先不提，还有乘客的理解问题。二是经济上也不宽裕，孩子的教育费用较大等。房子是父母亲的一套房改房，压力倒不大的。从职业发展看，目前是不去考虑跳槽问题了，去年我大专文凭也考到手了，还在读党校本科函授，我对自己的要求不是很高的，一要开好车，安全开车，做好自己的本职工作。二要不断提高自己的技术和业务。只要工作能稳定，家庭能安定，我就没什么更多的想法了，今后年纪大了，开不动车了，能当个管理者。因此我趁现在年轻，学点东西，拿个文凭，但要做这样的管理者要求就很高了，还有很大的空间要去探求。

我妻子也在公交三分公司工作，是机关的文秘，她的月收入在1600—1800元，年收入2万多元。我有个儿子，今年7岁，要上小学了，我们双方父母都是宁波城里人，都有退休工资，目前还不需要赡养。宁波是个消费城市，像我们这样的收入，不是很宽裕的，要省着点用。我现在身体还好，还年轻，家里经济状况一下子要提高也不是很现实。主要靠积攒，家里资金不多，股票也不能去搞，虽然收入稳定，但要有个大的开支计划，就比较难了。要说担心，主要有：一是自己年纪大了生病的费用。二是子女教育费用。现在还未感受到，但今年暑假，孩子学拼音、书法，每月要 700 多元，今后上学，可能会更高。三是双方父母都要老的，我们也总要承担对他们的赡养义务。对于今后家庭的发展和期望，我就是一个愿望，对自己、对家人，平安、健康，是最重要的。钱多少并不重要，平安健康是第一位的。还有，现在住房是 70 平方米，二室一厅，老房子，买新的、大的，实力不够。我想装修一下，给儿子一个安静美好的学习空间和环境，这也是一笔不小的费用。

对于现在的工作收入与付出，总体上还不太满意。我们一般是每天早上 4 点多就要发车了，出门就需更早，如做全天班，晚上 6—7 点收工，每天要 12 个小时以上，中午吃饭有 30 分钟左右休息时间。这样做两天，休一天，有时还要加班。近五年来，工资每年都上涨 100—120 元，我记得 1999 年，拿到手的是 1300 元左右，现在有 2200 元了，还是可以的。但与我们的付出相比，与社会上有的行业职工的收入与付出相比，我觉得还不太合理。当然，我们公司内部的分配，还是合理的。现在社会上都认为我们收入有三四千元，只有我们自己知道，是不可能的。我们是干两天休息一天，其实是两天干了三天的活，等于没有休息休假，是很辛苦的，收入应该还要多些，但我知道，我们公司是亏损企业，每年政府都要补贴很多，是不可能给我们多发的。单位在劳动保护方面，还是规范的，工作服、手套等都按时发。夏天到了，有防暑降温用品，但我们长期在车子上工作，职业病也是避免不了的，像腰椎病、颈椎病、痔疮等，身体也会发胖，运动锻炼少了，你看我年纪轻轻，肚子就挺起来了。

对于自己现在的工作岗位，我的心态是很平和的，没有更多的想法。要说身份地位，就是现在社会上对我们公交驾驶员的地位认可度，是越来越低了，是有偏见的。有时与乘客发生纠纷，他们会说，“你不就是一个开车的吗?”听了心里很不舒服，很委屈，希望社会上乘客能理解我们。当然，这里也是有原因的，主要是近些年城市在发展，私家车在快速增长，一方面开私家车的与乘客的角度不同，另一方面公交事故也多了。但不管市民怎样的看法，我们仍要做好本职工作。宁波是一个美好的城市，也有很多荣誉，作为一个宁波人、一个宁波窗口行业的服务人员，我感到既骄傲自豪，又责任重大，安安全全地开车，尽到一个宁波公交驾驶员的职责，这是我近期的想法。

对于现在的工作与生活，我是比较满意的，主要原因是：我与妻子工作都很稳定，没有就业危机；收入少些，但也是稳定的；小孩在长大；父母身体好，不用操心。总之，苦是苦些，但苦得开心。

二、对自己身份、地位及所在单位的看法

公交公司是国有老企业，各方面是比较规范的，规章制度很健全。尤其对我们驾驶员管理教育是很严格的，宁波有5家公交公司，只有我们是最大的，国有的，其他的驾驶员都想到我们公司来，主要是福利、待遇相对好些，单位有稳定感。这点他们不如我们。我目前只想好好干、养好家，过好日子，没想到要流动。

单位里的收入分配是多劳多得的，一线驾驶员与二线后勤机关的员工，收入有差距，基本是合理的，二线收入是固定的，我们就比较灵活，干得好，就可以稍多些。如节油啊等，比较合理的，据我了解，大家还是比较满意的，感到公平的，各有各的优势。我们工作上如果有什么事要向领导反映，首先与线路队长说。分公司领导一月一次到线路上了解情况，科长、经理都来的，沟通渠道是畅通的，如以前中餐，4元钱，大家感到差了些，后来反映了，就提高到5元多，好多了。我们也不去想什么地位不地位，干好活就是了，职工对公司领导的议论也不多，大家也知道，有些问题也不是领导能解决的。我们作为一个普通工人，领导说什么，我们去做什么，做好就是了。岗位培训，有时是有的。进修是自己的事，我现在在宁波党校读本科，单位也报销部分学费。我们一个月一次安全学习，也按出车算的，我现在是高级技工，学习、考试都是单位安排的。我们单位的劳动关系应该是和谐的，单位规定，合同期到前一个月，党支部要来找谈话，征求意见，如合同期间对单位的看法，要不要续签合同，有什么要求，等等，我觉得很好的。单位里也没有出现过大的劳动纠纷和矛盾激化事件。

三、对工会组织及其他问题的看法

我们单位是有工会组织的，自己也是会员，平时工会组织的活动是很多的，有钓鱼、打乒乓球等，今年“六一”还搞了亲子活动，我们单位双职工很多，工会还组织了我们与民工学校的孩子放风筝比赛。还有“三八”妇女节活动，冬夏两季，有送温暖，送防暑降温用品等，每年立夏节，工会主席自己开车，把立夏蛋送到每个车上，这些职工都是比较满意的。维护职工权益，基本上也

做到了，职工还是信赖的。2003 年我出了个小事故，手骨断了，住院了，他们来看，妥善处理，我很感动的。职工小孩子生病，工会也会在第一时间来慰问，有没有工会，感觉是不一样的。我们驾驶员一般有什么问题想不通，会先去找路队科室，也有的直接去找公司，找工会，总归来说，经理解决问题，比较直接一些。

现在工人阶级之间的差别太大了，行业不一样，岗位不一样，政治地位、经济地位当然也不一样。比如干部和农民工，都是工人阶级，都是职工，但性质、收入都不一样，地位会一样？说不清楚。

和谐社会是好的，但道德、素质还跟不上，我在车上感受较多，有时路堵，他们急，我们也急，有些市民就很不理解，当然现在上车让座是好多了。国家的亲民政策是知道些，但我们工作忙，在家时间少，很少去关心了解，总之对这些政策是欢迎的。

朱某某，女，三门峡市卫生局工作，科员。

一、个人基本情况及工作主要经历及感受

我今年 28 岁，汉族，大学文化，中共党员。2003 年 9 月，我被三门峡市委组织部作为选调生安排到市卫生局工作。到单位的四年多来，在领导的培养帮助、同志们的关心支持下，思想观念等有了很大的进步。在工作中能认真履行职责，勤勤恳恳，兢兢业业，能较好地完成领导交办的各项工作任务，逐步完成了从大学生到国家公务员的转变，逐步掌握了业务知识和工作方法。

从参加工作以来，已经慢慢适应了自己的工作，压力不是很大。目前，生活中最大的压力就是住房问题，别的都还可以。职业发展的障碍：刚参加工作的时候，存在专业不对口等问题，但现在已经慢慢克服了。

二、家庭经济状况及相关情况

我月工资收入 1975 元，年收入 23700 元。配偶在三门峡市委组织部工作，正科级组织员，月收入 2300 元，年收入 27600 元。

家庭人口 6 人，主要成员有奶奶、公公、婆婆、丈夫、儿子、本人。家庭总收入 8 万元左右/年，主要赡养 3 人。家庭总的经济支出是住房及家庭日常的生活，经济负担是买房问题。近五年主要的变化就是自己从无收入到有收入，

又到增加收入。目前最主要的经济困难就是买房问题，随着公务员工资待遇的不断提高，家庭经济前景应该还是不错的。

对于家庭经济，目前最担心的情况还是住房问题。今后对家庭发展的想法和期望比较简单，就是希望家庭和睦，全家身体健康、快乐。

三、对自己的身份、地位、收入等的看法

结合自身工作实际等，觉得自己现在的工作收入与工作付出比较满意，也比较合理。近五年来，随着公务员工资制度的改革，工资从刚开始参加工作的900多元/月，到1000多元/月，再到现在的1900多元/月，增长还是比较令人满意的。我现在每周的工作时间平均为37.5个小时。因为自己所在的科室为基层卫生与妇幼保健科，随着国家惠民政策的不断实施，新型农村合作医疗、社区卫生服务、农村卫生、妇幼保健等工作内容不断增加，劳动强度比较大，没有什么劳动保护措施，颈椎病在我们整个卫生局机关都是非常普遍的。

在领导的关心和同事们的帮助下，工作比较顺心，人际关系处的也比较好，对自己目前的工作岗位和职务还是比较满意的。将来的打算就是要努力学习，严格要求自己，争取能把自己的本职工作做得更好。至于为什么会这样想，说小一点就是为了自己自身的发展，说大一点就是能为社会贡献自己的一分力量吧。工作中比较满意的就是自己现在工作基本上算是得心应手了，工作能力也慢慢变强了；生活中比较满意的就是家庭比较和睦，家庭关系比较好。

四、对所在单位的看法

我们单位工作制度、学习制度等都很健全，而且领导非常重视管理，要求比较严格，单位管理情况很好。目前，感觉自己的岗位非常适合自己，工作比较稳定，可以在本单位内部进行流动，进一步锻炼和增强自己的工作能力。收入分配基本上是按劳分配的，个人收入根据职务、级别等存在一定的差距，属于国家允许的范围，总体讲收入分配是比较合理的。

在我们局机关，职工地位比较合理，不存在什么级别歧视现象。对自己所处的地位感到比较满意。现在觉得自己的工作主动性和积极性都能够得到很好的发挥。因为，自从参加工作以来，一方面领导和同事们给予了自己很多的关心和帮助；另一方面是我们整个局机关有一个良好的工作氛围。

参加工作以来，我能积极参加省级、市级、局里等组织的各种相关培训，如新农合管理人员培训、公务员法培训等。截至目前，未参加进修学习。我们局机关的劳动关系比较和谐，没有劳动关系不稳定或矛盾激化的情况。

五、对工会的看法和对维护自身权益的相关看法

我们单位有工会组织，本人是会员。为增进职工感情，单位在三八妇女节、五一劳动节等都会组织一些全体职工参加的文体活动。而且我们局机关针对我们女职工签订了女职工专项集体合同，更好地保护了我们的权益。我认为最应该保护的是妇女权益。在工作中权益受到侵犯时，首先可能想到的是找单位的党委。因为，在行政机关里，这个途径可能是比较便捷、有效的。

我觉得工会组织应该多组织一些外出学习的活动，既可以学习一些好的优良传统、好的方法，又能增长一些见识。对工会组织最大的希望就是希望工会在帮扶困难职工这方面有更好的措施。如果单位没有工会，希望能建立工会，因为工会组织可以更好地保护职工的权益不受侵犯。

六、对其他问题的看法

我个人觉得，当前普通工人的政治地位可能比较高，但经济、社会地位相对来说比较低。从根本上说，我国工人阶级的领导地位是由《宪法》规定的，体现在社会政治生活的实际运作之中。只要是工人阶级的先锋队共产党在执政，那么工人阶级作为领导阶级的地位就不会变。少数职工下岗失业，不会影响工人阶级的整体社会地位。同样，承认工人阶级的主人翁地位，也不是说什么事情都由个体或小群体的职工说了算。职工在企业和社会中的主人翁地位，主要体现为依法享有各种权益。

构建社会主义和谐社会是人民群众自己的事业，必须紧紧依靠全体人民齐心协力、同舟共济、共同建设。我认为，要想实现和谐社会，就需要我们大家从身边事做起，做一个关心时事者、精神的传播者。同时，在社会主义社会，人民是国家的主人、社会的主人和自己命运的主人。人民共享改革发展的成果，同沐社会和谐的阳光雨露，是社会主义本质的必然要求，也是构建社会主义和谐社会、共同享有和谐社会的根本目的。

我觉得国家经济社会发展的前景应该是比较好的，我对此有信心。

党和政府制定出台的一些亲民政策我基本都知道。结合自己的工作实际，接触最多、感触最深的还是新型农村合作医疗制度和社区卫生服务工作。2003年，国家在全国范围内开始实行新型农村合作医疗政策，对缓解农民群众就医难、看病贵问题起到了十分积极的作用。同时，为了解决城市基层群众的看病

难、吃药贵问题，2006年，国务院又做出了进一步加强城市社区卫生工作的通知，这两项惠民政策的实施，得到了广大群众的普遍欢迎，收到了良好的社会效果。

近年来，公民思想道德建设取得了积极进展，爱国主义、集体主义、社会主义思想日益深入人心，社会道德风尚发生可喜变化。但城乡居民对公民思想道德状况的满意度还不高。

加强职工思想道德建设，就是要引导和教育广大职工通过认真学习社会主义荣辱观，弄清楚应该大力弘扬的真善美，应该坚决摒弃的假恶丑，旗帜鲜明，坚决反对和抵制价值观念混乱、善恶不辨、美丑不分的现象。

陈某某，男，汕特华健电子有限公司工程改善与技术开发。

问：能谈一下您个人情况和工作经历吗？

答：我是汕头人，今年40岁，大专文化，毕业后先在深圳一家外资电子厂工作过一段时间，1993年来到汕特华健电子有限公司工作至今。现在我在单位的岗位是工程改善与技术开发，和单位签订了三年的书面劳动合同。

问：您对自己的工作经历，特别是近五年来的工作经历有什么感受呢？

答：近五年来，我感受最深的是自己的技术有了提高。我是学习电子专业的，经过不断的努力将所学与工厂的专业设备较好地结合起来，职位也由最初的技术员上升到现在的工程师。

问：您现在感到工作和生活中最大的压力是什么呢？

答：工作的压力主要是碰到公司订单比较多的时候，有时需要日夜加班赶工期。生活上，感觉还比较好。我前几年在汕头买了房，离公司不远，总的来说，生活在汕头这边还算不错的。

问：您职业发展上有没有遇到一些障碍？

答：我感觉自己的职业发展比较成功。我是学习电子专业的，而且对技术比较感兴趣，所以从事这一行发展还算比较顺利。

问：可以谈谈您家庭的经济情况吗？

答：我们前几年买了房子。前几年，家庭所有的开支主要都是用在房子上。现在的家庭支出主要是生活日常支出和小孩的教育支出。生活支出占总支出的50%左右。两个小孩都在读小学，每个学期要交几百元的学费，以后在教育上支出还会不断地增加。

问：对于家庭经济，您最担心的情况是什么？为什么呢？（生病支出、子女教育费用、就业不稳定、收入减少、缺少社会保险、住房等）

答：我最担心的是医疗保险问题。现在我的工资维持家庭的生活没有问题，公司帮我买了医保，不过我的爱人和小孩就没有医疗保险。如果碰到重大疾病，我们就承受不起高额的医疗费。

问：您对今后家庭发展有什么样的想法呢？

答：公司方面，希望福利能够更好一些。家庭方面，我现在住的是两室一厅，如果家庭情况好一些，希望今后能买更大一点的房子。

问：您能谈谈目前的工作情况吗？

答：我现在每月工资收入2600元，这几年工资增长了几百元，感觉收入还可以。我们每周工作40个小时，每天从早上八点到下午五点，中午休息一个半小时。如果遇到加班，公司会给双薪。公司以员工的安全为首位，比如在机器设计上首先考虑员工操作的安全性。公司也比较重视培训工作，定期安排我给相关技术人员进行业务知识培训。

问：请您谈谈您工作和生活中感觉比较满意的地方。

答：工作中感觉比较满意的地方是工作比较稳定。生活中比较满意的地方是家庭和孩子教育上比较满意，不用我去操心。

问：请您谈谈现在单位的情况。

答：公司的管理越来越规范，制度也越来越健全。

问：请谈一下你们单位的劳动关系情况？

答：劳动纠纷相对比较少，偶尔出现过一两次。一两个员工对公司不满意肯定存在，毕竟公司这么大。管理层与普通员工的关系还算比较融洽，我们公司董事长的口号是“快乐地工作”。

问：请谈谈您对企业发展前景的看法。

答：我对企业的发展前景比较乐观。公司主要做手机的零配件，随着手机的不断更新换代，公司也通过不断更新设备以适应发展需要。

问：请您谈谈你们单位工会开展活动的情况。

答：公司的工会是1992年成立的，会员主要是公司的中高层管理人员和部分普通员工，有许多普通员工由于流动性大而未加入工会。工会开展的活动比较多，比如三八妇女节、五四青年节都有开展活动，员工生病的时候都有开展捐助活动。

问：您觉得自己有哪些方面的权益需要维护呢？您首先会想到找谁来维权呢？

答：遇到自己权益受损的情况，我一般会先向上司反映，再一级一级地向上反映。我对劳动就业方面的国家政策了解不多，希望公司能在这方面多做工作，让员工及时了解。

问：你们单位是否有工会之外的其他维权组织？

答：没有。

问：您认为单位工会或上级工会组织应该从哪些方面改进工作？

答：希望上级工会组织能多下基层，了解情况，指导工作。

问：您觉得当前职工尤其是普通工人在政治、经济、社会上的地位怎样？

答：感觉当前职工的地位还可以。

问：您是否了解当前党和政府制定出台的一些亲民政策？

答：了解一些。

问：对这些政策，您有什么样的看法？

答：感觉政府的这些政策不错，各方面的变化都很大。

袁某，女，东方电机厂重金工分厂电修组组长、维修电工、高级技师。

一、被访者个人工作主要经历及感受

我今年 40 岁，是东方电机厂重金工分厂维修电工，高级技师。1987 年从厂技校毕业被分配到重金工分厂当了一名维修电工，一干就是 20 年，现在是分厂电修组组长。技术职称从初级工一步一步考到了高级技师。我是 2003 年通过考试，被评为高级技师的，不是通过技能大赛晋升的，因为 2000 年以前技能大赛很少，我记得 1992 年全国搞过一次。近几年，工会和劳动部门组织的技能大赛多一些，我已是高级技师，所以就把参加大赛的机会让给组里的其他同事了。技能大赛为职工职业技术职称上档次搭建了很好的平台，非常受职工欢迎。

2006年我与企业签订了书面的无固定期劳动合同。当时，企业的政策是，像我这样工作年限在10年以上的职工可有两种选择，一是签订无固定期劳动合同，二是可根据自行情况签固定期合同。但厂里多数职工都愿意签订无固定期劳动合同，因为我们厂是国有控股企业，管理规范，效益较好，职工收入逐年提高。厂里的中层干部和技术骨干人才实行的是年薪制，每月的工资是预付工资。我的年薪约5.7万元。另外，根据工作实际，还有项目奖励金。

现在我感觉，工作上的压力主要来自技术方面，因为企业发展快，设备更新也快，对维修工的技术要求也更高。生活上的压力主要来自孩子的教育。我儿子今年9岁，上小学三年级，与许多独生子女一样很孤单。

二、被访者家庭经济状况及相关情况

我老公是四川省建筑工程学院讲师，月工资2000多元。我的父母已去世多年，公公、婆婆是厂里的退休职工。我们是3口之家，年收入在8万元左右，我感觉还是比较满意的，没有什么经济负担。在家里我当家，丈夫很少跑银行，连银行卡都不会刷。我家主要经济开支是基本生活费（含吃、水电气、通信、日用品等）1500元/月，教育费用700—800元/月（儿子学手风琴）。其他支出是购买基金（没有购买股票）、商业保险、应酬、购房（现有住房是厂里分的福利房，建筑面积65平方米，购房款2万多元）等。

现在，厂里发展很好，工作稳定，收入稳定。厂里为我们想得很周到，除为我们购买了五险（养老、医疗、失业、工伤、生育）外，还为我们购买了商业保险（重大疾病、意外伤害），对考上大学的职工子女还要给予1500—3000元的奖励。没有购买女职工大病互助保险。

三、被访者对自己身份、地位、收入等的看法

与五年前相比，我的工资增长了不少。2002年企业刚刚走出低谷，我每月工资大致为1000元，现在拿年薪，平均每月有4000多元（住房公积金也从过去的9%调整为15%），因此生活水平也大大提高了。现在，我最大的愿望就是购买一辆10万元左右的经济适用型轿车，解决老公上班的交通问题（他骑摩托车上班，不太安全），暂时没有买房的打算。

厂里实行四班三运转，我们每天工作8小时，由于生产任务饱满，加班加点时有发生。按《劳动法》的有关规定，节假日加班，厂里都能按规定给予相应的加班工资，待遇比较好。厂领导、工会主席还会到分厂慰问加班的职工，所以大家没有怨言。

在安全生产上，厂里非常重视，有许多规定和措施，安全生产的意识深入人心，像“安康杯”活动等。劳保用品一改过去全厂统一发放为根据不同工种、岗位需求发放，配置更加合理，更加人性化。女职工每月还有一天公休假，每年进行妇科体检。

工作上有两点希望：一是通过学习，使自己的技术水平进一步提高；二是电修组继续保持荣誉，争创省、市表彰的“学习型小组”。

四、被访者对所在单位的看法

我们厂是国有控股企业，能发展到今天，靠的是好政策，好领导，好职工。我是2002年以一线职工身份当选职工代表的，今年9月就该换届了。五年来，我目睹了企业的发展变化，也亲身感受到了企业发展给职工带来的实惠。作为职工代表，我还深深体会到：企业为保障职工民主权利的实现而做出的积极努力。职代会是厂里的“人代会”，职工群众最为关注。东电的发展规划、重大问题以及涉及职工切身利益的重大事项等都要进行审议，二级单位也建立了职代会制度，厂务公开到了班组，还要民主评议领导，有的领导因民主评议的不胜任票较高被解聘或降级。

厂里的劳动关系我认为基本和谐，职工也比较稳定。因为，企业发展了，效益上去了，收入增加了，这是最主要的。另外，厂里与每一位职工签订了劳动合同，工会每三年与企业签订《集体合同》，今年，工会还与企业签订了《工资集体协商办法》和《女职工专项集体合同》，这些都保障了职工的权益。

我作为班组长，多一份责任，所以，工作还是积极的。组里的同事，工作也都很主动。2002年，我在北京参加过技术培训。从2003年起，厂里实行了全员培训计划。培训内容有安全、企业文化、应知应会以及岗位技能培训等，由职工教育中心负责组织实施。中层干部每年不少于50小时，普通干部必须超过30小时，工人必须超过20小时，全部用业余时间完成学习。

五、被访者对工会的看法和对维护自身权益的相关看法

厂里有工会，分厂也有工会，我一参加工作就入了工会。工会组织的活动很丰富，有文体活动、千人岗位大练兵活动、全民健身、百日晨跑（还要考勤）、送温暖活动等。

“有困难找工会”已家喻户晓，工会在维护职工合法权益方面有很多事例。例如，汽修厂一名女工，其妹妹在非洲打工，她在去看望途中遭遇车祸，很长一段时间没有上班，因此协议离岗。不久婚姻也破裂，生活陷入困境。她找到工会，请求帮助。厂工会在了解情况后，一边给她做细致的思想工作，安抚她的情绪，一边积极想办法，推荐她到车间当了一名铣工，解除了她的后顾之忧。

现在，职工有大小事情首先想到的是找工会，因为，工会干部有亲和力，真心为我们办事。为解决夜班营养餐品种单一问题，工会主席亲自下来体验生活，现在夜班营养餐品种丰富多了，有伊利牛奶、面包、火腿肠、稀饭、方便面等。通过工会反映与呼吁，夜班费补助也从3元、5元提高到现在的8元。劳保用品质量也提高了，电工的劳保鞋是防油的，焊工用的面罩是最好的，1000多元钱一个。高温季节，工会还把防暑降温用品送到车间。

希望厂工会多组织开展一些车间与车间的体育比赛，如拔河、接力赛等，增强团队意识和集体主义精神。还希望工会多关心普通职工的婚姻问题。本来厂里男工多，女工少，这几年新进的年轻女工更少，工会组织的“鹊桥会”“联谊会”等只通知生产骨干、工程技术人员参加，一线的普通工人机会很少，男工找对象难的问题非常突出。

六、被访者希望反映的其他问题或建议

厂里的劳务工有技术劳务工和普通劳务工（辅助岗位），技术劳务工待遇与在职职工一样，普通劳务工待遇就不一样。希望厂里进一步关心他们，保护普通劳务工的政治、经济、文化权益。

王某，女，西仪集团有限责任公司党委工作部编辑。

我今年40岁，1988年技校毕业，被分配到西仪集团公司表面精饰电子分厂，与公司签订了无固定期限的书面合同。1996年调入西仪集团公司宣传部。2000年精简机构合并科室岗位，宣传部并入党委工作部，我任《西仪报》编辑兼播音员至今。同时我还负责工资核算、考勤、公司年终报刊征订等许多工作。2006年两办合并，我的岗位未变，但所承担的工作却大大增加了。

我自认为是一个很守规矩、很努力的工作者。同时也感觉到，虽然我们这些年的工作在不断地发生着变化，但我好像是处在一种比较“格式化的工作”状态中，在这种“格式化的工作”中，很明显能体会到其中的平淡、枯乏之意，即对“个性”和“创造”的一种湮没，在“个性”被湮没的同时，人就很可能被动地工作。我的看法是，工作本身并不压制我们的“个性”，湮没“个性”的是对同一工作模式无限量地复制。我们处在一个被标准化了的职位上，被反复培训以最有效的方式、最唯一的目标来开展工作。岗位职责的规范化、工作运行的程序化、操作流程的标准化、绩效考核的模式化等，对于落实责任、加强管理、明确奖罚具有重要的积极作用，是必不可少的，但同时也会使人产生一种被动执行、循规蹈矩的约束感，久而久之有了“惯性”。如果在工作的形式、考核的办法等方面，把规范化与灵活性、把严肃性与活泼化结合得再生动些，可能会给人发挥“个性”和“创造”留出更多的空间。

我和我身边的同事们无不感到工作和生活中潜在的压力，它们有的来自周围环境，有的来自工作和生活本身，有的也来自我们内心深处，具体地说，主要是一种潜在的竞争和不稳定。像我这样年龄的女职工，虽然具有一定的工作经验，也有对工作认真负责的态度，但我们不具备过硬的文凭，没有真正可以立足的专业，只靠认真、敬业和热情是不能完全适应现在的竞争环境的，随时都有更合适、更年轻的人来取代你的位置。然而，一旦没有了现在的岗位，我们还能干些什么？所以，工作压力、心理压力都有。

在生活方面，最大的压力是经济压力。我和爱人都在西仪公司工作，作为困难企业的双职工家庭，主要就是靠两人的工资生活，没有其他经济来源。爱人是西仪安装公司的驾驶员，收入和我一样，月工资平均 700 元，年收入约 8000 元。全家 6 口人，有母亲、公婆、丈夫、儿子，家庭年收入约 20000 元，赡养 4 口人。目前，以我们的收入和所要负担的各项开支，仅仅是在现有物价水平上维持基本生活，谈不上什么生活质量。

2004 年，我们购买了单位的经济适用住房，当时买房加上简单装修，把多年省吃俭用的所有存款花去了。2005 年孩子由小学升初中，我们选择了一所收费不算太高的省重点中学，包括一次性择校费、借读费及学杂费等，到 2008 年孩子初中毕业，我们将要负担约 1.5 万元的学费，加上还要上补习班，三年下来还需要近 8000 元。

我想 5 年内我们经济上不会有太大的变化。一方面由于孩子上学及家庭中的不确定因素所造成的开支；另一方面是经济来源所限，所以经济压力很大。

我希望在不远的将来，也许是我退休以后（我从事过 8 年以上有毒有害工作，45 岁即可退休），我打理一个属于自己的小店，它可能是一个服装店，也可能是一个代理某品牌的鞋店，还可能是一个装饰精美的饰品店……在填充我经济生活的同时，也带给我工作的乐趣。我还希望，我的孩子如期完成大学的学业，或出国，或从事他所喜爱的工作，快乐、有序地生活着。我们家庭成员的一切奋斗，不再是为了生活的理想，而是为了理想的生活。这些就是我对家庭发展前景的设想。这些设想使我对生活充满希望，也为我们克服各种困难增添了勇气。

现在，我最担心的是家人生病、孩子上学和就业不稳定。我母亲患有脑溢血，生活不能正常自理，虽有医保，但两次住院也让我们花了一大笔开销，由于我们工作非常忙，不能陪护老人，所以四处寻找陪护保姆。现在保姆低于 400 元是不干的，这笔费用也给我们这个收入一般的家庭造成了一定的压力。

我们现在的收入与工作付出是不平衡的。这是一个历史遗留问题，同时也是困难企业的共同现象。在最近的 5 年中，我们的工资有过一次调整，上调幅度 10%，我增加了约 60 元。

职业发展对我而言，可能已不是一个很重要的东西。如果谈职业发展方面的问题我想说两点：一是企业没有真正从以人为本的角度出发，搭建职业发展平台，为企业所需要的人员提供一个适于发展、利于发展、能让其发展的空间。在体制、机制陈旧的企业中，都无一例外地存在这样的问题，而在共建、共享和谐社会的今天，要尽快解决好这一问题，我想是企业管理者和各级领导所要思考的课题。二是劳动者自身没有从做一个学习型职业者的角度出发，自觉自愿地改变自己的主观世界。职工应善于学习、善于思考，努力改造主观世界，加强理论知识、业务知识、思想道德等方面的学习，使自己业务精、能力强、作风正，这样才有可能在一个合适的平台和空间里发展自己。

作为西仪的一名普通员工，我对自己的岗位和身份是比较认同的。我之所以能胜任现在的编辑和播音工作，既是组织对我的培养，也是与我自身的努力分不开的。从事宣传工作后，我加强了理论知识等方面的学习，获得了本科文凭，并获得了政工师职称。这是我工作近 20 年，特别是从事思想政治工作十余年的成就，也算是实现了自我价值吧！自己觉得有一种成就感。

在工作和生活中，值得感谢的是我身边爱护我、关心我、帮助我的人，特别是我们的工会组织。2000 年党委工作部成立时，刘主席是我们的部长，她当时就像一个充满关爱、极负责任的家长，把我们每一个人都凝聚在这个集体中。刘主席通过每周定期的学习和培训，让我们尽快地掌握各自的工作，同时去学习和了解整个部门的工作，我们部里每一个年轻人的业务能力、综合素质都得到了很大的提高。这一阶段也是我比较满意的。

西仪集团公司是一个曾经有过辉煌、现在处境困难的国有企业。在管理方面存在与其他国有企业相同的漏洞，人浮于事、管理松散现象比较严重。多数人对在这样的企业中能找到一个适合于自己发展的岗位没有多大的认同感，工作的压力和不稳定在人心中普遍存在。所以大家都在努力寻找更稳定、更有利于自己发展的工作，人员流动大大增加，这也是企业人才流失的原因之一。在这种企业工作，大家都对自己的收入不满，希望企业收入水平整体提高，职工能在自己岗位上真正拿到自己应得的那一份工资。

工作主动性和积极性，我认为自己发挥得还不错。作为党群部门中的工作人员，我能时刻牢记自己是一名党员，应发挥先锋模范作用。我热爱这个企业，珍惜我所拥有的岗位，因此有工作责任心，能积极主动地干好工作。

公司工会的工作应该说是很努力的，开展的活动也很多，如劳动竞赛、送温暖、助学、工会干部培训等。2004 年进行了工资协商，适当补发了企业拖欠职工的工资。

维权方面，可以说，工会做得非常艰苦。在困难和矛盾日益突出的今天，劳动纠纷也频繁起来。有一位女工因休产假而停发工资与单位领导发生争执。工会了解这件事后，立即出面与她单位领导进行了多次协商，为这名休产假女工补发了基本生活费，维护了这名女工的合法权益。我原来所在的表面精饰电子分厂，由于生产经营状况不好，集团公司决定把厂房租给隔壁理工大学作图书馆用，分厂员工进行分流安置。分厂职工对开始的安置方案意见很大。后来经过工会积极地做工作，广泛收集职工意见，并反复与行政磋商，修改了安置方案，最终使这一问题得到了很好的解决。

我们西仪集团公司工会在缺人、缺物、缺资金的状况下，能正常地开展工作，已是非常不易了。我真心地希望公司工会能真正成为一个西仪职工共建共享的大家庭，而家庭中的每一个成员都能享有家庭的温暖与和谐。

第七次中国职工状况调查个案

（2012 年）

王某某，女，北京奥瑞金种业股份有限公司职工。

我2005年参加工作，2010年初到现在的公司，目前在单位里做一个小研发中心的主管，负责研发中心的科研行政，需要在实验室、田间、温室、花房工作，每周还要跑两次通州研发基地，工作压力还是挺大的。我爱人也在这家公司下属的一家分公司，长期出差在外。孩子快5岁了，前几年老人带着，现在上幼儿园了，每天要接送幼儿园。

我目前收入水平月薪在3000—4000元。因为买房早，经济压力不算太大，但是孩子小，还面临着孩子就学问题，我们住在昌平区（北京郊区），就近上学比较难。

我们单位加班是分季节的，忙时主要集中在夏秋季，每到这时加班比较多。

我感觉工作氛围还不错，但是也是跟效益挂钩的，效益好了，工作就能轻松一些，福利待遇也会好一点，而我们公司的效益又依赖于市场和国家政策，因为主要是做育种，包括玉米、油菜、棉花等农作物。从国际化眼光来看，企业应该还是很有发展前途的，但是也要看国家政策，尤其是转基因作物的国家政策。绿色和平组织在其他国家实际上没有太大影响，但是现在在中国舆论很大，影响到了国家的政策。

我们单位工会作用主要是组织活动，遇到困难、特殊事件时工会也比较积极主动。工会主席会到各基地和分公司走访了解情况，也会组织业余活动、文体活动，慰问员工，与员工沟通。单位成立了羽毛球、乒乓球、摄影协会，都是工会经费支持的。公司对工会活动也有额外的支持，比如一至两个月会办一次生日会，公司就会出资，工会和行政配合。但是也有被动的一面，当工会活动与企业经营冲突时，工会活动不太好展开，每个员工都身兼数职，时间不好安排，如果工会能独立出来可能会更好地解决这一问题，也就是说任命专职的工会主席，工资不由企业来发，这样的工会能够反映问题、解决问题，就会获得认可。

北京市总也（在我们单位所在社区）建立了社区服务站、楼宇工会，园区也有工会办公室，我们有问题可以到那里去反映。

我们在企业里，其实上升到纠纷的情况并不多，也很少需要法律援助。

员工有了怨言和委屈，一般都不愿意与企业有不愉快，很少有冲突、纠纷。工会有专人每月组织活动，反映问题。因为面临压力的时候，员工自己一个人是没法平衡的。一方面每个人都希望获得更高的绩效奖金，另一方面要跟老板作对，这不可能。所以一般都是热心的工会积极分子，人际关系比较好的，可以协调各部门关系的去反映问题。如果遇到员工家里人生病，工会反映上去，企业就会去慰问。我们遇到问题时，也会想到要找工会帮助。例如，我们单位的一名财务人员，休产假期间公司有岗位调整，休完产假回来后岗位没有了，公司对她劝退，她就找到了工会，希望获得补偿，工会组织了几个人，根据规定、岗位贡献，帮她争取到了补偿金。一般不会弄得特别不愉快，都可以解决。

我们单位对新员工提供上岗培训。公司也鼓励各部门员工自己进修、学习。按照公司规定，可以报销50%—80%的学费，所有员工都可以申请，每年公司会根据预算和岗位需求作计划，但是学习时间往往是问题。

我个人的生活压力主要集中在家里的孩子和老人上面。孩子上幼儿园、上学比较贵，要2000元/月。自己的工资只够孩子花的。老公的工资用来（房贷）月供、吃饭，也剩不下多少。孩子上学，要上好学校，可能要交20万元的赞助费。还有，每个人都算过自己的社保，包括养老金，退休后只够温饱。老公在公司总部和地方分公司都工作过，在哪里都有社保，不知道该怎么续接。

我对企业签订集体合同的情况不了解。以前父母在国企工作，有很多津贴、补贴。自己在私企工作，只有工资，奖金看年终效益和考核。希望工会可以帮助多争取一些补贴，来应对物价上涨。此外，还希望工会能为实验室工作增加一些防护措施。

我们碰到一般劳动争议问题不会想到工会，除非是离职等大事才会想到工会。小事不具有普遍性，而且企业里人员不固定。单位建立了职工代表大会，一些问题也会征求职工的意见，但是人很难聚齐，又有很多分公司、子公司在下面，还有各个实验基地，这些地方都成立了工会小组，各自开展工作。

我对温家宝总理在报告中提到的要关心民生、要改革非常关心。可能年轻的时候不太关心，觉得跟自己离得太远。但是现在发现政府工作报告中可以看出动向，也会关心一下，像公租房等，政府的出发点是好的，但是落实上可能有问题。实际上主要问题还是衣食住行，如果能解决会好一点。

我希望工会能够有专职人员，独立于企业之外，希望能为员工争取津贴。还可以多发展些委员，并且给予工会委员活动激励。现在工会工作都是义务工作，工会经费都用在活动上，希望参加活动最起码能给个人报销一下油费什么的。建议如果工会不能独立出来，那么从事工会工作是否可以纳入业绩考核，因为要占用工作时间去开展工会工作。

我也希望出台行业的工资标准。这个行业规模大的企业没有几家，我们公司是有自己的研发部门的，行业里有一些外企，但不多，还有一些公司是不用自己研发的，只销售产品。农业本来工资标准就低，很多本专业的学生毕业后也不愿意留在这个行业。我们公司比外企的工资也低很多，所以会招工难。我本人对行业发展比较认同，我们公司与国内同行相比也最具有研发实力。

刘某某，女，内蒙古自治区乌兰察布市集宁电器厂职工。

我 1990 年进厂，在工厂工作 20 多年了，现在在资财科管库房。我原来也在生产一线，去年得心脏病，做了心脏修补手术，住院 20 多天，恢复一年多，由于这个特殊原因，来上班以后，单位照顾我，现在调到这里工作，让我去看库房。去年做手术医药费一共花了 7 万多元，单位捐了 2 万元，自己出了 2 万多元，剩余的就是医疗保险承担。

我的老公 1999 年得了大病，单位也捐了将近 2 万元。目前他没工作，他得的病是白血病，由于吃的激素多导致股骨头坏死。以前开了照相馆，现在没法料理，他活动量不能太大。

我的孩子今年 19 岁，在读中专，孩子比较听话、懂事。我的父母一直没工作，前一段时间父亲刚去世，公婆也不在了。我现在一个月收入不到 2000 元，孩子生活费一年得 15000 元，老公也能挣点钱，基本上生活还能维持。

我现在感觉生活压力挺大的，最大的压力是老公股骨头坏死后期还要做手术，孩子以后就业啊，一直没有房子，现在政府给了一套廉租房，已经全部装修好，直接入住了。40 平方米，也比较满足了。我非常感谢单位对我的关爱，过去只有在电影中看到的事情都在我身上发生了，我生病，单位给我捐了18000元，在当时已经是很多了。不管别的单位给我多少钱，我都不愿意离开。

我现在刚脱离用药，身体状况还行。虽然生活压力大，但是心情很开朗，慢慢来吧。

我现在的收入在这单位算是上中等吧。多劳多得，我（身体）不舒服，肯定影响工作时间，奖金可能拿得少一点。我就是希望上级能多给我们提供一些便利条件吧，单位解决不了的实际困难，希望上级领导能帮忙解决解决，多出台一些好政策。

我现在还担任单位工会的组织、宣传委员。单位有女工委员会，日常的工作主要是下基层调查、了解职工的困难，每年工会会组织职工体检。

陈某某，男，飞鹰公司金工车间职工。

我今年58岁，在单位工作30多年了，我老伴原来是医院护士，已经退休在家，一个月2800多元退休工资，我们老两口加起来4000多块，也够用。

我20多岁来企业工作，早已把企业当作家了，企业也一直安排我工作，从来没有和企业签订过劳动合同。

这些年物价、房价上涨较快，但是工资涨得慢，我工作30多年了，工资只有这么一点点，当然不是很满意。当年，国家让我们转制，我们支持国家，愿意转，但是现在没人管我们，谁的过错，我们过得不舒心……我们不能享受经济发展成果，我们理解政府，政府应该有担当。我们现在是民营企业，与国营企业政策待遇不统一，有低人一等的感觉。

我们也希望社会能和谐，企业能发展，人民生活富裕，但是现在社会上存在一些腐败现象，而且这种现象越来越严重。比如说，我们企业的地被政府征收卖给开发商，我们什么都没得到。

这几年，政府出台了很多改善民生的政策，帮助困难老百姓提高了生活水平。有些政策是好的，但是到下面落实就变了样，希望能够切切实实地为老百姓做些事。

我觉得我们企业还是有一定凝聚力的，还是有前途的，只要政府管我们，会发展得很好，我们的产品很好啊。我们觉得能看到曙光，才能坚持到现在，如果能有一笔资金给我们进行技术改造，我们绝对能发展。

朱某某，男，清河门煤矿职工。

我1989年参加的工作，2010年入的党，我跟煤矿签的合同，以前是5年一签，现在超过10年就不用签了（签了无固定期限劳动合同）。我们家4口人，妻子，一个女儿，一个儿子，我的第二个孩子是政策允许的，之前老婆的户口一直在山东，两个孩子间隔够了就让生了。我是成了家之后才到这边来的，我爱人的户口刚刚办到这边，之前一直两地分居。女儿上班了，在大连，儿子上初中了，父亲自己单独过，有一个妹妹，父亲是煤矿上退休的，我爱人在家没有工作，一直都没有工作。我这一上班，孩子上学，她就得照顾，我回家很累也不能干活儿，而且我上班的时间比较特殊，她就不能再找别的活儿，白班还好一点，但下午4点和零点的班比较辛苦。家里现在没啥困难，现在一个月收入6000块钱，家里就靠我一个人赚钱，我老家是山东的，后迁户口过来的，山东菏泽人。女儿在大连日资企业工作，比较满意，已经结婚了，家庭条件也很好。儿子每个月学费不算贵，就在矿附近清河门区读书，学习中等，刚上初一，学校离家里面很近，也不住校，花费不是很多。我打算让孩子好好读书，不管怎么样都要供下去。我们家买了房子，86平方米，离矿上有八里地，那边是生活区，这附近几乎没多少人住了，上下班就靠骑摩托车，有钱的职工就买轿车了，现在不算管理层，职工有轿车220多台。

我们三班倒，下午4点到半夜12点一班，零点到早8点一班，白班是早8点到下午4点，每个班8小时，轮休。直接下井，我维修巷道，都是机械化，劳动强度不大，一般在井下都不再吃饭了，都是下井之前吃饱喝好。工作时间从下井开始算，井下有考勤。

我们是单独检查巷道，三个班修，现在的巷道跨度大，下井是竖井，我们从写着清河门煤矿的那个楼下去，到了地下有各个分岔的巷道，现在井下的分岔很多。

我是班长，手底下9个人，班长上面就是队长，我们是巷修二队，一共有三个巷修队。我手底下最年轻的也已经28岁了，本地人，岁数最大的已经53岁了，企业管理比较规范，管理不好效益不会好的。

我们下井要戴防尘口罩，要穿防护服。我们“五险”都上了，公积金也有，可能是都上了，我们企业都是签了合同的工人。

我是工会小组长，队里有工会主席，平时就是组织讨论班组事项、分配，现在是按工分领报酬，我负责给手底下每个人打工分，开工资就按这个工分，我的工资在队里算高的，但队里平均也有5000多元，差距不是特别大，这几年工资见涨，从2008年开始涨，涨了500元，我2008年的时候工资能开到4000多元，这几年涨的幅度还可以，我们工资上涨主要还是由企业效益好坏来决定的，效益好就多涨，效益不好就少涨。

我们的矿将来应该还会有发展，现在企业采取外采，并不太担心未来，已经48岁了，再干五六年就退休了。退休之后能拿多少钱，不太清楚，可能按照保险情况来定吧，我的保险每个月扣300多元，缴保险金的比例不知道，我们不太了解这些政策。

我们工会组织技术比武、文体活动、班组长培训等活动，我参加过技术比武，评上了标兵，矿上还给钱，局里面也给了钱，对工资浮动也有影响，每个月多240块钱的补贴，我是第二名，如果拿了第一名就是工人技师了。我是爆破工种，我的工作没太大危险，现在技术都先进了，而且矿上抓安全生产抓得比较紧，我们现在都是打眼、装药、堵上泥然后人撤出现场，进行爆破。

我们开过职代会，我是队里面的职工代表，班里面把我选出来参加队里面的职代会，不是矿上的职工代表，我们可能一季度开一次职代会，一般都是跟班组长会结合起来，主要就是强调安全生产。

我们也单独有个学习室，上面有一些自己编的墙报，矿上有职工书屋，但是我也没去借过书，平时都没时间看书，就是上网玩玩电脑，我们现在办公技术口都有电脑。

我们劳动保护是一年两次，发作业服之类的，口罩手套之类几乎是月月都发，我们有个职工消费合作社，我们有下井的，发个卡，每天就四块钱保健费，可以用来吃饭也可以用来在消费合作社吃饭，白班的时候下井会带点饭。

工会工作挺好的，没有什么其他的建议，多加强些培训就可以了。我们班组学习都学安全生产，包括矿上下发的文件，各种生产规程。如果工作上、家里面出现问题，一般会先找工会。

参加工作这么久为什么才入党？提到入党，入党的那一天也很激动，年轻时候也写过申请，但入不上就只能等着。孩子将来也要入党，我入了党，他们也得入党。

也学过雷锋，年轻时候、小时候学过，现在都忘光了。平时下了班，也没啥别的爱好，就玩一会儿电脑，打游戏，麻将、扑克之类的。回家就得喝点酒，井下潮湿，喝点酒祛寒。

我们劳模都有疗养，矿务局有几个疗养的地点。我们每年都检查身体，但具体时间不固定，检查两次，定点医院检查一次，职业病防治所检查矽肺、尘肺。现在作业主要是用水消尘，所以尘肺情况也有好转。

对未来我也没什么可担心的，我和老伴身体都挺好的，单位也还不错。矿工地位现在还可以，出去办事比较方便。我们现在看病有保险，发了医保卡，能给报 80%，工伤就都给报销，矿上就管了，矿上工伤比较少，现在控制得比较好。今年阜新矿务局只有三例工伤，这在别的矿都是很难做到的。

李某某，女，辽宁振隆特产股份有限公司职工。

我是一名 80 后的财务会计，2006 年大学毕业后应聘来到振隆，这是我的第一份工作。我与企业签订了劳动合同，目前的月工资是 2000 多元。企业的工资是实行背对背的，因为我是财务会计，所以对职工工资有个大概了解。在我看来工资收入差距不大，而且企业实行按劳取酬，多劳多得，所以员工之间工资的差异是可以理解和接受的。我认为自己的薪酬相对于付出是合理的。企业工资不是每年有正常的增长机制，而是机动的增长，如财务部加班多的话也会有工资的相应增长，从 2006 年至今已经涨了 600 多元。

我每天是早 8 点到晚 5 点的工作时间，每周一天轮休，由于最近公司上市，财务需要加班，加班会有加班工资。由于我目前怀孕 4 个月，领导比较照顾，所以可以按时下班。我较为满意自己目前的工作，在企业时间较长，随着企业从一家不上规模的小企业发展起来，对企业还是很有感情的，也希望自己可以踏实工作，长期在企业工作下去。

我爱人是 2012 年刚考取大坝镇的公务员，月入 1000 元，已有一套 70 平方米的住房，考虑到孩子，想贷款再买一套大一些的房子。除了正常的生活开支，目前两人生活没有别的花销。因为相信两人收入都会继续提高，所以经济上暂时没什么困难，唯一感到有些压力的就是不知道请谁来帮忙照看孩子，以及孩子将来的花销。

我觉得所在企业的规章制度健全，管理水平较好。企业管理者比较尊重职工，有什么意见或是情况可以与领导直接沟通。企业由人力资源组织的岗位培训，觉得有些培训是有帮助的，领导也同意去参加培训，有些自主学习公司还可以给报销部分学习费用。觉得目前企业劳动关系比较好，主要是因为企业的报酬合理。

我们单位有工会，但是我本人不是会员，对职代会的召开也不大清楚，单位也没有开展过工资集体协商。工会组织员工体检，开展文体活动，活动都组织开展得很好。如果有加班之类的情况，工会也会直接反映给老板，帮助兑现加班待遇。如果自身权益受到损害，首先想到的是请求人力资源和社会保障部门的帮助，因为觉得只有党政才有权力管企业。工会女职工委员会以前有，但是现在不知道，企业没有保护女职工权益的专项集体合同。

我认为社会上劳动者地位应当是平等的，但是现在并不觉得有主人翁的感觉。对于现在大学生找工作难的问题，大学毕业之后应聘成功的少，觉得找工作并不容易，而要找到一份稳定的工作，能力是首要的。其次在大学期间也应当多锻炼。

作为一名阜新人，我感到受到资源枯竭的影响，阜新的发展一度遇到困境，近几年阜新的变化很大。关于一些惠民民生政策，农村有地的农民应当是感受到了实惠，我自己没有特别的感受。企业也是在逐步发展，因为是财务人员接触到公司经营情况，另外，企业也年年将销售额、盈利情况公开给职工。

我觉得只要从每个人做起，从每个企业做起，应当就能够实现和谐企业、和谐社会。

姚某某，女，江苏省南京市南京果品食品集团有限公司职工。

我今年44岁，家里3口人，先生在省京剧院工作，拉二胡的，他们单位效益比我们好一点，一个月收入2800多元。孩子在北京科技大学上大一了。我前几年买了套二手房，买时6000多元一平方米，现在涨了，16000多元，老人不和我们住在一起。

我原来在零售商店，零售网点拆迁，合并了，调到科室，做办公室文档工作，收发文档。我1986年到企业工作，经历了企业的辉煌到衰退，1993年时最辉煌，红红火火。现在效益不好，没办法，认命了，我与单位签了长期合同。工作方面的压力还好，主要是经济方面的压力大，拿这点钱，不好意思跟外面说，小孩上学，爬坡阶段，还要奶奶贴补一点，这算啃老啊。我们单位前段时间换了书记，去年6月接手的，有工作能力，党政一肩挑，跟我们同甘共苦，跟我们打成一片，工资在这里开，遇上好领导是福气。

我最满意的是儿子考上大学，生活上最大的宽慰，乐得合不拢嘴了，不求别的，大家在一起和谐、愉快。工作生活中最不满意的是通货膨胀，官僚腐败，我们企业的工资基数太低，工资略提点还是跟不上形势，落差太大。公积金问题，2001年停到现在（没解决），买房商业贷款太高，除了我父亲不在了，双方老人都健在，我们家是四世同堂，爱人的婆婆在。我母亲今年76岁，就是有高血压，其他方面还好，以前是西山市场的，退休金1800多元，每个月贴给我们点儿钱。公公也是这个单位的领导，公公73岁，退休金刚满2000元，他也嫌少，婆婆是教师，退休金6000元，两个老人都在经济上补贴我们。我经济最担心的是儿子想出国，希望他能拿到奖学金。

罗某某，男，苏州一光仪器职工。

我45岁，15岁在企业技校毕业后，一直在此企业工作，已有近30年。我一家5口人，现在和父母一起住，小孩有老人照顾。我现与公司签订了无固定期限劳动合同，月收入4000元，但五险一金要扣去1000多元。3年来工资变化还是增长了，总体上有增长，但不多，在企业里，还是要看企业的效益。近来感觉工作压力大，企业对职工技术进步有需求，有压力。企业比较支持职工培训，如外出进行高级工、技师培训，公司很支持。现在企业管理围绕生产转，但后备人才接不上，产品对加工的要求高，社会比较现实，年轻人机会较多，比如企业有一点不好就跑到其他地方去，效益差一点，就跑到其他地方去了，不能专注于技术。员工流动率大，企业就需要重新培训，公司培训成本自然就上去了。企业的首席工人不多，我在企业还是有很高的地位和威望的。

工会开展合理化建议等方面的活动还是比较多的。工会应当与职工多接触，把企业情况多向职工通报，职工不清楚就会产生意见，多沟通，下面了解上面的情况，上面也了解下面的情况。对于社会，我认为劳动者在社会中所处的地位太低，现在的年轻人找对象，听说是企业的，很难找，只能找外地的，条件差一点的。社会的不公平事情也比较多，企业与公务员相比，退休收入差距很大，而且现在工资上涨速度也赶不上物价上涨速度。

赵某某，男，晨阳箱包公司职工。

我是四川人，20 岁出头从家里出来打工，原来在广东、湖北等地也打过工，先后做过建筑、餐饮等行业，2002 年来箱包厂之前，还在杭州工作过几个月，那时候年轻就想出来多闯闯。现在到这个厂工作已经有 11 年了。

生产一个完整的箱包出来，全部工序有一百多道，合包是所有工序中技术含量最高且最累的，因为整个包的重量都在工人手里，要把各部件合成整件，是很辛苦的。通常在生产线上工作两三年之后，学会各个环节的技术，人家觉得你人品好愿意在这边长干，才开始让你学习合包的技术。车间的技术组长会对新手进行一对一培训，最初要集中学习三天，然后由简到繁、边做边学，全部学会要半年时间，因为箱子也有很多不同种类、难度。我做合包已经有七八年时间。

三厂有 4 条生产线，我们有 5 个合包工同时上班，留一个预备的随时补各条生产线的空缺。流水线上都是计件生产，有的岗位完成得快，提前就能把之后两天的工作量做出来，那这条线上就会做一个调整，把他暂时调换到别的岗位帮忙，以保证整条流水线的出箱数量。11 号那天刚刚赶完一批货，好像是要发给麦德龙超市的。

厂里正常的工作时间是早上八点到下午四点半，但每个周二都是固定的加班时间。我们每个月只能休息一到两天，平时、周末、节日的加班都是按正常工资的 1.5 倍、2 倍、3 倍来支付。如果完全不加班月收入是 3000 多元，要是算上各种加班费差不多就有 5000 多元，所以工人每天都自觉加班到六点。

我们这的员工比较稳定，每年流失或者新招来的都在 10% 左右，有一些改行的、过年不回来的。我在这里做得时间比较久，技术熟练、效率也高，工资待遇和管理制度都挺好的，要是出去再学做其他的效率太慢。单位给上养老保险，包括医疗、生育等社保什么的都在里面，每个人都还有意外险。但也有大概 1/3 的职工不愿意交保险，觉得在这里干不长不如多拿些现钱。公积金现在没有办，长远来看当然还是有的更好。

公司每年会组织一次集体出游，除了有事请假的都尽量参加，但因为人数上千，规模比较大，通常就是去周边游，时间一两天，不然人太多根本组织不过来。过年过节单位的福利不错，会发些吃的喝的、生活用品等。

出现纠纷的情况也有但不太多。基本不会拖欠工资，有时个别职工没做多久忽然离职，当月的工资会晚发一个月，工人就会来找，需要调解或者处理的，一般都能满足职工的要求。企业也是为了制定管理规则，否则职工随便就走没办法管。还有的脾气不合偶尔打架甚至发生轻微外伤的。有矛盾的可以找“老娘舅工作室”的朱老师调解，要是动手打了架，就只能去找综治办解决。

厂里每一年或两年都会举办一次技能比赛，分不同岗位开展，得到名次的职工给发证书和奖金，还会增加一定的工资，所以大家都特别愿意参加。厂里有重大的事项会开会通知职工，还有建议箱可以提意见。办的内刊每个月都会发到车间里，还有宣传板报等。箱包厂的工伤比较少，手指外伤偶尔会有。医药费都能报销，休息期间工资都是全额照发。有的箱包原料会有刺鼻气味，口罩、手套等用品经常发放还能随时取用，但是有的职工不爱用。

我有印象的厂里还组织过一些培训，比如消防安全、法律、电脑培训。还有前一阵的“双证”培训，是企业和当地学校联办的，就是要坚持学习半年，每周三天每天两小时，我原来是初中学历现在已经拿到高中文凭，像我这样拿到证的有几十个人。另外，也组织过篮球比赛、乒乓球比赛等，还有一个职工书屋。业余时间，我喜欢打打篮球，南边有个球场走路五分钟就到了，我老婆有时候会去天和制药的广场那里跳跳舞。

老婆和我是同乡，我们一起来这边的，她也在这个厂工作，是一条生产线的组长，就是负责整个生产线的调配管理，比如这里人手有空缺就从别处调工人来，属于管理类的不是太辛苦。我们在这边结的婚，孩子今年 10 岁，现在在凤桥小学读书，孩子小的时候我妈妈会过来帮忙带，孩子现在就自己坐公交车上学。

我家住得很近，走路几分钟就到，现在每个月花 200 元钱租了个一室一厅一家三口住，离得近上班方便。平时我们都在家里吃饭。我们俩的月收入加起来就能过万元，一个月的开支在五六千元左右，主要是生活费、买衣服什么的。我们的户口都在老家，属于新居民职工，但只要相关手续齐全，比如居住证、一年以上的养老保险交费记录等，就可以办理子女入学。孩子上学现在还是义务教育不花钱的。

年轻的时候总想出去闯闯，总想着说不定我还是个有用之才呢！现在在这边的工作就基本比较稳定，工资收入不错，能养家糊口，保障福利不错，这就挺好的。现在孩子还小，我们就希望他凭自己本身，听老师的话，好好学习今后也好找工作。

原来和家人商量过，考虑过几年攒点钱，自己承包一个小厂单干，在这边做得时间长经验丰富、业务熟悉、客户稳定、关系可靠，都有比较合适的发展条件。我希望要是每个月的休假能多一点那就更好了，现在有什么事情只能放假那一两天才能做，请假的话当天的工资就没了。平时可以努力提高效率，这样就能保证或者提高收入水平。

汪某，男，安徽中意胶带公司机电车间职工。

我2008年大学本科毕业，来工厂6年了。月收入刚开始时是1500元，现在是3000元左右，在本地算中等偏上。家里5口人，与父母同住。父母原来是做小本生意的，没有退休金。爱人在一家私企工作，月收入1600元左右。我目前生活负担没觉得太重，但过几年父母身体不好的话，孩子再一上学，压力就会大了。

其实在中小型企业工作压力蛮大的，我之所以选择留在这家厂，是因为这里管理正规，能够发展下去，而且在这里只要你能干，就会得到提升，有前途。彼此都尊重。我佩服老板，他不只注重利润，不是赤裸裸地追求利益最大化。他对我们大学毕业生中有工作能力的特别看重，比一般企业的领导都好，这在北方是比较难得的，这也是我们愿意留下来的一个原因。其实我刚来两年多的时候也想过要离开，但通过跟老板谈心改变了想法。老板说他不想看到一个人失业，他说看到自己的职工失去工作就觉得很可怜，不如留在厂里，肯定有碗饭吃。

在个人发展的方面，对自己的发展还是比较乐观的，只要这个老板不换，我就会一直在这里干。

我对单位工会工作是比较满意的，工会对职工比较关心，比如食堂晚餐夜宵，谁说不好吃，工会就会征求意见，让食堂改进。员工代表大会时，公司的规章制度都是讨论制定的。

说实话，现在工人阶级地位边缘化。为什么说工人地位低了？最直观的是收入低，现在推出工资集体协商的手段，是有效果的。希望国家扶持企业，特别是中小型企业，工人收入低，主要是因为企业发展得不好。

我个人希望工会能够更贴近员工。比较起来，西方的工会太极端，说罢工就罢工，而咱们国家的工会又偏软，尤其是民营的。工会的问题是怎么让老板省心、让员工放心，民企的工会应该更好地起到“承上启下”的作用，加强维权，更好地代表工人的利益。

我感觉现在社会风气稍微有点乱。但最近几年比前几年强多了，比如打砸抢的少多了。我比较关心社会时政，经常上网，喜欢上的是新浪等，有时间也看新闻联播。网络上的事件，公益性质的愿意参与，有时也发些小评论。

我们国家对农业、对农村的改革做得比较好，现在农民地位比工人高。希望加快教育、医疗方面的改革。重大疾病医疗现在一般人应付不来。

我最大的心愿是工人阶级地位得到尊重，劳动时间劳动强度劳动环境都得到保障，希望总工会在这方面采取有力举措。

荀某某，男，安徽中意胶带公司半成品车间职工。

我是大专毕业，2000 年来厂，这是第一份工作。收入每月 2000 元。妻子在另一家厂，收入近 2000 元，家里 3 口人。我现在的住房是自己买的，因为买得早，所以比较便宜。我对自己今后生活的改善还是比较乐观的，因为企业发展比较好，我亲眼看到企业一天天变化。从家里的生活情况来看，我就是怕父母有病，没人照顾。老人看病医药负担特别重，有好些费用不能报。

我们这个企业发展得好，在这干得比较满意。最满意的是气氛好，能开心工作。对企业感到满意的，还有企业文化比较好。老板鼓励我们学习，他有个规矩，大家出差时，必须借本书，报销时有时老板还要问一下书的内容。厂里有健身房，中午休息时可以去，晚上也可以。

厂工会经常组织劳动竞赛、困难补助、慰问职工，反映职工的意见，还负责劳保用品发放，我觉得工会的作用挺大。我认为在民营企业里，工会重要的是怎么当好沟通的中间渠道，更好地平衡老板和职工双方的愿望。

我平时也关心时政，获得信息的主要来源是上网，我最近喜欢看看两会，最关注的是房价。我现在最不满意的是住房，一辈子不吃不喝也买不起房子，物价上涨得太厉害。

我希望工会反映的问题主要有这么几个方面，一是房价调控政策再维持一段时间，让房价降下来。我们的要求并不高，只希望有个稳定的住处。二是希望放宽对民企的贷款政策。三是希望企业加快工资增长。四是希望解决退休工资低的问题，与机关事业单位水平一样。

杨某某，女，初中文化，福建青松股份有限公司职工。

我来公司工作已经 9 年了，每三年签一次劳动合同，目前已经签了三次，这次签劳动合同时，公司告诉我已经连续两次签订合同，第三次按无固定期限合同续签。公司为我上了五险一金。记得来公司的第二年，我工作时脸部烫伤，当时就医的所有医药费都报销了，公司为我考虑得很周到，我很满意。

我目前每月工资收入大概在 2200 元，与当地老师的工资收入水平差不多。我家一共 3 口人，爱人也在这个公司上班，我有一个 15 岁的女儿，上初中了。家里盖了 4 层小楼，其中自住两层，出租两层，生活没有什么困难，我感觉很满足。我上白班，每天工作 8 小时，每周 5—6 天。

我个人对单位很满意，每个月 20 日之前工资都准时打入银行卡，工资在当地水平较高。公司每年召开职代会，至少召开一次，我本人就是职工代表。今年 3 月召开了职代会，讨论增长工资的问题，工人提出增加工资，企业从今年 5 月开始为老工人每月增加 200 元，企业每月为此开销十几万元。企业很有人情味，有的员工辞职跳槽后，对新工作不满意又要回到企业，企业照样接纳。

我们单位的工会在节日时会组织体育、娱乐活动，抽奖等，所有员工都可以参加，大家的参与热情很高。

我认为企业兴旺要靠大家的共同努力，因此要一起把企业搞好，遇到问题不要发牢骚。听说现在提出要推迟退休年龄，我不大赞成，尤其是不赞成延长工人的工作年限。

龙某某，男，枣庄市汽运公司出租汽车分公司党委书记兼工会主席。

我在公司任党委书记兼工会主席，几年来我们注重找好工会工作的切合点，发挥桥梁纽带作用，维护职工合法权益，开展工资集体协商，签订集体合同，完善了职代会制度，形成了职工工资正常增长机制，公司职工工资连续 5 年保持 10% 以上的增幅。

困难职工救助等工作比较到位，为困难职工排忧解难，金秋助学，节日走访。公司尽到自己最大的努力，上级工会给予了大力的支持，工会工作有声有色，扎实有效，在切实维护职工权益方面做了很多的实事，有名有实，群众较为认可。我们也得到了市总的大力支持和指导，工作开展相当扎实。公司在建立劳动关系和谐企业和厂务公开方面获得了上级的认可。

关于出租汽车行业建立工会的问题，2010 年，市总工会和市交通局进行了一次调研，我个人感觉，现在建会是大趋势，但目前看来机会还不太成熟，还有大量工作需要做。主要是出租车驾驶员成分复杂，有下岗职工、无业人员、退休的管理人员，人员素质参差不齐，管理方面缺乏行之有效的管理手段，经营权与车辆所有权分离问题导致管理困难，行业驾驶员利益诉求高度趋同，容易引发不稳定，从公司的角度来看，同时需要兼顾社会效益。担心建会之后的管理问题，怕缺乏有效管理手段，引发其他负面影响。同时，企业与驾驶员之间劳动关系不完善，建会之后缺乏有效管理手段，所以我建议，在建会之前要解决劳动关系问题。

目前枣庄出租汽车有 400 余台，分散在 7 家出租汽车公司，起步价 5 元（包括 2 公里），运营价每公里 1.3 元，每个月管理费 200 元，主要为烧气。目前（主要是节假日）运力比较紧张。下一步我们打算面向基层，为职工多办一些实事，为职工争取更多的权益。对于组织出租汽车驾驶员入会工作，目前很难说通过什么样的模式建立覆盖出租汽车驾驶员的工会。未明确劳动关系状况下，工会建立缺乏依附；若建立劳动关系，则会带来一系列新的问题。对出租汽车驾驶员工会组织的管理、引导缺乏思路（与组织职工活动工作模式差异较大），所以说目前还缺乏明确的思路。

赵某，女，焦作电厂职工。

我是焦作本地人，1999 年进厂里上班，在这个厂工作 13 年了。我家一共 3 口人，爱人也在这个厂，小孩上小学。我的月工资 1300 多元，包括工资 600 多元，奖金 600 多元，还有 50 元女职工补贴，我岗位低，是办公室行政人员，和企业工人比也算低的。我爱人收入比我高一点，他的岗位定级比我高，即使这样，我们两个人年收入也就3万多块钱。前些年我刚来厂里时，企业很好，现在败了，我们收入不好也正常。生活还过得去，小孩儿才上小学，是义务教育，估计上到高中时压力就大了，我家里现在没有什么重大支出，不知道以后怎么样。我家的收入水平在焦作不算好，偏下了，现在焦作的服务员都不低于1200元，不过他们的职业预期不好，所以大家对国企都还有信心。

我们厂的工会很好，看得见的是文体活动多，另外，我们女职工每月50元的特殊补贴落实了，还给女职工上特病保险，自己交15元，工会给补15元，保额根据病种的不同赔付，比如乳腺癌2万多元。

我们的集体合同是三年一签，工资协商每年一次，厂里的网上有工资协商的照片，宣传稿什么的。我参加过发展部召开的二级职代会，厂里的职代会也参加过。

对于厂里目前的困难，我一方面是无奈，形势不好，煤价高，火电厂都亏损，我很难过，也很痛苦。另一方面，我们对国有企业也存有信心，厂里的新机组项目也在进行，我们还是有希望的。厂里有个十六字方针，“新机建设、异地发展、培训创新、加快发展”，新厂建设后，有一部分人可以去那里，厂里正在进行培训，我很愿意参加，我是1995年上的华北电力大学，电力本科毕业，毕业后就来了，当时电厂也挺好的，所以我也希望能发挥自己的能力，我迫切希望新机项目能尽快上马。我这人挺乐观的，希望学有所用，现在有一些项目下马了，我没有多少发展机会，还是想能做些事。

我们厂里的工会更侧重于搞一些活动，这也是对的，企业困难时更需要这些，要不职工都死气沉沉更不好，搞一些活动，让大家有事干，心理负担小。我希望工会机制能更健全，现在由于人员分流和内退等原因，有的工会兼职干部都走了，人才流失比较多，希望能多引进人才。

赵某某，男，中铝集团长城铝业职工。

我是1990年从部队转业来到这个企业的，在企业工作20多年了，和企业有很深的感情。我在部队立过功。国企的培训很好，因为国企对工人的培训很实在，这也要感谢工会对我的培养，无微不至，让我由原来的什么都不会，发展到现在这样。

我对我们的企业很关注，从2008年开始，整个铝板块处于亏损中，这几年来变化非常大。我们的新领导来了以后情况有了一些改善，这几年企业采取了很多措施，赢得了人心，现在一线职工基本上能达到 2400 元的月收入，一线岗位比较高的可以达到 2700 元。我们职工也想让企业好起来，企业盈利了才能在行业中有话语权。

我的小孩今年 18 岁了，在上高中，我家里是双职工，经济上压力不是很大，2002 年分到福利房，那时我花 660 元/平方米买的。这几年我奖金维持在每月 800 元，在当地还行，但出不了门，因为物价水平还是涨起来了。

我在单位带过不少徒弟，他们有的走上行政领导岗位，有的当技术人员，有的当上车间主任，还有副厂级的。我带的徒弟有大学生，也有技校生，我感觉他们不一样。大学生怀着梦想，想有所作为，有较高的理论知识，缺乏实践经验。不少技校的学生只想在工人岗位上有自己的天地。

工会组织是一家人，如果有委屈我会找工会。

最近我们企业搞竞聘上岗，我觉得很好，在各车间班级推广，非常规范。我们企业人员流动不是很频繁。普通工人流动的不多，厂里的技术人员、设计人员出去的多一些，主要是因为他们出去在外面有谋生的能力。2006 年有个私营企业想让我去，一个月给我 6000 元工资，还有车、保险和住房，但我这个年龄，在企业是中流砥柱，企业培养了我，我不能背叛企业，在这里我得心应手，有我的空间和梦想。我还有十几年就退休了，希望在企业里好好地干，国企还是机会均等的，我还想评全国五一劳动奖章。企业不管好坏，没有亏待我，如果去私企，可能就没有我今天这样的发展机会了。

石某，女，伊利乳业（黄冈）职工。

我来伊利乳业已经两年多了，毕业于湖北轻工，是通过学校招聘来的。之所以来伊利，主要是因为离家近，沿海可能收入高，但是离家太远了，我不喜欢在外面漂泊。2009 年底我来的时候还没毕业，是来这里实习的，毕业后来这里又有 3 个月的见习期，到期通过转正考试才能拿到岗位。在这里的头 6 个月，签的是劳务合同，现在签的是劳动合同，合同内容包括工作内容、岗位。现在做的是车间统计，是文字工作，（包括）日常的报表处理、原辅料、成本质量掌控、考勤等。

我的工资多少和工作量有关，上个月拿到手的工资是 2000 元。公司也交保险，我自己交160块钱。去年涨了两次工资，今年又涨了，三四月涨了一次工龄工资。工资有岗位工资、产量工资（计件）按班组工作量计算报酬、绩效工资（包括加班费、福利、补贴）、考核奖励、全勤奖等。我们这里工作满三年后办理公积金。刚开始工作时，报表填错，被罚了20元。

公司是轮班制，三班倒，三天上两个班，每个班12个小时，从早上7点到晚上7点。一个星期能上四五个班。中午闲，晚上交接班忙。刚开始（工作）会有问题，师傅带着。现在的90后不爱倒班，不爱上夜班，就干不长。公司每月都有培训计划，一般都在工作间隙培训，不占用休息时间。

我现在搬出去住了，因为公司的宿舍不能上网，房租一个月100—200元。我对象在黄冈工作，今年打算结婚，打算在这里定居。我们贷款买了房子，每个月还1000元，贷了款，钥匙还没有拿到手，还没有开始装修。

我们企业工会组织的活动很多，有表彰会、K歌大赛、运动会、球类比赛、宿舍联谊会等，妇女节工会还发了100元购物卡，工会还组织素质评比，图书室可以借书，只要登记一下宿舍号，可以借15天。过年要组织职工开趣味运动会。我们将上下班开通勤车、食堂伙食这些问题反映到工会，差不多也能帮助解决。

我今后的打算是向行政和办公室文员方向发展，虽然办公室也忙，但是行政的工作更正式点，同时，也有打算在车间做组长、线长。

黄某某，男，佛山市海天（高明）调味食品有限公司职工。

我1996年毕业后进入海天公司，已经成家了，佛山的生活幸福指数还比较高，我和爱人的工作都比较稳定，工作也十几年了，现在房子、车子都已经解决。

我在企业做生产安全管理工作，压力很大。我下边有5个人，管理整个高明分公司的安全生产，我们的工作主要靠各个部门配合，我们制定管理规定，负责考核监督。

总体上讲，我对公司管理和在公司的个人发展等方面还比较满意，我们企业气氛很好，人员比较年轻，只要有能力就可以冒出头。

我1996年进入公司，正赶上企业第二次改制。第二次改制主要是国有资产退出，对我个人没有什么影响，当时有一些股份奖励，但现在都没有了，企业股权回购，集中持股，准备上市。

我感觉现在的企业工会和上级主管工会发挥了不少作用。因为我进公司比较早，工会前后的工作对比蛮大的。以前是党委、工会主导企业文化建设，很多活动由工会来推动。现在，提倡百花齐放，工会单独搞的活动不是很明显，行政、工会等各方一起合作组织有关活动。其实我们企业也有集体协商制度，都是事先把协商内容发给职工征集意见，大家都能看得到，职工代表反映大家的意见。其他企业可能还做不到这些，但在我们公司，这些是水到渠成的，不成问题，都是程序性的。

我觉得党建、工会都面临着一个问题，就是如何增强党员、会员的自豪感？我们公司在车间党员亮身份、工会帮扶等方面做得还是比较完善规范的，但抛开公司，现在社会上，党员、会员的自豪感不是那么强烈。工会的一个重要职能是服务职工。现在许多企业特别是外资企业，也设立一些机构，做的工作都有工会的影子，但它们不是工会组织，比如，我们企业有职工服务办公室，有的企业设有心理咨询室，关键是，工会怎么突出在企业发展过程中的作用。如果能够起到职工认可的作用，会员加入工会组织能够有实际的收获，工会组织就会有凝聚力。另外就是人才，工会组织要有自己的人才。现在社会上，有很多机构和组织都搞活动，比如，举办一场晚会，各个单位举办晚会的效果都会面临对比。工会组织的活动与其他单位组织的活动也存在相互竞争的问题。提高工会活动的吸引力，提高工会组织的凝聚力，要靠工会人才。我们公司的企业效益还不错，公司有老国有企业的底子，工会组织完备、职工帮扶到位、文化活动丰富。但还有很多外资企业、民营企业、困难企业，工会应该加强在这些企业的工作。现在民营经济大发展，佛山有比较多的外资企业、民营企业，职工与老板之间就存在关系和谐的问题。前两年有职工停工、罢工事件，如果工会作用充分发挥了，那么劳资矛盾就不会发展到这个程度。职工的工资待遇应该与企业效益、劳动强度、科技水平等挂钩，工会应该在其中发挥作用。企业与职工是共生关系，大家都希望公司好，毕竟我们要靠公司吃饭。

张某某，女，重庆市新洁净清洗技术服务有限公司职工。

我 1998 年从贵州老家来到重庆，先在一家商场打工，从事销售工作。2000 年来此单位打工，到公司后，首先从保洁员做起，然后升为主管，目前担任该公司的兼职工会主席、家政服务公司经理。我已经与单位签订了无固定期限劳动合同。我现在每月工资3000元左右，都可以按时拿到，对目前的工作和生活基本满意。现在日常主要从事该公司家政服务的管理工作，一般每天工作8小时左右，不怎么加班，在做好本职工作的同时，业余时间做一些工会工作，与自己目前的能力相比，对现在的工作岗位很满意。

我家里现在有3口人，小孩上学，老公在一家物业公司上班，月收入4000元左右。对民营企业来说，我工作的付出和收入还是有些差距，但我们公司在同类企业中属于中上等，工资报酬还可以接受，比较合理。近3年每年的工资都有所增长，幅度还可以。

我现在压力最大的是经济问题，我和爱人两家的老人都在贵州农村，经济上有些紧张，最担心的还是他们生病住院，另外当地红白喜事随礼比较多，经济上压力较大。我本人自己按揭购房，每月需还贷款1000元，企业为职工上了五险，工作中倒没有什么因素影响我的发展。

谈到对家庭发展的想法和期望，希望我和爱人两个都能在各自的公司好好的发展，我本人宁愿为家庭多承担一些，支持老公能够往更高的方向发展。

对保洁这一行业来讲，因为工资总体比较低，所以不好招工，年轻人大多不愿从事这项工作，一定程度上存在用工荒，不如餐饮行业好招工。从目前看，社会上就业的机会还是比较多，只不过因为工资低，行业艰苦，许多人不愿干。

我们公司的管理比较先进、规范，经常根据市场的需求调整思路，公司对员工比较关心，考虑每个人的工作发展和生活需求，大家比较满意。公司建立了职代会，每月或两个月召开一次小型的职代会，有时与行政办公会一起开。大型的职代会一般每年召开一次，公司经理向职代会报告经营情况，解释财务状况等。职代会在职工代表参与企业管理、反映职工诉求上提供了一个很好的平台，发挥了较好的作用。

关于收入差距的问题，我觉得应一分为二地看，有一定的差距能够激励员工干好本职工作。工资协商首先征求员工的意见，然后由工会和企业主对接，企业主根据员工的要求跟工会进行协商。

我们的职工在企业内部相互尊重，平等相处，企业老总关心职工，重视调动和发挥每个人的积极性，所以我自己的积极性比较好。但从事保洁工作的职工自己总觉得低人一等，地位不高。劳动关系总体和谐，没有不稳定或矛盾激化的情况，虽然日常工作中有些小纠纷，但不明显。

我们参加的培训主要是企业组织的，高中低保洁员培训、师资培训、月嫂培训、正常的技能培训等都有。

我本人 2006 年加入工会，2011 年被选为工会主席。我们有组织职工关爱活动、培训活动、开展工资协商、厂务公开、组织召开职代会、文化培训等。平时如果员工有什么情况首先反映到职工磋商小组，然后到企业工会，经调解或磋商，解决不了的反映给企业老板。职工自己的权益受到侵犯时一般是先找工会，因为工会维权，工会解决不了的再找劳动调解组织。我们单位有女职工委员会，但没签订专项集体合同。

我希望上级工会组织多从政府争取一些资金用于企业职工的培训。

王某某，男，奉节县港航运输公司职工码头工人。

我是重庆奉节人，1957 年出生，奉节县港航运输公司职工码头工人。我是 1975 年的知青，1978 年来单位工作，以前船上 4 个人干活儿，但近两年公司不景气，现在是安排两个人。我跟单位签有劳动合同，合同是一年期的，现在每月工资 750 元左右，原来更低。工资每月 15 号能够足额发放，就是太少啦。

我家里有 3 口人，爱人没职业，靠给人家打零工，收入很少也不稳定，女儿今年重庆邮电大学毕业，正在找工作。现在实习一个月 1000 元多一点。供女儿读书借了很多钱，由于物价上涨，觉得现在生活水平大不如前。更主要是担心企业会破产，企业完了，我们的生活就更没着落了，生活压力挺大的。我年龄大了，文化水平不高，别的也干不了，在企业算老员工，没想过做其他的事。

对于工作我还算满意，最近工资有增加，前几年更低。作为困难职工，每年交通局给我补助 200 元。我目前最担心的是挣钱太少，今后医疗、社保等没有保障。

我在码头上工作，这里不能离开人，我正班 24 小时，副班没游客能休息一会儿。我始终认为企业做大，自己才能有提升，“锅有多大，碗有多大”。我们单位有职代会，我本人就是职工代表，开会参加过，但具体建议我没提过，我自己的劳动权益受到侵害时谁也不找，要靠自己啊。我认为工会在维权方面还应加强，工人在某些方面还处于弱势。

我知道政府有一些好的政策，但在我们还没有受益。举个例子，说三峡移民有补贴，现在没拿到，只有 200 元搬家费。现在最希望解决的问题是我们的医保和退休金。

陈某某，男，内江市工农煤业有限公司职工。

我今年44岁，没读什么书，小学文化，中级技工，在煤矿做班组长，本地的农业户口。我来矿上工作，与单位签订书面劳动合同，合同期限是2年，我的月工资收入4000元左右，一年收入是48000（元）左右，到了年底还有年终奖。单位给我们买了养老险、工伤险、医疗险，缴了风险抵押金。

我家里一共3口人，爱人在镇上打工，有固定收入，月工资2000元左右，女儿在上海打工。现在她可以自己挣钱，我家里的生活水平与5年前比有较大的提高，我们的收入也比较稳定，和现在的高房价比起来，收入还是低，但总体来说还是很幸福的。

我对目前从事的工作还是满意的，和以前靠手工挖煤相比现在轻松多了，做完了活，就可以休息，时间也比较自由。单位领导都说了的，企业发展要靠大家，单位还是离不开我们这帮人的。我一直都是干的这一行，目前情况下不想换工作，如果要换工作的话，肯定是想工资更高，环境还要好。

我在井下工作，每周差不多工作30来个小时，我们分早班、中班，根据工作量，每个班也就上4个小时的样子。我们的劳动定额是按月定量，基本上就是同行业的平均水平。

我们工作岗位的安全生产和劳动保护措施是比较有效的，下井时有专门的服装，原来是靠手工挖煤，现在靠机器，很安全，劳动强度也比原来小。每周我们还要开两次会，专门强调安全和生产的。

单位工会主要开展职工体育运动、困难帮扶等，职工有困难都直接找工会，前两天我们组里有个职工生病，工会还组织了看望，给他买了水果拿些东西去，我一起陪着去的。我还希望工会能够在提供工资待遇、福利待遇，加强技能培训、帮助解决生活中的一些具体困难等方面给予我们更多的帮助。

宋某某，女，宝鸡大荣纺织公司整理车间职工。

我1968年出生，高中文化程度，中共党员，原籍是江苏省沛县，现在户籍在宝鸡。我家有3口人，儿子21岁了，上技校，现在外地实习，爱人无工作，原来有工作后来不干了。我们家里的老人基本上不用我们赡养，就是有时候提上东西回去看看。

我到这个厂工作 25 年了。回想这 25 年感觉有些辛酸。厂子刚成立的时候还行，那时候效益还挺好的，现在和别的行业距离拉大了（效益不好）。我工作的岗位是整理车间修织工，没有评定技术等级。同岗位工资也不稳定，干活的时候质量事故、出勤、效益等都影响收入，我上个月工资才 1300 多块，这个月 1500 多块，去年和这个也差不多，好像也没什么津贴，有奖金，一个月 40 多块，岗位津贴是多少说不上来，反正一个月就是这么多钱，年终奖去年好像是发了 200 块钱。

我们的工作时间没准儿，我们和别的车间不同，干完了才能下班。早班、中班倒班，一个班 6 个小时。我们车间加班是家常便饭，车间规定是加到 10 点半，我们加班的情况不同，有厂里要求的，有自己主动的，反正活要干完，我们是细活，不好干。我的眼睛早就花了，身体也马马虎虎，不行也得上班，硬撑，前几年有过病，现在好些了，可工作时间长了就腰疼，一匹布几十斤呢，有的男的都抱不动的布，我们要抱的。这些情况我们也向领导反映，车间没办法找补，解决不了，累了就躺着歇会儿。厂里没有给职工常规体检，但有妇检。车间年龄大的，都戴着眼镜。我们也想到过找工会，可工会也不能帮我们调工种，最有效的办法就是调一个不用眼睛的工作，年轻人有资本，可以走，可我们不行，走了去哪？拖家带口的。像我们这样特别费眼睛的，应该给我们争取一下 40 岁让我们退了，或者换个岗位。

我是 2007 年宝鸡市劳动模范，没有参加过市里组织的劳模休养，前年组织先进个人去了北京，纪念“三八”妇女节一百周年。我们这里劳模待遇得看单位的情况，跟其他人待遇没有不同，中秋、过年倒是都慰问我们。

其实说老实话，谁都想收入高，但全国纺织都不行，不是我们一家厂效益不好，都不景气。职工收入差也不都是公司管理层造成的，领导也是巧妇难为无米之炊。但我觉得不管工资给多少，活要干好。我觉得职工的主人翁地位和过去是一样的，我个人比较容易满足吧，看和谁比嘛，和没收入没工作的比，人家还不如咱。

我对国家现行政策最有看法的就是国家搞的保障房，我前年报名就是不让报，因为我没有低保证明，就不行。对厂工会的工作没啥意见，逢年过节工会都慰问我们，挺满意的。最担心的事儿是我在山上住，收入低，就想在城里有个自己的房子。厂里的房人能租，一个月 78 元租金。我最担心上中班，一加班就到 10 点半，我回不去呀。住那边的人少，没伴，（下班时路上都）没人了。宝鸡的治安情况不好，上个星期邻居还被盗了。

困难归困难，我工作的干劲从来没改变过，还是那么大，我就是这个性格。作为一个工人，什么时候都要把活干好。

席某某，女，白银市有色集团股份有限公司职工。

我 1971 年出生，1995 年大学毕业后到白银公司第三冶炼厂工作，中共党员，高级工程师，大学文化程度，白银有色集团股份有限公司第三冶炼厂环境部副主任。我与企业签订劳动合同，合同是三年一签。工资收入主要包括基本工资 860 元，岗位分值 750 分（每分价值 4—4.5 元不等），技术津贴 210 元，“510100”工程第三层次人员，享受 1000 元津贴，合计月薪在 5000 元左右，属于公司内部工资较高的人员。

我是由普通技术人员成长为企业中层干部的，每周工作 40 小时，作为中层干部偶有临时加班。企业劳动保护做得不错，各种劳保用品配备完善，职业病发病率较低，只是部分工人不按规程佩戴劳保用品，需要长期持续规范。最近几年专业价值得到体现。随着公司生产经营形势的好转，公司在环境保护项目上的投资逐渐加大，近年来已经投资了数个大型环保项目，包括污水处理、除尘设备等。领导也逐渐压担子，职业生涯处于不断提升的状态。

国家环保标准越来越严格，刚刚达到的标准，很快就随着标准的调整而面临新的调整，感觉在工作上没有止境，需要自身在工作中不断追求，感觉技术上的压力比较大。

我爱人在白银市疾病控制中心工作，月薪 3000 多元，在当地属于中等偏上的水平，孩子上初一，还赡养婆婆。婆婆享受新农合医保。我家里经济负担不重，孩子教育费用不高，也没有择校费，老人有医保，爱人在事业单位，工作稳定、保险齐全，医疗费用支出也不多，住在爱人单位分的房子，目前也没有买房、供房的负担。因此对于家庭经济状况感觉比较满意，对未来没有太多的担心。

总体上讲，我对现在工作收入与付出相比感觉还比较满意，收入虽然与同行业先进企业不能比，但在本企业内属于中上等人员。近3年来工资每年增长15%—18%。

我觉得我们企业管理者水平还是比较高的，公司与中信合作后，找到了正确的发展道路。企业职代会的作用发挥得也很好，我本人是职工代表，涉及职工切身利益的事情都通过职代会批准，企业重大事项都向职代会通报。我感觉公司内部收入差距尚属合理范围，工资差距不是很大。企业虽然没有建立工资集体协商制度，但薪酬制度均通过职代会的批准。在我们企业内部，工人的地位还比较高，我自己所在的中层干部阶层反而危机感较强。

我们企业工会能够解决职工的一些实际困难，车间都配备电热水器、制水站等，能够维护职工权益，在金秋助学、困难职工帮扶、五型班组建设等领域工作开展得都很不错。我建议企业工会进一步扩大工作面，全面参与到职工生产、生活的各个方面。

目前社会上重视个人利益的风气比较盛行，集体利益、大众利益往往被忽视，这是构建和谐社会的一大障碍。

张某，男，玉门油田公司水电厂职工。

我1976年出生，本科学历（电大），中共党员，现任玉门油田公司水电厂热工工区DCS班班长。1997年我大专自考毕业，2006年本科毕业，工作后上电大，自工作以来一直在该单位工作，1999年与单位签订了无固定期限合同。月工资4000多元，在酒泉这个收入算是中等。近几年单位设备更新较快，工作人手少，工作量增加，单位有900多人，受历史条件限制，机组容量比较小，现在水电厂有九炉七机。工作压力，一是学习压力比较大，设备更新快；二是工作量上的压力大，负责20多套工作系统；三是工作在矿区，无法照顾家庭，一周回家一次，只有周末才能回家，孩子的教育成问题。

我家有5口人，女儿、妻子、父母。家庭收入8000元左右，主要支出用在日常生活、孩子教育、父母就医上。每月正常支出后最多能剩下一个人的工资，在酒泉比上不足，比下有余。最担心的事还是今后孩子上学和父母养老送终等，另外，我老家的亲戚也需要我在经济方面贴补。

我认为现在的收入与我的付出相比还是少了些，我的期望值是六七千元左右。去年涨了一次工资，增加了240元左右，再往前面涨了没有我记不清了，即便增长，幅度也比较小。一周工作 5 天，一天 8 小时，有加班情况，没有加班费，可调休。

在工作方面我感觉领导权威重一些，职工只有干活的权利，没有说话的权利。单位有职代会，每年都征集提案，职代会一般讨论工作报告、经费报告等。对收入分配的差距，我个人来说能接受，比较合理。是否有集体合同不清楚。每年都有培训，我们规定一周集中讲课一个小时，内容涉及比较多。单位矛盾多少都会有，不影响生产。矛盾产生原因包括心理不平衡、领导作风等。

我们单位的工会开展文体活动、技术比武、技能竞赛、慰问职工、矛盾调解等。希望对职工的业余生活有所调剂，比如说集中安装宽带网络等。我一般在网上看新闻，觉得中央政策很好，对党中央有信心，但执行中可能会出现偏差。希望物价不要涨得太快。

第八次中国职工状况调查个案

（2017 年）

李某某，男，江南造船有限公司技术员。

一、被访者个人主要工作经历及感受

我是河北沧州人，1993 年出生，汉族，党员，大学文化，涂装部技术员。

我去年才从青岛的石油大学毕业，学的专业是船舶海洋工程。大四时，江南厂来我们学校招聘，因为我做过班长，成绩也不错，学校就把我推荐给江南厂。和我签合同的单位是新海联船舶公司。因为根据江南厂的规定，如果招聘的是研究生，就可以直接和江南厂签订合同，若是本科生的话，就只能先和新海联船舶公司签，等过一年转正后，才能和江南厂签合同。

现在公司给我们交的是五险一金，工作时间也是做五休二，通常情况下不加班。我的工作岗位是以协调、管理为主，即管理那些劳务工。我们涂装部的工作环境还是有些特殊的，因为涂料和油漆都有味道，公司提供的劳动保护还可以，有专用口罩加以防护。

我目前还处于实习期，工资不高，每月到手才 3000 元左右，转正后能拿多少，我还不知道，估计会有四五千元吧。当然对于这份收入，我觉得可能还是不够的，毕竟在上海的话，压力挺大，以后要结婚买房，这点收入可能远远不够，所以对这个我还是不太满意的。我们学校应聘来上海的同学中，已经有部分人辞职回老家了，他们都觉得在上海的生活压力太大了。我目前的想法是，这毕竟是人生的第一份工作，还是先稳稳，压压心，历练历练再说，毕竟走一步看一步，有工作经验后再做进一步考虑和打算。

二、被访者家庭经济状况及相关情况

我父母都是普通的工人，我爸在老家每月有三四千元的收入，妈妈工伤后就不工作了。家里的经济状况应该说不是太好，但还过得去。我还有一个 17 岁的妹妹，现在老家读高一。

我父母还是比较开明的，但对于我到上海来工作，他们原本也不太支持，因为大家都知道，在上海要结婚买房，压力非常大。

我现在最大的担心是父母年龄大了，身体也不太好，我又不在身边，总觉得这会影响我今后的工作选择。

三、被访者对对所在单位的看法

我们整个涂装部有 1000 人左右，下面还分作业区和科室，在作业区里包括

8 个劳务队的人员，每个劳务队有 100 多人。总的来说，我们单位的氛围非常好，同事们相处得很融洽，领导们也没什么架子。我主要是管理那些劳务工，他们很配合我的工作。

在作业区，我们有各种培训，尤其是安全方面的，毕竟这个非常重要。除此之外，我们公司也支持员工去进修，不断提高技术等级水平。在这一点上，公司还是创造了许多条件，并且有相应的奖励政策。

除工资收入外，我们还有一些福利，如春节时公司发的大礼包，端午节还发了粽子，平常还有洗衣液，等等。

四、被访者对工会的看法和对维护自身权益的相关看法

我来公司上班时，在签订合同的时候，也加入了工会。工会也搞了很多活动，如文体活动和劳动竞赛等，尤其是年终时公司工会搞了场文艺晚会，组织每个部门出节目，大家都觉得很开心。

由于刚毕业不久，我对工会还不是很了解。我就希望工会能够经常关心我们，为职工的生活提供更多的便利条件。

我觉得工作是为了更好地养家糊口，我希望自己的工作能够对得起自己的付出，并得到应得的报酬。

对于社会问题，我觉得当前社会不公平的领域主要是在教育方面。一是区域差异性大，如生源大省上好大学很难，而在一线城市读好大学就相对容易些；二是中西部省份学生读好大学机会少，那么读了一般性的大学，今后找到好工作，从而改变原有身份的机会也就少许多。对于这一点，还是需要引起国家重视，并且努力遏制这一社会不公平的现象扩大化。

宣某某，女，34 岁，上海籍人，本科，中共党员，国企销售部内勤，钻石检验员技师。

1. 是否已同现单位签订劳动合同？在现单位是何种用工形式（合同制、劳务派遣制、劳务外包制等）？社保缴纳情况如何？

答：我们单位跟我是以合同制的形式签订了劳动合同并按时为我缴纳社保。

2. 现在平均每周工作时间是多少？劳动强度如何？劳动保护的情况如何？有没有因工作得病等现象？

答：我们一天工作8小时，实行双休日。办公室安装了空调，因为最近是夏季，单位为我们配备了毛巾、风油精、盐汽水、绿豆汤等防暑降温用品。目前我并没有因为工作而生病的情况发生，单位每年都会安排我们体检。

3. 除现单位外，过去尤其是近5年来还在哪些单位工作过？单位性质如何？最近一次调动工作出于何种原因？对过去尤其是近5年来的工作经历有哪些感受？

答：我从事的是珠宝首饰及有关物品制造。没有换过工作，最近5年以来的工作经历让我学会了适应环境，学会调节自己的情绪。我觉得任何行业都学无止境，勇于担当是成功之源。

4. 近5年工资增长情况如何？对目前收入是否满意（如差距情况、合理程度等）？为什么？

答：近5年内我的工资增长了10%，挺满意目前的收入，比较合理。

5. 目前工作的主动性、积极性如何？为什么？感到工作上最大的压力是什么？认为自身职业发展的障碍主要有哪些？将来有何打算或奋斗目标？

答：我觉得自己对工作还是比较积极的，压力源于我个人，觉得自己的知识面及工作经验相对比较浅薄，还有很多需要学习的地方。不会主动追求自我的更新或突破，这方面是会阻碍我自身职业发展的问题。将来的目标是升职加薪。

6. 家庭总的经济支出构成和经济负担情况如何？近5年来有何变化？对目前家庭经济状况是否满意？是否存在经济困难？对于家庭经济现状，最满意的有哪些方面？最担心的情况是什么（如生病支出、子女教育费用、就业不稳定、收入减少、缺少社会保险、住房等）？

答：目前家里主要支出在文化教育上，不存在经济困难的问题。我最满意的是家庭成员的工作都非常稳定，比较担心的是将来小孩的教育费用。

7. 对家庭经济前景展望如何？对今后家庭发展有何想法和期望？

答：希望家人都身体健康，收入每年都能稳步增加，孩子学业不用我操心。

8. 对单位发展前景有何看法？对自己目前在单位的职务、所处的地位等有何看法？

答：我很看好。我对自己目前的职务和状态还是比较满意的。

9. 单位开展相关岗位培训、进修的情况如何？自己的参加情况如何？除工资、社保等必要保障外，单位还有哪些福利待遇（如疗休养、困难补助、住房补贴等）？自己享受相关待遇的情况如何？

答：单位开展的培训和进修我都会积极参加，我们单位还为职工提供了疗休养、困难补助、住房补贴、定期体检等福利，我自己享受了疗休养和定期体检的福利。

10. 您认为所在单位的劳动关系是否和谐？单位经营者、管理人员和普通职工之间的关系是否融洽？是否有劳动关系不稳定或矛盾激化的情况？原因是什么？

答：我觉得我们单位的环境还是比较和谐融洽的，没有什么不稳定或者矛盾激化的情况发生。

11. 根据自己了解的情况，单位是否成立职代会？对职代会作用如何看待？对单位管理情况有何看法？如果对单位经营管理等方面有意见和想法，一般通过何种途径反映？

答：我们公司有职代会，我觉得职代会能解决职工的实际问题，满足职工的合理需求，是劳资矛盾、纠纷协调化解的平台。所以，我认为我们单位的管理还是非常合理良好的，一般工作中如果我有什么意见和想法，我会跟直属领导反映。

12. 单位是否实行厂务公开？对厂务公开的实际效果如何评价？

答：实行了，效果良好。

13. 根据自己了解的情况，单位是否建立工会？本人是否是工会会员？如是工会会员，是否按月缴纳会费？如果单位没有工会，您是否希望建立？您是否愿意加入工会？为什么？

答：我们单位建立了工会，我是工会会员，会按月缴纳会费。

14. 根据自己了解的情况，单位工会开展了哪些活动（如劳动竞赛、文体活动、集体协商等）？认为效果如何？

答：我们单位会定期开展劳动竞赛、文体活动、集体协商等活动，我挺喜欢参加工会开展的这些活动的。

15. 认为自身哪方面的权益最需要维护（如民主管理、福利保障、社保缴纳、劳动保护、职业发展等）？在工作中权益受到侵犯时，首先会想到找谁（如单位党委、工会、单位行政、政府部门、司法、其他组织或途径）？为什么？

答：我觉得劳动保护是目前我最需要维护的权益。在工作中权益受到侵犯时，我第一个会想到工会。

16. 对工会维护职工权益情况作何评价？是否听说或了解上海工会推出的“四位一体”维权工作体系（包括“零门槛”法律援助等）？听到过哪些维权的实例？自己有寻求工会维权的经历吗？

答：我对自己单位的维权情况非常满意。我听说过“四位一体”维权工作体系也听说过“零门槛”法律援助。我自己和身边都没有过维权的经历，我也没有听说过具体的实例。

17. 是否听说或了解有除工会之外的其他维权组织？具体情况如何？听说或了解上海工会改革吗？近一年多来，对工会组织的了解和感受有变化吗？

答：不知道其他的组织。听说过工会改革，我觉得近一年多来有些许变化。

18. 是否听说或了解上海工会推出的服务职工实事项目？给您留下最深印象的是什么项目？如何评价这些实事项目？对实事项目还有何意见和建议？

答：听说过这些项目，印象比较深的有职工晋升技师、高级技师奖励计划、工会会员服务卡实施计划、“劳动光荣休养快乐”职工疗休养行动、“劳动光荣健康快乐”职工健康体检行动、职工 EBA 培训助推。我觉得这些项目很好。

19. 认为单位工会或上级工会有哪些方面需要改进？对工会组织最大的希望是什么？

答：希望我们的工会能更好地为职工群众服务，依法维护职工的合法权益，使职工和企业发展步调一致。

20. 对当前职工尤其是普通工人的政治、经济、社会地位有何看法？认为自己目前处于何种社会阶层或地位？

答：我觉得自己目前处于中下层的地位，对普通工人的政治、经济、社会地位没有看法。

21. 对工人阶级主人翁地位、主力军作用等有何看法？认为自己是主人翁、主力军吗？

答：我认可，我也认为自己是主人翁、主力军。

22. 对“中国梦”作何理解？目前最大的梦想是什么？

答：我最大的梦想就是家人平安、工作稳定。

23. 对“全面建成小康社会”等国家战略布局有何看法？

答：有利于构建和谐社会、有利于提高人民群众的生活水平。

24. 如何看待当前的反腐败工作？对党在反腐败工作中取得的成效满意吗？

答：虽然我觉得现在反腐的成效显著，但却是任重道远。

25. 对上海经济社会发展前景有何看法？

答：非常看好。

26. 如何看待当前网络自媒体的发展？相较于传统的电台、电视台、报刊等，认为网络新闻的可信度是多少？

答：我觉得当前的网络自媒体特点是即时性、全球性，信息可信度70%。

27. 觉得当前的社会公平吗？认为哪些领域公平？又有哪些领域不那么公平？

答：相对公平。

28. 最关心哪些社会热点问题？反感哪些社会现象？

答：我比较关心什么时候才能告别雾霾，最近在关注韩国萨德事件与共享单车。最反感的是在密闭空间吸烟、随意插队、乱扔垃圾，在公共场所大声喧哗。

胡某某，女，28岁，汉族，初中文化。

1. 目前工作岗位、职务及基本工作情况如何？

答：文员。做客户色板及批号色板，传票输入，打包记录的输入，劳保用品的管理等。

2. 是否已同现单位签订劳动合同？在现单位是何种用工形式（合同制、劳务派遣制、劳务外包制等）？社保缴纳情况如何？

答：合同制，社保正常缴纳。

3. 现在平均每周工作时间是多少？劳动强度如何？劳动保护的情况如何？有没有因工作得病等现象？

答：每周工作时间是40小时，劳动强度正常。发了劳保用品，没有因工作得病的现象。

4. 除现单位外，过去尤其是近5年来还在哪些单位工作过？单位性质如何？最近一次调动工作出于何种原因？对过去尤其是近5年来的工作经历有哪些感受？

答：近 5 年来就在本公司担任文员，没有变动，对现在的工作比较满意。

5. 近 5 年工资增长情况如何？对目前收入是否满意（如差距情况、合理程度等）？为什么？

答：还可以，对于现在的收入达到本人现在的理想。

6. 目前工作的主动性、积极性如何？为什么？

答：认真负责，及时完成任务，因为我干什么事都不喜欢拖拖拉拉。

7. 目前感到工作上最大的压力是什么？认为自身职业发展的障碍主要有哪些？将来有何打算或奋斗目标？

答：目前还好，没有多大压力，希望自己为孩子创造优异的条件。

8. 家庭总的经济支出构成和经济负担情况如何？近 5 年来有何变化？对目前家庭经济状况是否满意？是否存在经济困难？

答：经济负担支出还可以，没有多大变化，除了还房贷没有多大压力。

9. 对于家庭经济现状，最满意的有哪些方面？最担心的情况是什么（如生病支出、子女教育费用、就业不稳定、收入减少、缺少社会保险、住房等）？

答：夫妻有固定工作，生病医药费。

10. 对家庭经济前景展望如何？对今后家庭发展有何想法和期望？

答：拥有自己的住房，给孩子创造更好的条件。

11. 对单位发展前景有何看法？

答：稳定发展，永葆“超”的精神。

12. 对自己目前在单位的职务、所处的地位等有何看法？

答：没有。

13. 单位开展相关岗位培训、进修的情况如何？自己的参加情况如何？

答：有，学习了以前不知道的东西，增长了不少知识。

14. 除工资、社保等必要保障外，单位还有哪些福利待遇（如疗休养、困难补助、住房补贴等）？自己享受相关待遇的情况如何？

答：有住房补贴，生活补贴。只是待遇低。

15. 认为所在单位的劳动关系是否和谐？单位经营者、管理人员和普通职工之间的关系是否融洽？是否有劳动关系不稳定或矛盾激化的情况？原因是什么？

答：同事之间的关系非常融洽，没有因工作而激化矛盾。

16. 对单位管理情况有何看法？如果对单位经营管理等方面有意见和想法，一般通过何种途径反映？

答：对单位管理情况应该人性化，对单位经营管理等方面有意见和想法通过工会代表反映。

17. 根据自己了解的情况，单位是否成立职代会？对职代会作用如何看待？

答：单位成立了职代会，职代会的作用就是使职工的利益有保障。

18. 单位是否实行厂务公开？对厂务公开的实际效果如何评价？

答：是实行厂务公开，厂务公开的实际效果是通过满意调查表评价的。

19. 根据自己了解的情况，单位是否建立工会？本人是否是工会会员？如是工会会员，是否按月缴纳会费？

答：公司有建立工会，本人是会员，会员费用是公司缴纳的。

20. 如果单位没有工会，您是否希望建立？您是否愿意加入工会？为什么？

答：单位有工会，我愿意加入工会，因为工会是职工的权益保障。

21. 根据自己了解的情况，单位工会开展了哪些活动（如劳动竞赛、文体活动、集体协商等）？认为效果如何？

答：看电影，旅游。

22. 认为自身哪方面的权益最需要维护（如民主管理、福利保障、社保缴纳、劳动保护、职业发展等）？

答：劳动保护、社会福利。

23. 在工作中权益受到侵犯时，首先会想到找谁（如单位党委、工会、单位行政、政府部门、司法、其他组织或途径）？为什么？

答：工会，维护职工的权益。

24. 对工会维护职工权益情况作何评价？是否听说或了解上海工会推出的“四位一体”维权工作体系（包括“零门槛”法律援助等）？听到过哪些维权的实例？自己有寻求工会维权的经历吗？

答：法律援助、法律监管、集体协商、民主管理。

25. 是否听说或了解有除工会之外的其他维权组织？具体情况如何？

答：不知道。

26. 听说或了解上海工会改革吗？近一年多来，对工会组织的了解和感受有变化吗？

答：把群体性劳动争议案件中权益受到侵害的职工、低收入职工、农民工和持有效工会服务卡的职工作为重点服务对象等。

27. 是否听说或了解上海工会推出的服务职工实事项目？给您留下最深印象的是什么项目？如何评价这些实事项目？对实事项目还有何意见和建议？

答：有，为困难企业的女职工做两病筛查，没有任何意见。

28. 认为单位工会或上级工会有哪些方面需要改进？对工会组织最大的希望是什么？

答：单位工会或上级工会应该在维护员工的权益方面改进，最大的希望是保障职工的权益。

29. 对当前职工尤其是普通工人的政治、经济、社会地位有何看法？认为自己目前处于何种社会阶层或地位？

答：不知道。

30. 对工人阶级主人翁地位、主力军作用等有何看法？认为自己是主人翁、主力军吗？

答：是。

31. 对“中国梦”作何理解？目前最大的梦想是什么？

答：“中国梦”是实现中华民族伟大复兴，这是近代以来无数人乃至我们整个民族的梦想。

32. 对“全面建成小康社会”等国家战略布局有何看法？

答：无看法。

33. 如何看待当前的反腐败工作？对党在反腐败工作中取得的成效满意吗？

答：非常满意。

34. 对上海经济社会发展前景有何看法？

答：无看法。

35. 如何看待当前网络自媒体的发展？相较于传统的电台、电视台、报刊等，认为网络新闻的可信度是多少？

答：我认为基本可信的。

36. 觉得当前的社会公平吗？认为哪些领域公平？又有哪些领域不那么公平？

答：不公平。

37. 最关心哪些社会热点问题？反感哪些社会现象？

答：教育问题，反感那些贪污的现象。

刘某某，男，30 岁，汉族，中共党员，大专，技师，华域三电汽车空调有限公司。

1. 受访职工工作、收入情况及相应感受。

答：目前是试制车间一名操作工人，职务见习班组长，主要负责新产品的装配工作。对目前的收入基本满意，薪酬在同岗位中处于中游。平日是955工作制，偶尔需要加班，总体的工作强度尚可，对公司收入分配个人感觉还是比较合理的。

我平时工作的主动性和积极性还是挺高的。不用别人告诉我，便能积极主动完成自己的各项工作。目前感到工作上最大的压力是日益增长的工作量，随着公司的新产品不断增加，试制车间产能也逐渐趋于饱和，担心加班将会变成常态化。我觉得自身职业发展的主要障碍是岗位定位模糊、专业发展方向有点迷茫，如压缩机装配要做、金切加工要做、空调系统装车要做、工装夹具设计要做、车间后勤保障也需要做，个人的感觉是业务的量增加了，但单项业务的能力水平却得不到很大提升。将来我计划把重心放在金切加工，如果有机会的话我会去参加高级技师的培训，希望成为公司金切加工方面的技术专家。

2. 受访职工对所在单位的看法。

答：对单位发展前景还是比较看好的，我公司的产品不论在技术上还是质量上，在国内都属于一线水准，而且背靠上汽、大众、通用三大整车厂，我也相信公司能做大做强，这样我们员工的薪酬福利也能多增加一些。对自己目前在单位的职务、所处的地位还是比较认可的，对公司的工作氛围表示认同，员工对自身工作满意的基础上，与同事、上司之间关系相处融洽，互相认可，有集体认同感、大家能充分发挥团队合作，共同达成工作目标、在工作中共同实现人生价值的氛围。

单位开展过的相关岗位培训有“师徒带教”“班组长夜校”等活动。通过“师徒带教”活动，使我技能水平晋级到了技师的水准，在“班组长夜校”里，教会了我科学先进的管理方法，今年 5 月的时候，公司还送我去日本进修，学习压缩机装配技术，总体上公司给予我们的培训、进修机会还是挺多的。

3. 受访职工对工会及维权服务等的相关看法。

答：单位工会开展过各种运动和学习活动，如游泳足球篮球体育竞赛、读书俱乐部、摄影技术沙龙等，大家的参与度也很高。劳动竞赛是工会工作的重要内容，也是多年来职工参与企业发展建设的重要方式之一，提升了劳动生产效率，也调动了大家的积极性，同时也能适当增加一部分收入。文体活动我们有读书俱乐部、钓鱼活动、体育竞赛等。民主管理上我们有伙食管理委员会与合理化建议，都是很好地表达建议的平台。

对工会福利保障还是比较认可的，像我们每年的生日卡，由原先的100元，今年增长至了200元。比如我生病住院的时候，工会代表也来探望过，这让我感觉很欣慰。工会还举办过“健康训练营”，是针对那些体重BMI指数大于30的胖子进行一系列的健康减肥，我也是这个活动受益者，在短短3个月里减去了40斤，彻底消灭了脂肪肝，重回健康生活。

知道上海工会改革过，以工匠精神推动工会改革，精益求精、追求卓越。办理工会会员服务卡的这一年里，给我日常生活提供了不少的便利与优惠。单位工会开展过“微创智造”活动，让我们把工作中一些好的方法和改进通过这个平台展现，分享给厂里其他员工。对于工会我希望多开展一些职工喜闻乐见的小型文体活动，丰富职工群众的业余文化生活。

4. 受访职工对其他问题的看法。

答：我觉得当代普通工人的政治、经济、社会地位还是相对偏低的。普通工人的话是中下层次的地位，技术工是中上层次的地位。只要不断提高自己的技能，社会地位就自然提高了。没有技能的普工，永远是帮打工的打工。出色的蓝领比白领的收入都高，因此对技能的学习掌握是非常重要的。

从工人阶级的质量来看。改革开放以后，作为工人阶级一部分的知识分子发展空前壮大。与此同时，产业工人的科技水平和文化素质也有了很大提高。随着社会主义现代化事业的不断发展，工人阶级中的知识分子将会越来越多，整个工人阶级的知识化将会逐步变成现实。同时，知识分子的思想觉悟也会不断提高。中国工人阶级日益成为有理想、有道德、有文化、有纪律的新型工人阶级。作为单位生力军的我们，有主动参与意识，充分发挥积极性、创造性，充分发挥主力军的作用，是推动我们企业又好又快发展的有力保障。

上海，曾经是中国最大的工商业城市和金融贸易中心，也是中国制造业的重镇与翘楚。“上海制造”在创新驱动中开始了脱胎换骨、化蛹为蝶的转型发展；瞄准新一轮全球战略性新兴产业的制高点，“上海制造”向高端、智能、信息化等迈出了一个个坚实步伐。最关心的社会热点是就医难，感觉现在大医院都是人满为患，有个头疼脑热去看医生，需要花大半天的时间去排队。反感社会上那些职业乞讨人。

曲某某，男，26 岁，汉族，团员，大专文化，技师，山东省新泰市正泰电气股份有限公司。

1. 受访职工工作、收入情况及相应感受。

①对目前收入是否满意（如收入分配差距情况、合理程度等）？为什么？

答：本人对目前收入较满意。我们目前实行的是计件模式工资薪酬，拿的多与少完全取决于员工自己，并且工资发放及时，从不拖欠员工工资。

②目前工作的主动性、积极性如何？为什么？目前感到工作上最大的压力是什么？认为自身职业发展的障碍主要有哪些？将来有何打算或奋斗目标？

答：对目前的工作比较看好，非常积极地工作，并参与公司工会工作，目前最大的压力就是经济压力，自身发展的障碍是学历还远远不够，奋斗目标是在做好本职工作的同时，对公司工会的发展也要做出贡献，也能更好地为公司的工人兄弟服务。

2. 受访职工对所在单位的看法。

①对单位发展前景有何看法？对自己目前在单位的职务、所处的地位等有何看法？

答：对单位前景比较看好，随着工业的飞速发展，工业 4.0 已经开始进行，而工业 4.0 的概念包含了由集中式控制，向分散式增强型控制的基本模式转变，目标是建立一个高度灵活的个性化和数字化的产品与服务生产模式。在这种模式中，传统的行业接线将消失，并会产生各种新的活动领域和合作形式。创造新价值的过程正在发生改变，产业链分工将被重组。实体产业是工业 4.0 的重中之重，在未来的发展趋势上，实体产业会越来越有得天独厚的优势，而自己单位也处在工业 4.0 的数字化建设前期，自己处在产业工人的行列，将在 G60 科创走廊建设中起到中流砥柱的作用。

②单位开展相关岗位培训、进修的情况如何？自己的参加情况如何？

答：单位开展一些针对性的专业比较强的培训，比如我们有专门针对大学生的鹰系列培训计划，如雏鹰、蓝鹰、飞鹰一系列成长培训，有针对销售人员等不同岗位的一系列成长培训，还有产业工人、车间主管一级的立体式全方位培训。自己从一线员工到计划调度一直参与其中，在培训中学习到很多知识和经验。

3. 受访职工对工会及维权服务等的相关看法。

①根据自己了解的情况，单位工会开展了哪些活动？如劳动竞赛、文体活动、集体协商、民主管理等。认为效果如何？

答：元旦晚会、徒步活动、趣味运动会、夏季送清凉、志愿者下社区、书法协会、乒乓球比赛，大学生有雏鹰晚会，还会参与区总和市总工会组织的一些活动，效果很好。我不仅是一个参与者，更多的时候是一名工作人员，从我个人角度看，这些活动不仅提高了人们的积极性，促进了工人之间的了解，更多的是让工人们在上海感受到家的温暖。

②认为自身哪些方面的权益最需要维护？如民主管理、福利保障、社保缴纳、劳动保护、职业发展等。

答：在维权方面我们如果遇到纠纷，除了找劳动局，还可以找工会申诉，在职业发展这一块，是不是可以出台一些针对专业性更强的技术培训。

③是否听说或了解上海工会改革吗？近一年多来，对工会组织的了解和感受有变化吗？认为单位工会或上级工会有哪些方面需要改进？对工会组织最大的希望是什么？

答：由于我一直参与公司工会活动，所以对工会的改革比较关注。上海市工会改革已满一年，在机构设置、干部制度、管理模式、运行机制等方面进行了大刀阔斧的改革，长期存在于工会组织身上的诸多“水土不服”正在逐步消除。随着小三级工会体系的健全，挂编制到基层的方式大大缓解了基层人手不足的问题。

我也是从一名工会会员，在领导和同事们的激励培养下一路成长起来的，成为本届工会委员，对工会的认识也更加深刻，同时对自己身上的担子也感到越来越重，尤其是在近一年，随着上海市总工会的改革，感觉工会变得更加接地气，为工人服务时，更加方便和快捷。

对于工会的要求就是真正地做到为民服务，为建设大而强、富而美的新上海而努力奋斗。

4. 职工对其他问题的看法。

①对当前职工尤其是普通工人的政治、经济、社会地位有何看法？认为自己目前处于何种社会阶层或地位？

答：近年来我们国家大力发展经济、提高人文素质、提高产业经济、提高人民生活水平、加强文明建设，努力让老百姓过上睡觉都能乐醒的好日子，我们工人的地位有所提高。自己一直处于工人阶级，是国家的主人，也是国家建设的主力军。

②对工人阶级主人翁地位、主力军作用等有何看法？认为自己是主人翁、主力军吗？

答：自己算是主力军，随着国家的号召，科技创新，并带动产业，产业工人的地位越来越得到重视，我为自己是产业工人而自豪，也为广大的产业工人兄弟而骄傲。

③对上海经济社会发展前景有何看法？最关心哪些社会热点问题？反感哪些社会现象？

答：上海是百年老城，有着百年基础，不管是软件设施，还是硬件设施，都有得天独厚的优势和特点，这是一种特色，也是一种潜力，在改革发展这条道路上一直都是走在前列的弄潮儿。最关心的是房子问题，还有户口落户问题，反感社会上越来越多的文娱噱头，对我华夏的传统丢掷不管，不以为耻，反以为荣。

编者后记

为庆祝改革开放四十周年，我们组织编写了《改革开放四十年中国职工状况丛书》，包括《中国工人阶级四十年（1978—2018）》《中国职工状况调查报告（1978—2018）》《中国职工状况调查数据（1978—2018）》《中国职工状况调查个案（1978—2018）》四种。该丛书系统回顾了改革开放四十年来中国工人阶级走过的光辉历程，悉心刻画了中国工人阶级时代肖像，全景展现了中国工人阶级与改革开放同行的伟大历程和共同命运，是新时代社会各界和读者大众了解中国工人阶级历史的重要读物。书中所涉文件、资料等截止时间为 2018 年 5 月，为体现时代特点，书中有关提法基本保持原貌。

参与本书编辑的人员有（按姓氏笔画为序）：马惠珺、王娇萍、冯永光、吕国泉、伍德道、闫宇平、阳万雄、杜德军、李羿、李跃平、李睿祎、步志昊、时银龙、吴斌 、邹广子、张广、张泽、张龙龙、张妍延、张倩颖、逄国君、夏邑、徐田成、陶志勇、常品超、赖金金、廖枢权、戴文宪。

在丛书编写过程中，我们学习借鉴了大量有关中国工运史方面的研究专著、文章，党政机关、工会组织和科研教学机构专家学者的研究成果，限于篇幅不一一列举，特此说明和致谢。在此，我们向为丛书出版提供指导帮助的各位领导、专家学者一并表示谢忱。

丛书内容涉及时间跨度较大，史料众多，一些观点尚未形成定论，加之编写者水平有限，难免存在不妥之处，敬请广大读者批评指正。

本书编辑组

2018 年 8 月